TEATRO CUBANO MODERNO

DRAMATURGOS

COLECCIÓN POLYMITA

EDICIONES UNIVERSAL, Miami, Florida, 2000

ESTHER SÁNCHEZ-GREY ALBA

TEATRO CUBANO MODERNO

DRAMATURGOS

Copyright © 2000 by Esther Sánchez-Grey Alba

Primera edición, 2000

EDICIONES UNIVERSAL
P.O. Box 450353 (Shenandoah Station)
Miami, FL 33245-0353. USA
Tel: (305) 642-3234   Fax: (305) 642-7978
e-mail: ediciones@kampung.net
http://www.ediciones.com

Library of Congress Catalog Card No.: 00-106032
I.S.B.N.: 0-89729-928-0

Composición de textos: Chemical Graphics
Diseño de la cubierta: Lázaro Fresquito Fresquet

Todos los derechos
son reservados. Ninguna parte de
este libro puede ser reproducida o transmitida
en ninguna forma o por ningún medio electrónico o mecánico,
incluyendo fotocopiadoras, grabadoras o sistemas computarizados,
sin el permiso por escrito del autor, excepto en el caso de
breves citas incorporadas en artículos críticos o en
revistas. Para obtener información diríjase a
Ediciones Universal.

A Elio

A la memoria de mis padres,
Álvaro F. Sánchez Ibaseta y
Esther Grey Canchary

INDICE

Palabras preliminares 7
Perspectivas y técnicas en el teatro de
    José Antonio Ramos 17
El quehacer dramático de Ramón Sánchez Varona en
    las letras cubanas 27
Presencia del noraísmo en *Alma guajira* de Salinas 38
José Cid Pérez. Trazos y rasgos de su personalidad
    literaria 48
Importancia cultural de la revista teatral *Prometeo* 58
Luis A. Baralt y la búsqueda del "arte nuevo" 67
Tiempo muerto de Jorge Mañach: una cala en la
    agonía cubana 82
La obra de Virgilio Piñera: un hito en la
    dramaturgia cubana 92
Universalidad y cubanía en el teatro de
    Leopoldo Hernández 106
La trágica secuela del exilio en la obra dramática de
    Cid, Baralt y Salinas 116
La "realidad" en el teatro de Julio Matas 126
La sal de los muertos o la comedia de espanto
    de Montes Huidobro 135
Mito e historia en *El Mayor General hablará de*
    Teogonía de José Triana 144
El teatro documento de Reinaldo Arenas 153
La voz del silencio en el teatro de José Corrales 165
El tema del desarraigo en el teatro de Iván Acosta 175
El aporte de Pedro Monge Rafuls a la dramaturgia
    latinoamericana como autor y promotor 185
El teatro de Nilo Cruz. Temática cubana en
    la actual escena norteamericana 195

PALABRAS PRELIMINARES

Los orígenes del teatro en la cultura occidental, se encuentran en la antigua Grecia, en varios siglos anterior a la era cristiana, en ceremonias rituales o *ditirambos* que tenían que ver con la celebración de algún acontecimiento que concernía a la colectividad, es decir, que desde sus inicios, el teatro ha requerido la participación de un grupo que se identifique con la expresión artística para interpretarla, como actores, y de otro conglomerado humano que se disponga a recibirla como público. En estas condiciones básicas del teatro es donde está la dificultad esencial para que se pueda desarrollar como manifestación artística a la par que otras artes, porque el teatro es a la vez que literatura, actuación, escenografía, dirección, luminotecnia, etc. es decir, requiere la conjunción de muchas artes para que se produzca el resultado final de una puesta en escena, que es en definitiva obra de arte única, porque será imposible que se reproduzcan las mismas exactas circunstancias en la próxima representación.

Para decirlo de otra manera, el teatro es arte de muchos para disfrute de pocos, pero, debido a las propias características que hemos apuntado, de ser resultado del esfuerzo de una colectividad, podemos asegurar también, sin temor a equivocarnos, que el teatro es arte de pueblos porque, fiel a su origen, recoge los avatares nacionales; es la voz que se eleva para reclamar justicia, o denunciar errores o miserias; es la crónica de episodios trascendentes; es el eco del filósofo que nos habla de lo íntimo de la conciencia, del maestro que nos guía por el sendero apropiado, del sociólogo que advierte de circunstancias adversas, del historiador que nos recuerda el pasado para que lo imitemos o nos prevengamos de incurrir en los mismos errores, del poeta que habla a nuestra nostalgia o de nuestros sueños. El teatro de cada pueblo es reflejo de sí mismo. A través de él podremos conocer como piensa, como siente, o ha pensado o sentido, cada generación en su camino por la historia, en un sentido universal, o cada grupo nacional, en términos geográficos.

Por eso es que si tomamos un texto de historia del teatro, nos encontramos que el autor va a ir considerando distintas épocas en la evolución del arte y éstas van a coincidir inexorablemente con las de la historia de la Humanidad y por eso es que podemos hablar del teatro moderno, porque fue precisamente a fines del siglo XIX y principios del XX que el teatro tomó ciertas características que lo diferenciaban sustancialmente de lo que hasta entonces se había venido haciendo en términos de la dramaturgia que es la parte literaria de todo este proceso artístico y que es lo perdurable, lo que realmente queda después que el milagro de la representación ha concluído. Debido a las transformaciones políticas y económicas que estaba experimentando el mundo occidental, la mentalidad social se abrió a nuevas perspectivas que incluían nuevos conceptos y nuevas maneras de convivencia y el Hombre, considerado en la generalidad de ser humano, aprendió a enfrentarse a su propia conciencia y así nació el aporte quizás más fundamental a la dramaturgia universal, que es el teatro de ideas. Y como cada dramaturgo vive en *su circunstancia*, para usar la fraseología ortegiana, en cada esquina del mundo la fisonomía teatral adquirió rasgos nacionales. Pero en Cuba no se podía esperar un proceso de transformación como el que ocurría en Europa y quizás en otras regiones de América, porque al inaugurarse el siglo nacía justamente como nación independiente y por eso lo que puede entenderse como teatro realmente cubano comienza dentro del llamado teatro moderno.

Este libro no pretende ser una historia del teatro cubano, ni siquiera una antología, porque ello implicaría un criterio de selección que no ha habido aunque esto no quiere decir que los autores que aquí aparecen no hubieran sido escogidos de haberse seguido dicha orientación, pues todos son dignos de ser antologados, pero es innegable que si lo animara una visión antológica, pudiera decirse con razón que faltan algunos que debieran aparecer. Es tan sólo la recopilación de estudios hechos sobre esta materia de quien desde hace años sintió la curiosidad inmensa de saber hasta qué punto era cierta esa afirmación tan reiteradamente hecha de que el teatro en Cuba se redujo en los primeros cincuenta años de república a un teatro bufo sin trascendencia. Con esta iniciación en la materia he dado respuesta a mi incredulidad y he podido comprobar con satisfacción y orgullo, que las generaciones de los primeros años republicanos supieron interpretar cabalmente la necesidad de fomentar una expresión dramática nacional que fuera fiel exponente del acervo cultural cubano y que tuviera la solidez suficiente para bifurcarse en dos corrientes, como en las actuales circunstancias en que hay una en la isla y otra en el exilio, y mantener ambas su idosincracia.

En la organización del libro sí se ha seguido un cierto orden histórico teniendo en cuenta la evolución de corrientes literarias o tendencias de técnica que se han ido produciendo a lo largo del siglo que acaba de terminar y que comprende todo el período estudiado, de manera que se empieza con José Antonio Ramos, indiscutido iniciador del movimiento de promoción dramática cubana, y se concluye con Nilo Cruz, que representa la generación más joven de la corriente del exilio.

La coincidencia de que Cuba iniciara su vida republicana con la inauguración del siglo XX tiene una trascendencia extraordinaria, en primer lugar porque todo término trae la lógica consecuencia de la evaluación y todo comienzo, el espíritu de innovación y por lo tanto, la actitud de crear, de transformar, de mejorar, de buscar nuevos horizontes, se respiraba en el ámbito universal y se aplicaba al límite nacional. En el mundo occidental había habido grandes transformaciones, ya no sólo políticas, sino sociales, económicas y científicas; pensemos por ejemplo en la llamada revolución industrial y todas sus consecuencias y en los avances de las comunicaciones, que ya habían dado comienzo en el siglo XIX y en las revoluciones rusa y mexicana, apenas iniciado el XX. A nivel nacional, Cuba había logrado su independencia tras muchos años de guerra y sacrificios. No importaba que hubiera quedado transitoriamente condicionada; lo importante era que ya estaba reconocida la nación cubana y esto era suficiente para que sus hijos empezaran desde temprano a elaborar los sueños del futuro. En todas las manifestaciones de la cultura se hizo evidente el espíritu renovador. Algo de esto apuntamos al estudiar la labor de Luis Alejandro Baralt (hijo) y señalar como, en busca de esa noción de "arte nuevo" que se manifestaba en las demás artes, trabajó en el teatro modernista que es una tendencia en la que se ha experimentado muy poco y quizás por eso mismo, su esfuerzo pasó inadvertido para muchos.

Su padre, Luis Baralt Peoli, había sido de los intelectuales de principios de siglo que se esforzaron en promover los anhelos de crear una dramaturgia nacional, cuando en fecha tan temprana como 1910, fundó con Max Henríquez Ureña, José Antonio Ramos y Bernardo G. Barros, la Sociedad de Fomento de Teatro que tenía la finalidad básica de dar a conocer lo mejor del teatro universal y del naciente teatro nacional y ofrecerle un escenario a los autores que se iniciaban. Poco tiempo después, en 1915, surgía un nuevo empeño, la Sociedad Pro Teatro Cubano, que creó una compañía propia con buenos actores y estrenó muchas obras de autores locales y posteriormente surgieron otras agrupaciones con similares propósitos que también hicieron su aporte en la medida que les correspondió.

Entre estos esforzados iniciadores se destaca, por su absoluta dedicación al teatro ya no sólo como promotor, sino como dramaturgo, José Antonio Ramos, a quien es justo reconocerle que dejó sentadas las bases de lo que debía hacerse para la consecusión de un teatro nacional que respondiera a nuestra propia idiosincracia. Conocía muy bien Europa y también los Estados Unidos, que estaba confrontando el mismo proceso de buscar una dramaturgia nacional, y sabía que el camino adecuado era el de ampliar el horizonte a otras fronteras para aprender nuevos recursos y perspectivas y aplicarlas con mentalidad propia a la producción nacional. Esto lo hizo patente en su obra dramática que, aunque identificada por algunos con una técnica realista asociada a Echegaray o Benavente en su primera etapa, que ciertamente ya empezaba a decaer, no se percataron que su dramaturgia mostraba una actitud de experimentación en cuanto a temática y técnica, vertida hacia un teatro universal que, como el de Ibsen, Zola, Azorín o Pirandello, se enfrentaba a los problemas de su mundo con sentido de actualidad, para indagar en causas y efectos y acometía distintos caminos, ya fuera el clasicista, el poético o el de la realidad escindida. Si se le reconoció que el suyo era un teatro de tesis, pero algunos no lo entendieron y cuando incursionó en otros campos calificaron de endebles piezas como *La leyenda de las estrellas*, *El traidor* o *Cuando el amor muere* que eran experimentos ajenos al realismo convencional.

Como representativos de los que incursionaron en el teatro de ideas, tan caraterístico del período de entre siglos, he incluído además a Ramón Sánchez Varona, a José Cid Pérez, e inclusive a Marcelo Salinas, a quien se asocia con el teatro costumbrista. Cada uno de ellos presenta características propias que evidencian los distintos propósitos que orientaban sus obras, pues en Ramos encontramos al hombre apasionado y dinámico que acometía los problemas con espíritu combativo para denunciar vicios o presentar injusticias; en Sánchez Varona hay un enfrentamiento más sosegado, en el que con cierto sentido didáctico y un alto planteamiento ético, se analizan los conflictos humanos a la luz de las circunstancias vigentes; en José Cid, encontramos siempre al filósofo, al hombre de pensamiento que cuestiona los dilemas del Hombre con profunda humanidad y nos hace pensar y Marcelo Salinas, con una honda preocupación social, se vuelca en la realidad netamente cubana, pero en *Alma guajira*, creo ver una arista de influencia ibseniana que no se había mencionado y que me parece muy interesante para situarlo dentro de las aspiraciones de su generación.

Todo este movimiento de iniciación de una dramaturgia cubana como empeño nacional, necesitaba básicamente de la divulgación de lo que se estaba haciendo, no solamente a nivel local, sino internacionalmente, pues de la evaluación adecuada de otros empeños y del conocimiento de otras iniciativas, es de donde podía nutrirse el acervo nacional para lograr las metas ansiadas. Varias publicaciones, proyectadas a distintas manifestaciones del arte, surgieron en estas primeras décadas del siglo para cumplir esta función tan primordial, pero ninguna se dedicó de manera tan preferencial al teatro ni logró mantenerse tanto tiempo como *Prometeo*, a cuyo director el Dr. Francisco Morín, hay que agradecerle en primer lugar su devoción, además de reconocerle su capacidad para llevar adelante el proyecto y encomiar su perseverancia y su fe en lo que se estaba haciendo.

La labor, si bien difícil, alentaba un alto espíritu de empresa, aunque no faltaban los que se mostraran inconformes por el lento desarrollo que le atribuían a una dramaturgia que todavía veían en ciernes, pero en definitiva la crítica, cuando es constructiva, es también acicate y contribuye a hacer prevalecer un criterio más severo de evaluación. Creo sinceramente que esa impaciencia que la intelectualidad cubana mostraba, de que el avance en los propósitos culturales no alcanzaran rápidamente las metas que ellos aspiraban, resultó muy positiva a la postre, porque demandaban una perfección que en definitiva es la que debe prevalecer para lograr cualquier avance efectivo.

En el campo que nos ocupa es necesario bifurcar los esfuerzos de superación en tres direcciones: el de la técnica teatral propiamente dicha, que se refiere a todos los elementos básicos de la representación, incluyendo los de dirección y actuación; los de la dramaturgia, o sea, la parte literaria, que es la razón de ser de la anterior y que debe de considerarse independientemente de aquélla pues, repito, es lo único permanente del hecho teatral y la crítica, que ha de tomar una de las dos direcciones apuntadas, la de crítica teatral que se renovará con cada puesta en escena, puesto que lo que hace es evaluar la adecuada coordinación de los distintos elementos componentes de la representación, que ya dijimos que es obra de arte excepcional, y la de crítica dramática, que entra al análisis de la pieza desde un punto de vista literario, teniendo en cuenta la composición en sí no sólo en su estructura, sino en la expresión y en la exposición de las ideas. El adecuado desarrollo de cada una de estas direcciones, armónicamente coordinadas -puesto que se relacionan íntimamente entre ellas- es lo que dará el resultado de un teatro con manifestación propia. No siempre las circunstancias nacionales favorecen que esto se produzca adecuadamente, pues son muchos los factores que pueden interferir en el proceso. En el momento actual, considerada la circunstancia del exilio, que es la que conocemos bien, es frecuente oír la frustración de los dramaturgos de que sus obras no alcancen la representación, a pesar de que entre los directores, productores, etc. del llamado "mundo latino", no son pocos los cubanos. Es cierto que esto es una realidad desconsoladora capaz de conducir al desánimo, pero la raíz del problema a mi juicio, o al menos, una razón muy poderosa de que esto ocurra, es el desconocimiento básico de las obras que se están escribiendo e inclusive de las que son parte de nuestro acervo teatral. Lo que no se ha cultivado debidamente es la crítica dramática. Para ello es necesario primeramente que se divulgue el libreto, para que se conozca la obra por referencia. En la Cuba republicana, como en cualquier otro país en situaciones normales, había una crítica teatral que comentaba las representaciones que se hacía y se hablaba del autor y de sus obras en los diarios y en las revistas, pero en el exilio esto se ha perdido y se cae en el círculo vicioso de que no se produce porque no se conoce y no se conoce porque no se publica.

    Pero volviendo a la situación de Cuba a comienzos del siglo, es lo cierto que, a pesar de los difíciles vaivenes políticos que sufrió en sus primeras cinco décadas de vida republicana, el esfuerzo de los iniciadores no había caído en vano y ya se podía advertir, a partir de la segunda década, que lo cubano se estaba integrando dentro de las nuevas orientaciones. Ejemplo de esto lo tenemos en el aludido aporte de Luis A. Baralt a la modalidad del teatro modernista, lo cual constituye una gran innovación técnica no ya dentro del cubano, sino del hispanoamericano en general y respecto a la temática, incluí el análisis de *Tiempo muerto* de Jorge Mañach porque considero que no se ha reparado mucho en el hecho de que en esta pieza Mañach reflejó el planteamiento ideológico que había hecho en su famosa conferencia

"La crisis de la alta cultura en Cuba" y me parece que esto es muy interesante.

La figura más reconocida por los aportes hechos a la dramaturgia cubana es, sin duda alguna, Virgilio Piñera y no podía faltar en un enfrentamiento como éste que intentamos. Considero que Piñera hizo converger distintas tendencias ya existentes, como el clasicismo y el absurdo, pero las condicionó a una modalidad netamente cubana al despojarlas de seriedad e impregnarlas de un humorismo que a veces se queda en el criollísimo "choteo" y otras llega al sarcasmo.

La década de los cincuenta determina la interrupción del proceso constitucional de la república y Leopoldo Hernández es un magnífico ejemplo del dramaturgo que se ve envuelto en la crisis política -porque hay circunstancias que hacen que prevalezca la conciencia del ciudadano sobre la del hombre de letras- pues se va al exilio y apenas regresa, pasa a otro por la implantación del comunismo y nunca puede expresarse en su propio país. Es prácticamente un desconocido entre los suyos, pero sin embargo su obra está completamente proyectada a Cuba. Ha llegado el momento de la escisión en que miles de cubanos abandonan su isla hacia otras tierras, llevando en el alma las huellas indelebles de su cultura. Otros se quedan y salen más tarde o se integran definitivamente a las nuevas condiciones.

En el caso de los teatristas, para darle una denominación más general que abarque todas las vertientes del género, se produce lo mismo y José Cid, Luis A. Baralt y Marcelo Salinas, son buenos ejemplos de las oportunidades que tuvieron para continuar su arte en el exilio, aquéllos que como ellos ya tenían obra propia en el momento de la ruptura, pero había una nueva generación que se identificaba con el teatro y entre ellos habían promesas sin cumplir. De los que se quedaron no podemos dar cuenta por razones obvias que nos impide el enjuiciar sus obras, puesto que en primer lugar, casi las desconocemos y es mejor que eso quede para un futuro.

Entre los que salieron me he acercado a la obra de Julio Matas, Matías Montes Huidobro, José Triana y Reinaldo Arenas y he encontrado que hay en todos ellos la raíz de lo que las generaciones anteriores habían establecido. Julio Matas cultiva un teatro muy intelectual a base del juego de realidades escénicas en cuanto a la técnica y de lo mitológico respecto a la temática; en Montes Huidobro se advierte una marcada tendencia a la experimentación que lo llevó frecuentemente al teatro del absurdo, tendencia que había sido introducida por Virgilio Piñera y que

José Triana sigue dentro del llamado "teatro de la crueldad". En conclusión, que todos son parte de esa corriente dramática por la que se había trabajado tan afanosamente desde los inicios de la república, aunque se han enriquecido con su propia e individual experiencia en el exterior, según he pretendido señalar en los estudios correspondientes, pero en definitiva, eso era lo que se había propugnado desde el principio, que se respondiera al llamado de los tiempos, pero se tuviera la vista y el corazón fijos en lo cubano. Reinaldo Arenas es realmente un caso de excepción en ese grupo, pues *Persecución* es su única obra teatral aunque en realidad él mismo aclara que son "cinco piezas de teatro experimental" y ciertamente lo son pues en cada una de ellas apeló a técnicas diversas y usó recursos diferentes para poner arte dentro de la concepción de "arte prosaico" del teatro documento de Piscator, pero sin embargo logró unirlas temáticamente. En mi opinión, Arenas demostró en el arte teatral similar destreza a la que había usado en su narrativa y no debe pasar inadvertido ese aporte suyo a la dramaturgia. El caso de Arenas y el de Mañach son similares en cuanto que se acercaron al teatro circunstancialmente, pero por lo mismo, y siendo la obra de ambos extraordinaria en otros campos, considero que se debe reparar en estos aportes suyos.

El último exilio cubano lleva ya cuatro décadas y como es natural han surgido nuevas voces dramáticas de formación completamente externa. La calidad y número de ellos es prueba de que sí había una tradición en ese campo, pues de otra manera no hubiera sido posible la continuidad que se ha producido. De los que aparecen aquí incluídos, sólo José Corrales pudo empezar a mostrar en Cuba su interés en el arte escénico, como crítico teatral y actor. Su obra, aunque toque a veces el tema de lo universal, es esencialmente cubana y ya se puede advertir en ella una influencia del teatro norteamericano que, como es natural, se deja ver también en los demás dramaturgos del exilio y que no es necesariamente producto del mismo pues la obra de Eugene O'Neill especialmente, tuvo una fuerte repercusión en su momento entre los dramaturgos cubanos. Ivan Acosta y Pedro Monge Rafuls salieron muy jóvenes y uno en los Estados Unidos y el otro en Colombia, se hicieron teatristas y dramaturgos, pero ambos se formaron culturalmente en su país. Acosta se afilia a un teatro de orientación realista con trazos muy definidos en la construcción de sus personajes, con lo que actualiza la influencia de O'Neill que mencionamos anteriormente. Monge Rafuls ha puesto su mayor interés en las piezas cortas, que requieren una síntesis de impacto que se ha de manejar con gran destreza para que funcione debidamente y está abierto a experimentaciones tan nuevas como el de la técnica cinematográfica que usa en *Nadie se va del todo*. Nilo Cruz pertenece a la más nueva generación de dramaturgos cubanos, pues nació a los dos años de iniciada la revolución castrista y llegó a los Estados Unidos a la edad de diez años, es decir, que es producto de una educación hecha totalmente en el extranjero, sin embargo, sus raíces cubanas se hacen evidentes en su obra no mediante el uso del elemento folklórico, que sería lo más fácil, sino en el contenido temático e ideológico que maneja con un sentido poético que realza la universalidad del planteamiento y lo hace no en español, sino en inglés.

Puede observarse en esta recopilación de autores, la ausencia femenina, lo cual es lógico que llame la atención, que quizás en mi caso puede ser más de notar, por ser mujer y porque mi último libro publicado ha sido precisamente *La mujer en el teatro hispanoamericano y otros ensayos* (Montevideo. Universidad Católica del Uruguay "Dámaso Antonio Larrañaga", 1992), en donde estudio tres aspectos de la mujer relacionados con el teatro: la de ente de ficción, la de dramaturga y la de crítica literaria. No obstante, como apunté en la Nota Preliminar de dicho libro, de todos los géneros literarios, es el teatro el que ha sido menos cultivado por la mujer y este fenómeno se muestra en términos universales, por lo tanto no es de extrañar que lo observemos en nuestro ámbito cubano.

Cabe señalar sin embargo, que en la dramaturgia cubana sobresalió ya en el siglo XIX, la excelsa camagüeyana Gertrudis Gómez de Avellaneda que, como es natural, mostraba la influencia de los clásicos españoles pero también la de ciertos extranjeros innovadores, es decir, que sin pensar en una dramaturgia nacional, ya se advertía en ella la orientación renovadora que era reflejo de su época. En la época republicana se aprecia el aporte de la dramaturgia femenina a partir de la cuarta década, que es cuando ya se empiezan a ver los frutos del esfuerzo de los que se empeñaron en lograr un teatro nacional.

Entre los nombres que se deben mencionar está el de Flora Díaz Parrado, abogada, diplomática y periodista; René Potts, maestra y María Álvarez Ríos, pedagoga, pues las tres tienen una producción bastante numerosa y muchas de sus obras fueron puestas en escena. También hay que mencionar a María Julia Casanova, que hizo una aportación muy original con el libreto de varias comedias musicales en colaboración con la compositora Olga de Blank. Posterior a todas ellas está Gloria Parrado, pues empieza en 1957 y continúa en Cuba después de la revolución castrista en la Dirección de Teatro del Consejo Nacional de Cultura. Un nombre que no debe faltar cuando se habla de mujeres dramaturgas es el de María Irene Fornés, pues aunque emigró muy joven a los Estados Unidos en 1945 y aquí se formó como creadora, logró una obra tan excepcional que ha obtenido cinco Obie Awards. La temática de sus piezas está basada principalmente en las relaciones humanas y por lo tanto, tienden a lo universal, pero acaba de estrenar una pieza titulada *Cartas de Cuba* que al parecer es un retorno a sus raíces.

No sería justo dejar de mencionar cuando se habla de mujeres interesadas en el arte teatral en Cuba, a dos de ellas que han hecho muy valiosos aportes en el campo de la investigación dramática. Me refiero a Dolores Martí de Cid y a Natividad González Freire. La primera estudió muy acuciosamente el teatro aborigen de nuestras tierras americanas en dos libros fundamentales, *Teatro indio precolombino*, (Aguilar, Madrid, 1964) y *Teatro indoamericano colonial* (Aguilar, Madrid, 1973) y tuvo a su cargo la selección y notas de *Teatro cubano contemporáneo* (Aguilar, Madrid, 1959,1962). González Freire ha recogido la historia de nuestra escena en dos libros, *Teatro cubano contemporáneo (1928-1957)* (La Habana, 1958) y *Teatro cubano 1927-1961* (La Habana, Ministerio de Relaciones Exteriores, 1961).

La presencia femenina en nuestro teatro, aunque es evidente que ha sido escasa, es digna de mayor investigación, por lo que he hecho esta salvedad que creo pertinente. Este libro, como se ve, ni es antología ni es historia, pero sí puede dar una idea del proceso de evolución del arte teatral cubano y mostrar en forma panorámica que éste alcanzó el propósito que se buscaba originalmente de darle idiosincracia propia, de manera tan efectiva, que pudo resistir el desgarramiento del destierro y subsistir el efecto devastador de la diáspora. En Cuba, el teatro habrá tomado quizás otras características al ser guiado por orientaciones dirigidas a cumplir un fin político, pero llegará el momento en que en un clima de libertad y justa evaluación, ambas vertientes, la de dentro y la de afuera, se podrán juntar en un único cauce y de allí surgirán las piezas que, como las piedras en el fondo del río, relucirán con brillo propio y se incorporarán a la historia cultural de la patria.

PERSPECTIVAS Y TÉCNICAS EN EL TEATRO DE JOSÉ ANTONIO RAMOS

(Versión actualizada de la conferencia pronunciada en Wake Forest University, Winston Salem, NC, en el XXXII Mountain Interstate Foreign Language Conference, el 8 de octubre de 1982).

De José Antonio Ramos se pudiera decir que es el padre del moderno teatro cubano porque fue de los primeros en experimentar con nuevas fórmulas provenientes del teatro universal, convencido de que había que superar los patrones prestados de la herencia española y tomar de otras fuentes los elementos necesarios para que, al adaptarlos a las circunstancias y la mentalidad criollas, la dramaturgia cubana se enriqueciese. El período vital de Ramos era propicio para esa actitud de innovación y progreso puesto que coincidió, por un lado, con el inicio de un nuevo siglo que siempre trae consigo un espíritu de renovación, y por el otro, con los años iniciales de la república que lógicamente, alimentaba el deseo patriótico de establecer raíces propias en todos los aspectos, no sólo los políticos, sino los culturales, que tan determinantes son en el establecimiento de toda nacionalidad. Hay que tener en cuenta que Ramos nace el 4 de abril de 1885, es decir, en el período de transición entre la terminación de la Guerra de los Diez Años y el inicio de la gesta redentora del 98 y que cuando se inaugura la república acababa de cumplir los diecisiete años. Es fácil suponer el entusiasmo y la pasión que debió alentar en aquellos momentos de cambios tan trascendentales, y la frustración que debió sentir con la restricción a la plena soberanía que significaba la Enmienda Platt. Estas coincidencias históricas son justificativas quizás de esa actitud de rebeldía, de esa pasión a veces desenfrenada que se le ha señalado a sus obras y que algunos, con intencionado interés, han tratado de identificar con un partidarismo que estaba muy lejos de sentir[1].

La influencia intelectual que recibió José Antonio Ramos no era solamente de estilística teatral, sino de planteamiento ideológico puesto que en los años finales del siglo XIX y los iniciales del siguiente, Europa se había abierto a nuevas problemáticas de contenido social la mayoría de ellas, Uno de los factores determinantes lo había sido la llamada revolución industrial puesto que había producido una movilidad en la sociedad que colocaba a algunos dentro de una clase media desprovista de linaje, que encontraba resistencia en los que reclamaban privilegios por la única razón de su ancestro sin comprender que debían aceptar que el factor económico, como resultado del esfuerzo personal llevaba a algunos a una categoría social a la que antes no podían aspirar, es decir, que se estaba produciendo una democratización de la sociedad. Otro cambio importante que se apreciaba era el de reconocerle a la mujer ciertos derechos mínimos que empezaban a librarla del servilismo al que había estado sometida hasta entonces.

Todos estos planteamientos se iban reflejando naturalmente en la literatura que es en definitiva la voz de los pueblos que de manera más perdurable y responsable deja resonancias duraderas. Tenemos así que en Francia, Émile Augier se enfrentó en sus obras a esos controversiales problemas del choque de la antigua nobleza con la nueva clase media que iba promoviendo el poder económico, con una severa rectitud moral que señalaba errores y revelaba vicios, a la vez que Alejandro Dumas (hijo) creyó su deber de escritor promover el mejoramiento de la sociedad trayendo a la escena, con sentido moralizante, la discusión de problemas sociales que se relacionaban principalmente con la familia y en Noruega, Henrik Ibsen sentaba las bases definitivas del *teatro de ideas* que se desarrollaba en las distintas vertientes de la crítica social, la interpretación de la historia o el análisis psicológico de problemas individuales y se extendía por toda Europa su concepción dramática, incluyendo a España puesto que aun en la producción grandilocuente y de marcado tono romántico de Echegaray, se puede encontrar cierta influencia ibseniana en sus últimas piezas y en el teatro de Benavente, con su actitud más moderna hacia la vida y su intención creadora de reflejar *lo actual*, se hace ésta más evidente.

Por otra parte, a Hispanoamérica también habían llegado las nuevas corrientes que se dejaban sentir en otras latitudes. La Argentina y Uruguay son los que muestran mayor impacto de las mismas pues en México, aunque algunos dramaturgos seguían las pautas ibsenianas, la mayoría se dejaba llevar por la influencia de Echegaray y el teatro nacional no alcanzaba a tomar vuelo. Sin embargo, en el cono sur, en Roberto Payró ya se aprecia en ese período de transición del siglo XIX al XX, ese asomarse a algunos problemas de la realidad argentina con espíritu de denuncia de la intolerancia y el vicio[2] que en Florencio Sánchez toma la forma de "un teatro de respiración criolla, de fuerza criolla, de tez criolla" al decir de Alfredo de la Guardia[3].

Todos estos factores fueron determinantes en el espíritu de José Antonio Ramos para que se despertara en él el ansia de buscar nuevas rutas hacia la búsqueda de un teatro nacional cubano que fuera expresión genuina del pueblo que acaba de nacer por esfuerzo y derecho propio al consorcio de naciones libres de América. Puesto siempre su mayor interés en el teatro, se inicia literariamente en Europa con algunas piezas dramáticas que publicó en España[4], pero más tarde reelaboró muchas de ellas en obras de mayor envergadura, sin embargo, muy tempranamente, se inicia también en la novela con *Humberto Fabra* que escribe en París en 1908. Hizo en total cinco novelas, incluyendo *Liberta* que calificó de "novela escénica", y aunque su obra de prosa narrativa no cae dentro de los parámetros de este estudio, sí debe mencionarse que su novela *Coaybay* obtuvo en 1926 el Premio Minerva, convocado por la librería de La Habana de ese nombre.

El hecho de haber ingresado en la carrera consular, le dio a Ramos la oportunidad de viajar reiteradamente por Europa y vivir en Madrid, Barcelona, Vigo, Lisboa, París, Atenas, Génova; y en América, en Veracruz, Filadelfia, New York, etc, lo cual significó que su visión intelectual se abriera a distintas latitudes y fuera testigo de las innovaciones que traía la nueva centuria; que comprobara la universalidad de ciertos problemas sociales que eran, la mayoría de las veces, resultado de la resistencia de los individuos a aceptar cambios y que se reafirmara en la idea de que la literatura, especialmente el teatro, era un medio muy idóneo de conllevar el mensaje de avance y progreso que él consideraba que era indispensable que la nueva república oyera.

Uno de los temas en el que Ramos reiteradamente incide, es el del papel de la mujer dentro de la sociedad, tema que había sido lanzado a la palestra intelectual por autores de la reputación de Ibsen, Zola, y otros, alcanzando amplia repercusión en Europa desde finales del siglo XIX y que en América se recogió por grandes figuras del pensamiento hispanoamericano como lo fueron, en el ámbito del Caribe, Eugenio María de Hostos y Enrique José Varona.[5] En época más contemporánea a Ramos, Juan J. Remos reflejaba en un programa radial que inició en 1933, la preocupación existente en el ambiente nacional por los cambios que se advertían en la mujer cubana con posterioridad a la Primera Guerra Mundial, cambios que se reconocían ser resultantes de la evolución de los tiempos, pero que él, como buen maestro, recomendaba que se orientaran a través de la educación adecuada no sólo para la mujer, sino también para el hombre, que tenía que adaptarse a las nuevas circunstancias y comprenderlas[6]

Una de las primeras obras de Ramos sobre este tema fue *Liberta*, cuyo título ya es muy significativo de la intención que conllevaba. Se puede advertir en ella la influencia de Émile Zola que hizo una versión dramática de su novela *Teresa Raquin*. Ramos no transforma una novela en drama, sino que hace una "novela escénica en cuatro jornadas". Esto le permitía presentar un amplio período vital de su personaje, puesto que lo que quería era mostrar la evolución del mismo a través de las cambiantes circunstancias de la vida en un período de diez años, propósito que no se aviene fácilmente dentro de los límites de espacio, tiempo y lugar de la dramaturgia tradicional y que casi siempre se busca satisfacer a través de los recursos narrativos de la novela pero, concorde con los principios del autor francés y del noruego Ibsen, Ramos veía en el teatro un instrumento muy efectivo de crear conciencia social, ya que llega de manera muy directa al público.

El nombre de su novela, *Liberta*, es simbólico. Indica la actitud de la protagonista que, acosada por la intransigencia de los convencionalismos sociales, llega al extremo radicalmente opuesto de entregarse a un "amor impersonal, sin vasallaje, libre"[7]. En esto también se puede apreciar la influencia de Zola que no reparaba en llegar a los límites más impredicibles, para mostrar con frialdad "científica", la tesis que sustentaba, aunque el planteamiento pudiera resultar un tanto escandaloso y fuera de lo convencional.

Desde la presentación de los personajes del drama y las recomendaciones de las características personales que deben mostrar ciertos actores en la representación, nos podemos dar cuenta que Ramos se propone pintar un diorama de los patrones existentes en la sociedad española de entre siglos a través de los miembros de la familia Morel, cuyo tronco principal, el padre, se llama, con sentido muy irónico, Don Justo. Su esposa,

Doña Eulalia, no pasa de ser "La madre bondadosa y sencilla" y a Julia, su cuñada, se la identifica sólo como "La hermana soltera de Don Justo Morel". Sin embargo, a las tres hijas de los Morel, se las caracteriza desde una perspectiva más personal: Hortensia, la más pequeña, es de "cerebro nulo"; Elvira, la mayor, es de "carácter dulce y resignado" y Mercedes, que se presenta en la Primera Jornada a la edad de dieciocho o veinte años, es "inteligente y audaz en la consulta de sus emociones" y a través de las siguientes que han de producirse en términos de tres años la Segunda y la Tercera y de cuatro, la Cuarta, ha de mostrar la fortaleza de carácter y de convicciones capaces de "anteponer el Ideal a todo otro interés inmediato". Los demás personajes masculinos son de circunstancia y en Luis Fargas, la pareja de Mercedes, aclara que "Resultaría inútil y falso tratar de dar a este personaje un relieve que no tiene. Bien entendido, ofrece la difícil facilidad de un hombre como todos los demás; un alma de comparsa" (*Liberta*, 15-17). El peso de la intransigencia recae completamente en Don Justo, como prototipo de jefe de familia que está obligado a actuar de esa manera en su posición de padre, pero Ramos no pierde la oportunidad de que su hija Mercedes le reproche que fuera de esa investidura, encuentre justificada y comprenda las razones del seductor. Es decir, que todos los personajes, excepto Mercedes, están condicionados a servir una función ejemplificadora.

Otra novedad que es preciso señalar en esta pieza es que a pesar de seguir los moldes del realismo, utiliza ciertos recursos expresionistas para enfatizar el estado de ánimo de su turbado personaje, como son el ambiente cerrado de una sala recibidor con una ventana que permite entrar la luz del mediodía, en las Jornadas en las que Mercedes está con su familia; el ambiente abierto de una azotea, con flores y reflejos de la ciudad inmediata, en la Segunda, en que Mercedes ha aprendido a soñar y el ambiente lujoso pero frío al que ha ido a dar Mercedes, de la última Jornada, a la luz artificial de una lámpara que ilumina el interior, en contraste con la diáfana noche azul que deja ver la ventana, transmitiendo un mensaje de armonía y paz.

Publicada junto con *Liberta* apareció bajo el subtítulo de "comedia mundana", *Cuando el amor muere* que incide en el mismo tema de la mujer en su relación amorosa con el hombre. El planteamiento es el de considerar la perdurabilidad del amor una vez satisfecho éste en una situación estable, considerando las dos partes integrantes de la pareja, en lo cual queda establecido que la sociedad le permite al hombre seguir en actitud de conquista, mientras que la mujer no sólo ha de guardar fidelidad, sino que tiene que protegerse del asedio ajeno. El tema hace recordar el de las famosas redondillas de Sor Juana Inés de la Cruz, pero está tratado con modernidad y teniendo más en cuenta el aspecto psicológico que el social. Aquí también acude a la técnica expresionista, al valerse del símil de las flores que, como el amor, dan felicidad, alegría y belleza, pero es inevitable que se marchiten y mueran si no se les da el debido cuidado. Lo más sorprendente de esta pieza es que deja un final abierto con sentido pirandelliano cuando todavía el dramaturgo italiano no había logrado consolidar su concepción de que la verdad es subjetiva y puede dar lugar a muchas respuestas. Ramos invita al lector a que complete las dos o tres jornadas que faltan para darle un final a la situación planteada, pero teniendo en cuenta que todos los involucrados en ella tienen razón, es decir, que deja a sus personajes en medio de un conflicto que se puede resolver de muy distintas maneras, pero lo hace diez años antes que los seis personajes de Pirandello salieran a buscar autor.

Otro de los temas recurrentes de Ramos fue el de denuncia de los vicios políticos que representan un valladar a la evolución de los pueblos e impiden el limpio desarrollo de las instituciones civiles, puesto que su preocupación primordial era que Cuba superara lo más pronto posible, los escollos que se interponían a su pleno desarrollo de nación independiente. Este tema fue el predominante en sus cuatro novelas, desde la primera que fue *Humberto Fabra*, de 1908, hasta las restantes que aparecieron en el decenio de 1926 al 36, *Coaybay, Las impurezas de la realidad* y *Caniquí*, y en sus piezas dramáticas se mostró el mismo interés tempranamente, en aquéllas que él llamó "ensayos de adolescencia y de juventud": *Almas rebeldes*, que es la primera que se conoce; *Una bala perdida*, que muestra la marcada influencia de *Un enemigo del pueblo* de Henrik Ibsen y que posteriormente reelaboró en *Calibán Rex* y por último, *La hidra*, que fue antecedente de *Tembladera*, su obra más conocida por haber logrado premio de la Academia Nacional de Artes y Letras en el Concurso de Literatura de 1916-17.

En *Calibán Rex* hay un énfasis evidente en darle al personaje central, el doctor en medicina Gómez Vizo, la fuerza ideológica de un luchador que está seguro del ideal que anima a su causa. Más que un político, pareciera un gladiador y las circunstancias que colocan al personaje en el momento definidor que lo llevarán en definitiva a la muerte, tienen más bien el propósito de condicionarlo a cumplir su destino, a la manera del *fatum* griego.

Aunque, como hemos dicho, esta pieza tiene como antecedente *Un enemigo del pueblo* de Ibsen, está elaborada dentro de la corriente clasicista que empezó a hacerse notar a comienzos del siglo XX y por lo tanto difiere sustancialmente de aquélla en que lo subjetivo prevalece sobre la realidad objetiva en que se desarrolla la confrontación política[8]. De más definidos perfiles realistas es *Tembladera* y por eso quizás recibió mejor acogida que las anteriores. Esta pieza respondía a una tendencia temática que en Hispanoamérica había encontrado fecunda resonancia en el teatro de Florencio Sánchez como máxime representante de la misma. La realidad objetiva de la tierra que se puede perder es lo que pone en movimiento a la acción y los personajes reaccionan en función de ese resorte, pero la idealidad que es tan característica de la obra de Ramos está presente en ella a pesar de su aparente realismo, lo mismo que su visión crítica del medio político.

Vuelve a reincidir en esta línea temática en su última pieza *FU-3001*, de la que él dice de manera poco creíble que "es apenas una comedia, para reir un rato", pues el conflicto, aclara, es " el choque de los tres o cuatro tipos de decencia que en la obra dialogan "[9], sin embargo, Max Henríquez Ureña la encontró ser "una ingeniosa comedia de ambiente cubano, que a pesar de ser un flagelo para muchos vicios y falsedades de la vida pública, sorprende por su levedad y ligereza, poco habituales en él"[10]. En realidad, ha sido un tanto marginada por la crítica, pero en mi opinión cierra el ciclo dramático de José Antonio Ramos de manera concluyente para poder comprender el mensaje de su dramaturgia y arribar a conclusiones definitivas sobre la estética creativa de la misma y sus propósitos orientadores en las nuevas corrientes que necesariamente tenían que surgir en Cuba con naturaleza propia además de que hay muchos aspectos en la misma que son muy importantes que se tengan en cuenta en el estudio de la obra de este autor.

Hubo un largo período entre aquellas obras de teatro que empezó a escribir con entusiasmo y que culminó con *Tembladera*, y este *FU-3001* que dio fin a toda su producción literaria. Correspondió a su larga estancia en el extranjero, primero en Filadelfia en donde ejerció como cónsul, fue profesor de lengua española en la Universidad de Pennsylvania y estudió la literatura norteamericana y la técnica biblioteconómica, y después en Génova y en Veracruz. Durante ese período y el siguiente, ya en la patria, aparecieron su *Panorama de la literatura norteamericana* y el *Manual de Biblioteconomía* que fue el resultado de la comisión que el Ministerio de Estado le dio de organizar la Biblioteca Nacional según el sistema de clasificación de Dewey, lo cual Ramos hizo pero ampliándolo en muchos casos y complementándolo con algunas sub-divisiones[11].

En cuanto a la técnica de la obra dramática de Ramos, encontramos en ella una disposición muy abierta a la experimentación de las distintas corrientes que se hacían visibles en su momento, como fueron la exploración de lo subjetivo como reacción a los excesos del realismo, apoyándose en los recursos de la corriente clasicista que favorecía la síntesis en el planteamiento, en el expresionismo o en la simbología y enfrentándose al planteamiento tan innovador de la multiplicidad de realidades posibles que una situación puede crear[12]. Su visión intelectual estuvo siempre proyectada al exterior, no sólo porque lo animara el empeño de propiciar una corriente dramática nacional, sino porque su carrera diplomática lo colocó en diversas posiciones de Europa y América que le permitieron conocer de manera directa los distintos movimientos literarios, sociales y políticos que se producían y analizar sus resultados y consecuencias.

De su experiencia en España, por ejemplo, encuentro que como resultado de que la España que Ramos descubre es una que estaba pasando por el mismo proceso de transformación que se producía en el resto de Europa y trataba de superar los excesos del realismo, se reflejó en el joven dramaturgo cubano una fuerte influencia de los valores dramáticos que diferían de los usos teatrales vigentes. Así tenemos que al propio tiempo que percibió el concepto de la "desnudez dramática" de Unamuno, confrontó el clasicismo de Jacinto Grau combinado con el análisis psicológico del drama naturalista y le impresionó la manera de tratar éste a sus personajes haciéndolos subsistir en las distintas piezas con los mismo atributos de caracterización aunque unas veces fueran hombres y otras mujeres, y comprendió lo maravilloso de llevar a la escena los problemas del mundo del espíritu y la imaginación que proclamaba Azorín.

De raíz puramente azoriniana es *La leyenda de las estrellas* en la que se vale de una historia de Júpiter y la ninfa Calisto para ponerla en contraste con otra de un joven polizón que huye a América para olvidar su horrendo y vulgar pasado, es decir, opone varias realidades: la mítica, de soluciones apacibles; la del mundo real, cruel y mezquina pero también capaz de albergar grandezas y las subjetivas de cada personaje en las que todo es posible y queda en suspenso el misterio de lo que pueda suceder. El sentido poético y simbólico, el tratamiento del teatro como juego y el uso de lo maravilloso, asocia a esta pieza con la técnica azoriniana tan lejana a lo que se entiende por realismo.

La obra dramática de Ramos en general, ha sido considerada muy a la ligera, por la crítica, dentro de un teatro realista, sin comprender las innovaciones que estaba aportando como herramientas de partida para que de ahí surgiera la dramaturgia nacional que tenía que beber en sus propias fuentes y mirar a sus propias raíces para consolidarse[13]. Su visión era universal, pero el punto focal de su mirada estaba puesto en Cuba, en el futuro al que él, como hijo de la primera generación republicana, tenía que contribuir con su esfuerzo, con su estudio, con su voz y con su pluma y alentar a otros a que hicieran otro tanto, pero puso tanta pasión en ello, tanto ardor en la palabra, tanta furia en la expresión, que su mensaje no alcanzó la resonancia que debía haber tenido y quedó oculto en el mundo de ficción de sus personajes, hombres y mujeres genuinos de su patria.

NOTAS

1. Nos referimos al interés que han mostrado los intelectuales de izquierda en identificarlo como un militante comunista. En 1989 la Cuba comunista publicó *Teatro. José Antonio Ramos*, La Habana, Editorial Pueblo y Educación, una antología de su teatro, "edición especial con fines docentes" en la que se incluyen al final varios comentarios de prominentes figuras, hechas con motivo de su muerte el 27 de agosto de 1947, que tratan de atestiguar de que Ramos se inscribiera, ya al final de su vida, en el Partido Socialista Popular. Quizás en el que se precisó más certeramente la posición política de Ramos fue en el de Mirta Aguirre, quien después de caracterizarlo como "tercamente individualista", admite: "Recia camisa era, para el rebelde a todas las disciplinas, el credo socialista", 404.

2. Alfredo de la Guardia considera que Roberto Payró tiene un papel en el teatro contemporáneo argentino semejante al de Benito Pérez Galdós en el español. Ver Alfredo de la Guardia, *El teatro contemporáneo*, Buenos Aires, Editorial Schapire, 1947, 200.

3. *Ibid*, 202.

4. Las primeras fueron *Almas rebeldes*, drama en cuatro actos y *Una bala perdida*, drama en tres actos. Las dos publicadas en Barcelona por la Librería de Antonio López en 1906 y 1907 respectivamente. Una 2da. edición de la última apareció con *La hidra* en La Habana, Imp. de la Compañía Cinematográfica Cubana, 1908.

5. De Hostos es un trabajo titulado "La educación científica de la mujer", publicado en Chile, en 1873 en la *Revista Suramericana*. Varona pronunció una conferencia sobre los antecedentes en Europa de las ideas de la educación para las mu-

jeres, en el Nuevo Liceo de La Habana, en diciembre de 1882 y en el discurso de ingreso a la Academia Nacional de Artes y Letras de Cuba, en enero de 1915, reincidió en el tema.

6. Ver "La necesidad de la educación sexual" y "El plan del profesor Barnes para la educación sexual" en Juan J. Remos. *Micrófono*. La Habana, Molina y Cía., 1937, 347-351 y 352-355.

7. José Antonio Ramos. *Liberta*. Madrid, Casa Vidal, 1911, 287.

8. El planteamiento clasicista de Ramos en esta pieza lo hemos desarrollado más ampliamente en el estudio preliminar a ella en *Teatro cubano. Tres obras dramáticas de José Antonio Ramos*. New York, Senda Nueva de Ediciones, 1983, 39-43.

9. ____. *FU-3001*. La Habana, Editorial Rex, 1944, 11.

10. Max Henríquez Ureña. "Evocación de José Antonio Ramos", *Revista Iberoamericana*, XII, No. 24, junio de 1947, 258.

11. En "Evocación de José Antonio Ramos", Henríquez Ureña hace una referencia muy personal de aquella labor de Ramos en la Biblioteca, 260.

12. Sobre este aspecto de la técnica dramática de Ramos he hablado más ampliamente en *Teatro cubano. Tres obras dramáticas de José Antonio Ramos*.

13. Es lamentable leer la conclusión crítica que hace de la obra de Ramos, Rine Leal en "Ramos dramaturgo o la república municipal y espesa": "Me encuentro en la situación de justificar la labor de un dramaturgo de cuyas quince obras conocidas, apenas cinco soportan con discreción el paso del tiempo: elimínese *Tembladera*, *Satanás*, *La leyenda de las estrellas* y quizás *La recurva* y *Calibán Rex*, y su nombre desaparece como dramaturgo, hundido en el melodrama, lo cursi y lo anecdótico" y más tarde concluye: "Su fracaso como gran dramaturgo es también el fracaso del teatro cubano hasta 1948". *Islas. Revista de la Universidad de Las Villas*. No. 36, Mayo-Agosto, 1970, 90-91.

El QUEHACER DRAMÁTICO DE RAMÓN SÁNCHEZ VARONA EN LAS LETRAS CUBANAS

Conferencia leída en el XXXI Congreso Anual del Círculo de Cultura Panamericano, en Bergen Community College Paramus, N.J. el 13 de noviembre de 1993.

Ramón Sánchez Varona pertenece a esa primera generación de dramaturgos a quienes les corresponde el privilegio de escribir en una patria que acababa de adquirir su reconocimiento de nación libre. Su carrera literaria empieza en el periodismo de Cienfuegos más bien como tradición familiar, pero su verdadera vocación es la dramaturgia y en la época en que él llega a ese campo estaba tratando de surgir un teatro de características propias que pudiera identificarse como netamente cubano, pues los esfuerzos en ese sentido empezaron desde muy temprano. Ya en 1910 se constituye por José Antonio Ramos, Baralt Peoli, Max Henríquez Ureña y otros, la "Sociedad para el Fomento del Teatro", de vida muy efímera, y en 1913 surge la "Sociedad del Teatro Cubano" bajo los auspicios de Salvador Salazar y otros entusiastas del buen arte y en este grupo ya encontramos a Sánchez Varona participando activamente.

La escena cubana estaba dominada por las compañías dramáticas españolas que traían, naturalmente, el repertorio de Echegaray, Tamayo Baus, Galdós, los hermanos Quintero, Linares Rivas y Benavente y por los grupos de teatro bufo que no tenían un sentido literario sino puramente teatral y de entretenimiento. Enfrentados a esa realidad es lógico concluir que donde únicamente el público cubano podía encontrar algo de su propio entorno, era en el teatro bufo en el que se desenvolvían con gran soltura personajes reconocibles del ambiente popular, pero desde luego, faltaba en ellos profundidad humana pues eran sólo prototipos de algunos segmentos de la población y no buscaban hacer pensar sino tan sólo que el espectador pasara un buen rato.

Los patrocinadores del teatro como arte de selección estaban conscientes de que el público necesitaba reconocerse en la escena, verse como eje del conflicto, identificarse con las circunstancias del drama, para sentirse atraído de asistir a la sala de espectáculos. Esto quiere decir que era necesario que el teatro cubano creciera en profundidad humana, se hiciera más perspicaz, más trascendente, se identificara más con su público, con su ambiente, no al nivel popular sino al de la familia y para ello debía nutrirse de la savia del teatro universal que ya estaba ahondando en el ámbito del hombre dentro del mundo social. En la propia España se estaban apreciando los aires de renovación bajo el designio de contemplar la vida misma con sus problemas cotidianos. Bajo esos rumbos encontramos la obra dramática de José Antonio Ramos como iniciador de esta tendencia evolucionista en Cuba y la de tantos otros que respondieron al llamado de los tiempos.

Ramón Sánchez Varona fue uno de ellos. Desde el principio se dedicó a hacer buen teatro. Juan J. Remos lo considera uno de "los autores dramáticos más significativos durante la República"[1]. Su teatro sigue la fórmula de la tragedia social que había surgido como género en la segunda mitad del siglo XIX como consecuencia del determinismo de Darwin, pues sus conflictos casi siempre surgen de ataduras sociales que propician determinadas circunstancias o actitudes familiares. Quizás por ello Max Henríquez Ureña encuentra que sus obras "traen ecos de antaño"...que "fueron escritas en las postrimerías del siglo XIX y resucitadas y retocadas después"[2]. También Raimundo Lazo es obvio que encuentra cierto tono pretérito cuando concluye que "Su teatro es, en conjunto, explicable dentro del romanticismo discreto del siglo XIX, con notas ingenuamente humanas"[3]. Quizás más que romanticismo fuera un idealismo esperanzador con visión de futuro.

Sin embargo, a pesar de estos juicios críticos que pueden hacer pensar que el teatro de Sánchez Varona fuera un tanto obsoleto, es lo cierto que sus obras recibieron una acogida muy favorable pues muchas de ellas obtuvieron premios en concursos literarios y fue muy frecuente que sus piezas subieran a escena, lo cual hace patente José Cid Pérez en su pormenorizado estudio "El teatro en Cuba republicana"[4] en el que efectúa una detallada revisión de la actividad teatral desde comienzos del siglo hasta los años cincuenta.

La novedad que traía el teatro de Sánchez Varona estaba en el interés de los temas planteados. Su técnica era la de Jacinto Benavente que en las últimas dos décadas había convulsionado el teatro español con aires de modernidad: presentar trozos de la vida corriente tal como ocurren todos los días y hacer vivir a sus personajes los dramas que les son a todos conocidos. Como en Benavente, sus desenlaces no son artificiales, porque no pretenden resolver los conflictos planteados ni hay tampoco el propósito de presentar ninguna tesis sino tan sólo hacer pensar al espectador. Era un teatro fino, de hondura psicológica y moral en el que se proyectaba muy a menudo la audacia de un pensamiento rebelde o la intención de una crítica. En las piezas de Sánchez Varona no se ve el afán de denuncia que animaba a Ramos ni los planteamientos de reformas que pretendía el llamado teatro social que apareció posteriormente, pero era un teatro que se reconocía genuinamente cubano por el ambiente en que se desenvolvía y por la idiosincracia y problemas de sus personajes.

La primera pieza dramática que publica Sánchez Varona es "Las piedras de Judea". No es la primera que escribe porque hay noticias de que su comedia titulada "Rosa" había sido estrenada en el Teatro Terry de la ciudad de Cienfuegos y José Arrom menciona otra, "Quiebras de la osadía" sin dar detalles de ella. Esta misma, "Las piedras de Judea", había sido escrita años antes según afirma Max Henríquez Ureña[5] pero no fue hasta octubre de 1914 que el autor se decidió a propiciar su publicación. Pudiera ser inclusive que esta pieza fuera una reestructuración de "Rosa" puesto que ése es el nombre del personaje principal en "Las piedras de Judea"[6]. Con un exceso de modestia que habla de su personalidad poco pretenciosa, le envió el manuscrito al crítico Francisco Hermida con una carta anónima para asegurarse de que la opinión solicitada fuera absolutamente sincera, en la que ponía el destino de la pieza a las resultas de dicha evaluación. Hermida le respondió al día siguiente desde las páginas del periódico *La Discusión*, uno de los diarios habaneros de mayor circulación en esa época en donde colaboraba regularmente, y en su crónica fundamentó su aprobación con estas palabras: "La obra me parece una fiel fotografía de la vida social en sus dos aspectos: el íntimo y el externo" y añadía luego: "... aparte cierta descriptiva y algunos modismos, muy bien pudiera ser traducida a todo idioma latino y en toda tierra latina representada, porque el asunto es de carácter semi-universal"(13). Esto confirma lo que dijimos anteriormente como característica innovadora del teatro de este autor en cuanto a que reflejaba la actualidad social de la época dentro del ambiente nacional. Era una obra cubana hecha para ser vista por un público cubano y si el crítico calificó el asunto de "semi-universal" era quizá porque estimara que respondía particularmente a los cánones de la cultura latina. Estimulado por el resultado obtenido en su indagación sobre la efectividad de la pieza, Sánchez Varona se identificó y solicitó un prólogo del crítico, pero Hermida volvió a responderle a través de su crónica en *La Discusión* justicándose de que no era partidario de los prólogos. Sin embargo, sintetizó su juicio en lo que llamó "Pocas palabras" y de ahí es lo siguiente: "'Las piedras de Judea' no solamente es obra sincera: es humana. En ella vive el calor de la humanidad como en los humanos ojos arde la luz que produce el fuego del corazón. En esta obra mejor que el prólogo es el epílogo, el triunfo del amor, que es la verdad más universal" (16). Todo este proceso lo recogió el autor en las primeras páginas del libro, como si quisiera dejar justificado ante la historia la publicación del mismo.

El asunto no es nuevo pues trata de la desdichada historia de Rosa que tiene que sacrificar el amor que siente por su primo Ernesto y que es correspondido por éste, para casarse, presionada por su madre, con el viejo Don Pascual que es el único acreedor hipotecario de las propiedades urbanas de Doña Mariana, ya que, de no acceder al sacrificio, Don Pascual ejercería sus derechos jurídicos y el futuro de los hermanos menores de Rosa sería gravemente perjudicado. Ya a principios del siglo XIX Leandro Fernández de Moratín había escandalizado la moral pública con su famosa comedia "El sí de las niñas" en la que puso de manifiesto tanto la opresión que significaba el abuso de autoridad de los padres que le imponían a sus hijas un matrimonio no deseado, como las funestas consecuencias que tenían muy a menudo los mismos, y a través de esa centuria se había despertado la conciencia de que a la mujer debía reconocérsele ciertos derechos, especialmente los relativos a la elección de quien había de ser su compañero en la vida.

El conflicto de la obra de Sánchez Varona está —y eso es lo que la hace interesante— en el dilema interior de Rosa que debe decidir entre su propia felicidad y la estabilidad económica de su madre y hermanos. El mismo queda planteado al final del Acto 1 cuando Ernesto le hace esta última apelación: "Todavía puedes libertarte, Rosa; elige: conmigo, el amor sin fraudes; franco, honrado y feliz; con él, el tormento de una unión repugnante, anormal, estúpida; ¡parodia indigna que te hará desmerecer a tus propios ojos!" (83).

El Acto II se desarrolla dos años más tarde y se hace evidente que el matrimonio de Rosa con Don Pascual ha resultado en bienestar económico para toda la familia. El dramaturgo se vale de los comentarios entre amigos del reciente escándalo causado por una joven esposa que huyó con el amante, para provocar la reacción de Rosa y Don Pascual ante el hecho así como la opinión generalizada de que la mujer ideal es la que sea cerrada de entendimiento pues así es más sumisa y menos inclinada a la infidelidad. Con el pretexto de distintos personajes ocasionales, el dramaturgo hace una presentación crítica de ciertos convencionalismos sociales e incluso éticos de la profesión periodística que él conocía tan bien. Sánchez Varona maneja el diálogo con mucha desenvoltura. A través de ocho escenas en las que la acción no ha adelantado nada, ha presentado una historia intercalada paralela a la situación planteada. El decir discursivo de Rosa al relatarle los pormenores del caso a su marido puesto que lo conocía bien por haber sido la esposa infiel una buena amiga suya de la juventud, la muestra como una mujer de altos principios morales y religiosos. Por último, se deja planteada la incógnita de si los recursos éticos de Rosa serán o no lo suficientemente fuertes para hacerla resistir una situación personal como la suya tan similar a la externa.

En el Acto III se pone a prueba esa resistencia. El periodista Febles la amenaza con hacer pública la calumnia de que mantiene relaciones culpables con su primo Ernesto, despechado porque le revela unas pretenciones amorosas que Rosa rechaza ofendida y se dispone a comunicárselas a Don Pascual para que le dé el merecido castigo, pero de nuevo Doña Mariana le recomienda que calle y que sufra en silencio la afrenta para evitar un escándalo. Por otro lado, al hacer partícipe a su primo del dilema en que se encuentra, éste le confirma que su amor nunca ha decaído, pero que ambos son muy jóvenes y ella muy hermosa para que el amor que se profesan no pase el límite de una fraternidad pretendida y por eso es que él no quiere frecuentar su casa. Rosa ha pasado todas las pruebas, se ha mantenido fiel a sus deberes conyugales pero lo que la hace buscar su liberación final es cuando se da cuenta que la firmeza de sus principios no es reconocida por nadie: ni por Don Pascual que la ofende diciéndole "...yo no te pido cuentas de lo que haces tú cuando vuelvo las espaldas" (200); ni por la sociedad que sabe que se vendió al poder del dinero; ni por su propia madre que se escandaliza de lo que llama sus ideas avanzadas.

El nombre de la pieza, con indudables implicaciones bíblicas, lo sugiere unos versos que Rosa dice recordar de un joven poeta cubano que hablan de un alma turbada que se justifica diciendo: "Soy como muchos quieren, a mi pesar, que sea: / sentí que me lanzaban las piedras de Judea, / y entré con una fuerte coraza a la pelea" (105). Es muy posible que estos versos fueran los que Sánchez Varona había incluído al final, pero que en la revisión definitiva los quitó de allí "en favor de la naturalidad", según deja constancia en las páginas preliminares del libro (14).

Sánchez Varona no tuvo ya reservas al parecer pues presentó a certámenes varias piezas. 1918 fue de grandes éxitos para nuestro autor "La asechanza" es premiada ese año en el concurso convocado por la Asociación Cívica Cubana de Matanzas con motivo de los Juegos Florales y también obtiene premio su comedia "María" en el certamen de la Sociedad Teatro Cubano que patrocinaba la Comisión Nacional Cubana de Propaganda por la Guerra y de Auxilio a sus Víctimas. Además a su drama histórico "Con todos y para todos" se le concede en esta última competencia una mención honorífica a pesar de no cumplir los requisitos formales de la convocatoria "por su extraordinario mérito y su tendencia eminentemente patriótica", según consta en el acta del jurado publicado en el periódico *Teatro cubano*[7], órgano oficial de la sociedad que convocaba. Estas piezas, así como "La cita", en un acto, y "El ogro", fueron estrenadas bajo el auspicio de la Sociedad de Teatro Cubano que había logrado reunir un grupo de actores muy valiosos.

"El ogro" fue estrenada en el teatro de La Comedia de La Habana el mismo año que fue publicada "Las piedras de Judea". Es de un tono mucho más ligero que la anterior aunque trata de un tema tan serio como el de los celos, con lo cual se confirma el propósito de Sánchez Varona de insistir en conflictos reales del mundo circunstancial. La trama no es muy complicada pues no hay un triángulo amoroso que justifique los celos. Estos en realidad son provocados por la familia de la joven pareja de Carlos y Luisa para evitar que se malogre un matrimonio de sólo tres años. El ogro de la comedia es Carlos, que por motivos que no llegan a justificarse, se muestra irascible e intolerante con todos los que tiene a su alrededor e inclusive con Luisa que ha tratado infructuosamente de comprenderlo y complacerlo. La crisis se produce cuando la esposa, agobiada por tan terrible situación, trata de evitar toda confrontación con él y desahoga en llanto su tristeza a espaldas de familiares y amigos, lo cual pudiera traer en definitiva el rompimiento del vínculo conyugal.

La habilidad de Sánchez Varona para mover el diálogo con amenidad y soltura se pone otra vez de manifiesto. Es especialmente muy acertado el balance que establece entre lo serio y lo cómico al introducir la perorata de uno de los personajes sobre temas botánicos, con el único propósito de confundir y ahuyentar a un pretendido rival. Usa también un recurso técnico que había manejado con mucho éxito en "Las piedras de Judea", el de crear una situación externa paralela a la planteada en escena. En este caso hay algo de teatro dentro del teatro pues se trata de un supuesto drama que está escribiendo uno de los asiduos visitantes de la casa que tiene aspiraciones de rescatar a Luisa de su tristeza. En realidad el tema de esta pieza, más que el de los celos que ha señalado la crítica, es de nuevo el de la victoria del amor verdadero, pues en definitiva se impone el que había unido a la joven pareja. A nuestro parecer los personajes principales de Carlos y Luisa quedan un poco supeditados al destino que se les impuso sin que lleguen a desarrollarse dramáticamente, pero es indudable que logran el propósito buscado por el dramaturgo dentro de la comedia. Aniceto de Valdivia, Conde Kostia, deja constancia de su entusiasmo por la obra de Sánchez Varona en su crónica del 1° de diciembre de 1915 publicada en el semanario *La lucha* al día siguiente del estreno, pues aprecia que en estas dos piezas que hemos comentado, "Las piedras..." y "El ogro", se puede ver el indicio de una evolución en la dramaturgia cubana por nuevos senderos en los que él reconoce la presencia incuestionable de José Antonio Ramos, pero que comparten otros "nuevos combatientes de la idea dialogada"[8].

La que se considera la obra más importante de Sánchez Varona es "La sombra" que recibió premio de la Secretaría de Educación en 1937 y se estrenó el 27 de mayo del año siguiente en el Principal de la Comedia con Pilar Mata y Carlos Badía en los papeles principales. Según el criterio de Juan J. Remos, "La sombra" es "lo que los viejos preceptistas hubieran llamado una `alta comedia', por el rango de sus personajes, por las filigranas del diálogo y por la honda fuerza sentimental que en ella predomina"[9].

Sánchez Varona trabaja el espacio escénico con gran soltura. En la Primera Jornada queda planteada la situación en que viven los protagonistas, Carmen y Raúl. Él es un hombre casado que justifica su conducta en que ha encontrado en Carmen la perfecta identificación y recíproca comprensión del amor verdadero que nunca había llegado a alcanzar con su esposa; ella es una joven estudiante de Derecho que admite que se dejó arrastrar por la vehemencia de la pasión pero que se reconoce culpable y como siente hondas reservas morales por lo impropio de su conducta está dispuesta a vivir la felicidad limitada de un amor oculto antes que provocar un divorcio que sería injusto. Las hondas inquietudes de su alma se resumen en estas palabras: "Tú eres culpable, porque traicionas a tu mujer legítima, y yo, porque lo sé y lo permito" (14).

El tono dialéctico predominante en la Primera Jornada cambia totalmente en las tres restantes en que la acción se desenvuelve con gran dinamismo. La Segunda se inicia con el hecho inesperado de que la esposa de Raúl se haya suicidado lanzándose por la ventana, trágica determinación que se justifica con la honda tristeza y depresión de animo que atestiguan la criada y la madre de la homicida en las declaraciones que formulan al juez instructor que acude al lugar del hecho. La responsabilidad moral de Raúl es evidente para el espectador que ya sabía de su adulterio, pero su responsabilidad criminal la determina su negativa a explicar en dónde se encontraba a las dos de la mañana, hora de la tragedia. En la Jornada Tercera se plantea un problema ético en Carmen quien ante este gesto caballeroso de Raúl se cree obligada moralmente a acudir ante el juez y prestar declaración oficial sobre la realidad de los hechos, de modo que Raúl pueda ser exonerado de cargos. El obstáculo a que esto se produzca lo ocasiona un tío de Carmen, hombre ducho en las cuestiones judiciales por ser magistrado, que se apresta a evitar el escándalo y la ignominia a la familia, que traería la revelación de su sobrina. En la Cuarta Jornada se comprueba que Raúl también está dispuesto a evitar por todos los medios el desprestigio de Carmen e inclusive a declarar falsamente que regresó a su casa antes de las dos, para dar fin a las investigaciones.

El problema judicial se va a resolver en definitiva con la declaración de unos testigos falsos que proveerá el tío de Carmen para que digan que estaban con Raúl la noche del suicidio de su esposa. Lo inesperado del desenlace es que Carmen se niega a aceptar el matrimonio que le ofrece Raúl porque no puede soportar la carga de conciencia que le trae el remordimiento de haber sido causa directa de la muerte de una desdichada mujer. "Soy culpable —dice— tú lo sabes, tan culpable como tú, y es justo que ambos suframos el castigo: yo, con la vergüenza del descrédito; tú, con la pena, que a mí me alcanza también, de nuestra separación total y definitiva" (73).

La crítica fue muy entusiasta en reconocerle a Sánchez Varona los aciertos técnicos que desarrolló en esta pieza como fueron el de hacer que un personaje ausente de la escena, la esposa, fuera tan determinante en el desenlace, así como el dinamismo en el desarrollo de la acción[10]. Como defecto, se le señaló la falta de veracidad en el desenvolvimiento del proceso judicial pero respecto a esto arguía con mucha razón Juan J. Remos que el objetivo final de la creación artística da franquicia suficiente a la fantasía para alterar lo verdadero siempre que sea verosímil[11].

Seis años después del éxito de "La sombra", Sánchez Varona obtiene con su comedia en cinco jornadas "El amor perfecto", Mención Honorífica en el Concurso de 1943 de la Secretaría de Educación y la publica cinco años después con prólogo de Agustín Acosta. Lo curioso que tiene la misma es que está escrita en verso, un poco a la manera de Ventura de la Vega o de Bretón de los Herreros, según el decir de Max Henríquez Ureña[12]; "en el viejo octosílabo popular, verso de romance clásico, arte menor que suele dar grandeza a quien lo cultiva con esmero" según el prologuista[13]. Este hecho de ser versificada es lo que llamó la atención del gran Poeta Nacional porque, según él decía, es muy difícil aunar las dificultades que implica el desarrollo de la trama con los requerimientos del ritmo y la rima y por eso no basta ser dramaturgo ni poeta para acometer tal empresa. Admiraba Acosta el verso fluído y elegante de Varona a pesar de no tener reputación de poeta y le satisfacía en extremo esta pieza de teatro serio cubano escrita en un estilo que no se había vuelto a usar desde los tiempos de la Avellaneda y Milanés.

El argumento de "El amor perfecto" es muy sencillo pues es sobre la situación, bastante romántica e ingenua, de dos jóvenes que llegan a compartir un gran amor tras haberse conocido incidentalmente por teléfono. Es muy interesante sin embargo, la gracia y destreza que el autor demuestra para darle movimiento e interés a la acción, que básicamente no tiene complicaciones difíciles porque no hay obstáculos que impidan la relación entre los protagonistas. El conflicto está en la actitud donjuanesca de él y la aspiración de ella que resume en estas palabras: "Encontrar en el amor / un soplo de idealidad / que salve la libertad / de nuestro reino interior"(25), pero la cuestión se va resolviendo según él comprende que ella le está ofreciendo algo que no podía aspirar a alcanzar en las fáciles aventuras que había tenido ni en las que pudiera tener. La posibilidad de haber encontrado el verdadero amor es lo que determina el cambio en su manera de pensar a tal punto que hasta llega a darle temor el descubrimiento de lo que siente: "¿Acaso este sentimiento / será el verdadero amor? / Si es éste el amor, amar / es, paradójicamente, / sufrir deliciosamente" (72).

Lo más valioso de la pieza es, a nuestro entender, que en la misma pareciera que el autor hubiera resumido sus ideas sobre lo que es ese sentimiento a la vez tan humano y divino que es el amor. Según hemos visto en las obras a las que hemos podido tener acceso —pues el conseguirlas se hace muy difícil fuera de Cuba— Sánchez Varona indagó en las distintas posibilidades en que puede hallarse el amor verdadero y aquí saca la siguiente conclusión: "El amor perfecto, en suma, / es de distinta substancia; / no es un simple galanteo, / ni creo que se consuma / en la llama del deseo" (64).

Considerada la obra de Ramón Sánchez Varona en su conjunto, pudiera encontrarse, además de la escuela benaventina que caracteriza la producción de este autor, algo del teatro de conciencia que había estado haciendo Miguel de Unamuno, no con el propósito filosófico que animaba a aquél, sino en cuanto a que usa al teatro como un método de conocimiento de la sociedad, al colocar a sus personajes en distintas situaciones, enfrentados a la realidad de sus propias conciencias y a las circunstancias sociales que los determinan. Esto se hace especialmente más notorio en "Las piedras de Judea" y en "La sombra"; en cuanto al manejo de sus personajes que son tan humanos como su realidad los hace, vemos una actitud unamuniana en estas palabras que pone en boca de la joven de "El amor perfecto": "No. Somos más todavía; / somos actores, autores / y únicos espectadores / de la bella fantasía" (85).

Podemos concluir entonces, para precisar las características del quehacer dramático de Sánchez Varona, que fue un continuador de la pauta que ya se había hecho evidente en Ramos y Sánchez Galarraga, de tratar temas basados en la realidad de su tiempo, con propósito de denuncia en Ramos; con ánimo satírico en Galarraga y con cierto sentido ético, en Sánchez Varona.[14]

NOTAS

1. Juan J. Remos. *Historia de la literatura cubana*, Tomo III, Miami, Mnemosyne Publishing Co., 1969, 334. Reimpreso de la obra original en La Habana, Cárdenas y Cía., 1945.
2. Max Henríquez Ureña. *Panorama histórico de la literatura cubana*, Puerto Rico, Ediciones Mirador, Primera edición, 1963, 350.
3. Raimundo Lazo. *La literatura cubana*, Universidad Nacional Autónoma de México, México, 1965, 210.
4. José Cid Pérez. *Teatro cubano contemporáneo*, Aguilar, Madrid, segunda edición, 1962, 13-38.
5. Max Henríquez Ureña. *Obra citada*, 349.
6. Ramón Sánchez Varona. *Las piedras de Judea*, La Habana, Imprenta Militar, 1915, 12. Todas las demás citas referentes a esta pieza se referirán a esta edición y se indicará la página entre paréntesis.
7. José Juan Arrom. *Historia de la literatura dramática cubana*, New Haven, Yale University Press, 1944, 82.
8. Aniceto de Valdivia. "El ogro" en Ramón Sánchez Varona, *El ogro*, La Habana, Imprenta El Siglo XX, 1920, 5.
9. Juan J. Remos. "Con motivo de 'La sombra'" en Ramón Sánchez Varona, *La sombra*, La Habana, Editorial Alfa, 1938, 7. Las citas que se hagan de esta pieza se referirán a esta edición y se indicará la página entre paréntesis.
10. José Juan Arrom, *Historia...*, 83-84.
11. Juan J. Remos, "Con motivo de 'La sombra' ", 8.
12. Max Henríquez Ureña. Obra citada, 350.
13. Agustín Acosta. "Prólogo" en Ramón Sánchez Varona, *El amor perfecto*, La Habana, Editorial Selecta, 1948, 9. Las citas subsiguientes en el texto se refieren a esta edición. El número de la página se indicará entre paréntesis.
14. Para otro acercamiento a este autor, con valiosísima información biográfica, véase "En torno a la vida y la obra dramática de mi padre" de la Dra. Estela Piñera, publicado en *Círculo: Revista de Cultura*, vol. XIII de 1994, 114-119. La conferencia de la Dra. Piñera fue parte, con el presente trabajo, de la sesión en memoria de dicho autor, en el XXXI Congreso Anual del CCP, anteriormente referido.

PRESENCIA DEL "NORAÍSMO" EN *ALMA GUAJIRA* DE SALINAS.

Conferencia leída en el Congreso Cultural de Verano, en el Koubek Memorial Center de la Universidad de Miami, el 27 de julio de 1996. Publicada en Ollantay. Theater Magazine, Vol. V, núm. 1, Winter / Spring 1997, 18-28.

Se puede decir, sin temor a equivocarse que Marcelo Salinas es un producto de su época. No es un iniciador, sino un continuador de una corriente del teatro que se desarrolló en estas tierras nuestras con perfiles muy definidos en su fisonomía y problemática como era el costumbrismo. Éste llevaba el sello autóctono del mundo hispanoamericano, no sólo en el habla, apariencia y manera de conducirse de los personajes, sino en las situaciones planteadas, en los cánones morales que condicionaba el proceder de éstos y en el ambiente en que se desenvolvían. Desde el cono sur se había extendido ineludiblemente a otras fronteras y había llegado a Cuba a pesar de que, como ya hemos analizado en un trabajo anterior y no es del caso repetir de nuevo, las condiciones políticas en que se encontraba la isla durante el período de transición del siglo XIX y el XX, no eran propicias a que se desarrollara plenamente.[1]

Ya consolidada la república, los autores cubanos se sumaron al sentir general de la época de la posguerra del primer conflicto mundial que se vio marcada por el afán de diluir fronteras y buscar el redescubrimiento del Hombre y la racionalización de la vida. La mente creadora de la humanidad trató de alejarse de la sublimación de lo bello que había venido haciendo el romanticismo; miró hacia su circunstancia inmediata con ojo escrutador, con acuciosidad científica, y tomó el reto de poner arte en la observación directa de lo real. Pero este "universalismo" no eliminó el costumbrismo sino que lo enriqueció en cierta medida puesto que lo hizo más incisivo en el análisis de los problemas nacionales, ya que se usaba en ellos enfoques psicológicos y sociológicos y esto le dió un sentido más trascendente a la expresión dramática a la par que lo enmarcaba dentro de los límites concretos de un teatro nacionalista, según fueran los problemas planteados característicos de un lugar determinado.

La figura que se destaca en lugar cimero en Hispanoamérica dentro de esa modalidad de acento más hondo es, sin lugar a dudas, Florencio Sánchez, cuya extensa obra ha pasado más allá de los limites de un teatro regionalista a ser reconocido como teatro culto.

La novedad de su estilo era que siendo sus obras de contenido localista, su técnica respondía a la influencia de los grandes maestros europeos como Ibsen, Hauptmann o Sudermann. Tras él, vinieron otros que siguieron sus pasos, por lo cual no es aventurado repetir lo que ya he dicho en otra ocasión, de que Sánchez hizo en el cono sur lo que Ibsen, en el norte europeo[2].

Cuba no fue ajena a la visión humanista que imperaba en el arte y como coincidia precisamente con el nacimiento de la nueva república, no faltaron los espíritus aventureros que se lanzaran a la magna empresa de la creación de un teatro nacional que respondiera a las características de nuestra nacionalidad pero que a la vez respirara el aire del "arte nuevo" que azotaba al mundo occidental. El camino fue en extremo azaroso y los resultados no llegaron a alcanzar la magnitud que se proponían los iniciadores, pero no fue en modo alguno un esfuerzo baldío, como ciertos sectores de la critica pretenden hacer ver.

Dentro de la corriente costumbrista que evolucionó hacia el enfrentamiento de los problemas nacionales con un hondo sentido de denuncia, figura Marcelo Salinas en lugar sobresaliente en Hispanoamérica, según el criterio autorizado de Carlos Solórzano[3]. Por eso, aunque cultivó géneros diversos como la novela, el cuento y la poesía y en algunos de ellos como en el cuento, obtuvo cierto reconocimiento, lo estudiaremos únicamente como dramaturgo y más específicamente en su pieza más divulgada que es *Alma Guajira*. Desdichadamente, el resto de su obra dramática no está publicada y es muy difícil de obtener. Dolores Martí de Cid, que conoce bien la obra de Salinas en su condición de crítica y de amiga personal con su esposo José Cid Pérez, establece como nota permanente de la misma, "una honda preocupación social"[4]. Ésta se hace muy evidente en algunas como *El mulato*, que trata de un amor interracial; *La santa caridad* y *Boycot*, en que presenta el problema de las diferencias sociales entre ricos y pobres; *El poder*, que trata de los juegos políticos en un país imaginario y *La tierra... la tierra* que según algunos de sus íntimos era su pieza preferida, que trata el tema tan candente —especialmente en Hispanoamérica— del despojo campesino, y a pesar de que produjo muy encontrados comentarios al ser estrenada en 1928 en el Teatro Nacional, Salinas se lamentaba de que había pasado inadvertida[5]. En algunas otras, lo social parece estar más diluido, como en *El vagón de tercera*, farsa superrealista en la que el autor se dejó llevar por la poesía para dar una interpretación de la existencia o en *Las horas de un pueblo viejo*, de título muy sugestivo, en la que también predomina lo poético.

Es decir que, aunque encaja perfectamente dentro de la corriente del teatro costumbrista, puede apreciarse en una visión general de la dramaturgia de Salinas, que pertenece al momento de evolución en que dicho teatro costumbrista toma del universal nuevas perspectivas y orientaciones. Como ya dijimos anteriormente, nos vamos a limitar a la que para muchos es su obra cumbre, *Alma guajira*, para tratar de descubrir que en ella quizás había un propósito que pasó inadvertido y fue desviado al obtener el premio y buscarse la promoción de la pieza. Lo que nos ha llamado la atención es que el título con el que Salinas la presentó al concurso convocado por el Ministerio de Educación a iniciativa de la actriz argentina Camila Quiroga, fue el de *Charito*. Esto nos hace pensar que el dramaturgo quería darle al personaje de la joven campesina, una fuerza protagónica que fue pasada por alto. El cambio de nombre se produjo después que le fue otorgado el premio, a sugerencia de la promotora del concurso que es muy posible que la haya asociado, según se ha señalado, con una obra recién estrenada en Buenos Aires de Alberto Chiraldo, titulada *Alma gaucha*[6]. Lo cierto es que el autor no era conocido; era su primera pieza dramática y no se sabía qué característica de estilo eran las suyas, ni qué influencias pudiera haber tenido, pero ahora, con visión panorámica de toda su producción, quizás si nos sea posible descubrir la intención original del autor.

En primer lugar hay que tener en cuenta que aunque Marcelo Salinas no había tenido oportunidad de obtener una educación superior, había demostrado desde niño una gran facilidad para aprender y en el ejercicio de su oficio de tabaquero tuvo la ventaja de poder disfrutar del beneficio de la lectura pública que era costumbre entre esa clase obrera. Su afán de leer lo llevó a entusiasmarse con las ideas anarquistas que estaban en boga por esa época y por lo tanto no era extraño que se mostraran a menudo en la literatura del momento. Desde entonces el anarquismo individualista, no el socialista, fue la meta de su vida y lo llevó a hacer periodismo y oratoria, en los Estados Unidos primero, por Tampa, Key West y New York; en España después, en Barcelona, donde era asiduo concurrente al teatro. Estas estancias en el exterior fueron lo suficientemente prolongadas como para que aprendiera a expresarse en italiano y en catalán. Según los que lo conocieron bien, fue por este entonces que comprendió que el teatro podía ser un magnifico expositor de las ideas.

Es por lo tanto lógico suponer que Salinas hubiera percibido el mensaje que, con su *Casa de muñecas*, Henrik lbsen había lanzado al mundo a fines del siglo respecto a las condiciones sociales en que se encontraban las mujeres, sujetas irremediablemente a los convencionalismos de la época y privadas de expresarse libremente. Hay que recordar que ese nuevo concepto de feminismo, de "noraísmo", como a veces se llama haciendo símbolo del mismo al personaje Nora de la pieza de Ibsen, tuvo grandes repercusiones en todos los órdenes de la vida y en la literatura, que es en definitiva el más fiel espejo de la realidad, se dejó sentir en todas las latitudes. En la dramaturgía de nuestro mundo hispánico en particular, vemos que Federico García Lorca exploró casi hasta el infinito las posibilidades dramáticas de personajes femeninos y logró crear algunos como Yerma o Bernarda Alba que han pasado a la posteridad con propia individualidad. En Cuba, José Antonio Ramos, siempre atento al cambio de los tiempos, fue de los primeros en hacerse eco de esa tendencia como lo atestigua su libro de 1911, con *Liberta* y *Cuando el amor muere*. Posteriormente el tema fue tratado entre otros por José Cid Pérez en *Cadenas de amor* y por Jorge Mañach en *Tiempo muerto*, que fue precisamente la obra que obtuvo premio también en el concurso en el que Salinas triunfó con *Alma guajira*.

Con esta inquietud en la mente podemos arriesgarnos a estudiar esta pieza alejándonos del concepto preestablecido de que se trata solamente de un drama rural de tono realista, y tratar de descubrir en él el planteamiento del tema del papel de la mujer en la sociedad, que era hasta cierto punto de actualidad en las primeras décadas del siglo.

Alma guajira[7] está dividida en tres actos, con un balance estructural de nueve, diez y nueve escenas respectivamente. En el Primer Acto se presentan los personajes en medio de un ambiente de jolgorio campesino muy bien logrado y se dejan establecidas ciertas premisas necesarias para el desarrollo de la trama. Éstas son que Charito es la hija adoptiva del matrimonio de Don Lico y Doña Isabel que a su vez tienen un hijo, Juan Antonio, que está enamorado de Charito sin ser correspondido por ella y una hija, Lolita, cuyo día del santo da lugar a la fiesta que se celebra. Lolita tiene un pretendiente, Florencio, que no es del agrado de su padre y la presencia de éste por los alrededores de la finca, ese día, es motivo de que se produzca una riña en la que el joven Florencio resulta muerto.

En el Segundo Acto, el ambiente cambia totalmente pues se hace evidente que quien mató al pretendiente de Lolita fue Don Lico y no el español Zaragoza que es a quien las autoridades culpan del hecho porque hay dos circunstancias que lo condenan: el haber discutido con Florencio en presencia de testigos y el que se haya comprobado que hizo dos disparos con su pistola. Aunque nadie lo ha denunciado, Don Lico, que es hombre honrado y cabal, no puede permitir que un inocente pague por su crimen, y mucho más lo induce a entregarse a la justicia el hecho de que todos en el pueblo estén convencidos de su culpabilidad. La gente está confiada en que Zaragoza ha de salir libre puesto que es inocente, pero nadie se siente compelido a revelar la verdad porque para todos es muy justificada la razón que impulsó a Don Lico a matar. Esa mentalidad social de ambiente rural, un tanto difícil de comprender, se presenta en la pieza con mucha naturalidad. Quizás tengan algo que ver en este planteamiento de la justicia, las ideas anarquistas que tanto orientaban a Marcelo Salinas las que, como se sabe, consideraban la meta de la revolución humana "una sociedad sin gobierno, en que cada individuo fuese su propia ley".[8]

El conflicto dramático se hace más tenso por el hecho de que Zaragoza y Charito sean novios. Esto sitúa a la joven campesina en una encrucijada emocional entre el cariño y lealtad que le profesa a la familia que la tiene como hija y el amor que siente por Zaragoza que además ha actuado con mucha nobleza al no defenderse con la verdad. Por otra parte, Juan Antonio da desahogo a su despecho en el resentimiento que exterioriza hacia Zaragoza cuando éste sale libre después que su padre se ha entregado a las autoridades, y esa actitud conduce a los dos hombres a un enfrentamiento personal que debe resolverse en una fiera riña de posibles resultados fatales. Ante esta situación, Charito toma por primera vez una determinación propia, la única que estaba al alcance de sus posibilidades, que es la de ir a suplicarle a Juan Antonio, por la hermandad que los ha unido siempre y por el amor que él dice tenerle, que no provoque a Zaragoza. Ella confía que logrará obtener compromiso semejante por parte de Zaragoza, pero éste llega antes de que ella pueda hablarle y como Juan Antonio le había dado a entender, para mortificarlo, que Charito había perdido su virginidad con él, lo ciegan los celos y la rechaza violentamente al encontrarlos juntos. Aquí es donde la reacción de la Charito de Salinas hace recordar la de la Nora de Ibsen. Es cierto que no hay el diálogo que propicie que ella pueda razonar sobre su determinación de partir, pero hay la debida tensión dramática para justificar su resolución, muy acorde con la vida natural en que se ha desarrollado la trama. Hasta ese instante, Charito se ha mostrado de acuerdo a la caracterización que le fue dada desde el principio: dulce, cariñosa y servicial para todos; obediente y leal a los principios establecidos por el jefe de la familia y cuidadosa de no ofender los sentimientos de Juan Antonio a pesar de que rehusa firmemente sus requiebros amorosos, pero en ese momento, cuando Zaragoza la rechaza violentamente queda "como aplastada, con las manos extendidas y el gesto desolado, junto a la pared" (447) hasta que reacciona y con serena decisión le dice a Zaragoza que se vaya e impide que Juan Antonio le explique que no era verdad lo que le había dicho. Como Nora, Charito es una mujer sencilla de alma noble, que vivió siempre bajo la protección de la familia hasta que ajenas circunstancias la colocan en una posición vulnerable. Su generoso corazón le permite perdonar a Juan Antonio aunque el despecho lo haya hecho decir una mentira sobre su honra, pues puede comprender su desesperación, pero sin embargo la decepciona terriblemente el ver que su novio crea tan fácilmente en su falta que el sólo hecho de encontrarla con Juan Antonio sea para él prueba condenatoria de ella. Como Nora, la salida de Charito es serena pero inquebrantable. "Me voy" -dice- "¿Pa en casa de Alejo?", el amigo de Don Lico donde éste la había mandado, le pregunta Juan Antonio, pero ella responde: "No; me voy lejos de aquí, muy lejos... Pa onde Dios y mi destino quieran" (448).

No hay en la pieza de Salinas la elaboración de *Casa de muñecas*, ni el ambiente natural en que se desarrolla era propicio a que así fuera, pero sí nos parece que el tema social de la situación de la mujer está indicado desde el principio. A ese propósito debemos fijarnos en algunas de las décimas que se dicen en la fiesta con que se abre el Primer Acto. La primera la canta Rosendo, el enamorado de Antoñica, una de las muchachas asistentes y dice así: "Nace el pez para la mar,/ la yerba para el ganado,/

para la guerra el soldado/ y el ave para volar./ Nace el rey para reinar,/ la lira para que vibre,/ para el fuego el combustible,/ la liebre para correr,/ para el hombre la mujer/ y el hombre para ser libre..."(405). Como se ve, después de enumerar una serie de elementos condicionados a un fin, la mujer es uno más, y la razón de su existir es ser del hombre, el único cuyo destino es ser libre. La segunda décima la canta otro joven campesino que pretende a la hermana de Antoñica y tiene un tono completamente diferente: "Vengo a este jardín florido/ para buscar una flor,/ cuyo precioso color/ el corazón me ha rendido./ Si acaso correspondido/ no soy, por mi mala suerte/ será mi dolor tan fuerte/ que de pena moriré y su nombre seguiré/ adorando hasta la muerte..." (406). Hay en ésta una actitud de veneración del hombre hacia la mujer a quien se la sitúa en el lugar cimero del bien y de ella dependerá la muerte en agonía del hombre si no es aceptado, es decir, que el hombre queda rendido a la voluntad de su amada. La tercera en que es preciso detenerse es dicha de nuevo por Rosendo, pero hay un cambio completo de actitud cuando dice: "Anoche, cuando dormía/ de cansancio fatigado,/ no sé que sueño dorado/ pasó por el alma mía./ Soñaba que te veía,/ que tú me estabas mirando;/ que yo te estaba contando/ mi vida, triste, muy triste;/ luego desapareciste/ y abrí los ojos llorando" (409). Aquí, la mujer es remanso, es confidente de penas, es alivio de dolores, es ilusión...es sueño... Estas décimas tienen la función, a nuestro entender, de conducir al espectador al tema del papel de la mujer dentro de la sociedad, con lo cual estaba Salinas iniciándose en una tendencia que iba a ser casi permanente en su dramaturgia, la de la preocupación social.

Desde el comienzo de la obra se percibe la férrea autoridad del dueño de la casa, como padre respecto a Lolita, a quien ha amenazado con mandarla a casa de un tío en Vuelta Abajo si persiste en mantener relaciones con Florencio; y como esposo, se nos dice que culpó a Doña Isabel de ser una consentidora cuando ésta intentó interceder en favor del noviazgo de su hija, pero esta actitud autoritaria de Don Lico pasa a ser generalizadora en el transcurso de la pieza, a través de los comentarios de amigos y vecinos que parten del supuesto incuestionable de que su proceder estaba avalado por lo inevitable de su postura. Así tenemos que, por ejemplo, el Primer Cuadro del Acto Tercero, que se desarrolla en la tienda del pueblo, tiene la función de hacer llegar la voz del exterior al drama interno de la familia y de poner de manifiesto los convencionalismos sociales que condenan a la mujer inevitablemente. Esto lo prueba el que se justifique que Don Lico matara a Florencio porque tuvo que defender "la vergüenza de su casa" (434), cuando en realidad su hija no había ofendido su honra; sólo le había desobedecido en verse con su novio el día de su santo, sin embargo, de Charito creen que sea posible que se haya entregado a Juan Antonio, como dicen las habladurías, porque nadie mete "la mano en la candela por ninguna mujer" (435).

Estructuralmente tenemos entonces que en el Acto Primero se introduce el tema, como ya hemos dicho, a través de las décimas que se dicen en la fiesta en casa de Don Lico con motivo de ser el día del santo de Lolita y termina con el anuncio de la tragedia a la vuelta del camino, En el Segundo se hace patente que la mujer no tiene voz ni voto en las cuestiones importantes de la casa, Don Lico toma la decisión de entregarse a la justicia después de conversar con su amigo Alejo que le habla honestamente sobre lo que se dice en el pueblo e inmediatamente se lo comunica a la familia y dispone que Doña Isabel y Lolita se vayan al pueblo, Charito a casa de Alejo y Juan Antonio se quede a cargo de los negocios de la finca. Desde ese momento la suerte de Charito ha cambiado; Juan Antonio la acusa de haber traído la desgracia a la casa y tiene que ser defendida por Alejo del gesto amenazante de aquél, El Acto Tercero se divide en dos cuadros. En el Primero, como ya hemos visto, hay una manera muy distinta de juzgar las faltas según sea hombre o mujer quien las cometa y en el Segundo, que se desarrolla en la finca, tiene lugar la escena en que Charito va a tratar de impedir el enfrentamiento fatal entre Juan Antonio y Zaragoza, pero al ser rechazada por su novio comprende que éste no es digno del cariño que le profesa, porque no tiene en ella la fe que su amor merece. Su gesto no es un gesto de liberación, sino de huida ante el desengaño. Quizás por ello el mensaje de Salinas no tuvo la fuerza de denuncia que se proponía. En efecto, no se había elaborado suficientemente con anterioridad el tema, y éste pasó inadvertido. Pero es indudable que hay cierto paralelismo que es necesario destacar pues la salida de Charito, como la de Nora, es un paso a lo desconocido; ambas, al darlo, rompen completamente con su pasado y se enfrentan al futuro con absoluta independencia. En esa toma de conciencia es donde Salinas recoge el mensaje de Ibsen.

La pieza tiene en su totalidad una belleza que ha sido indiscutiblemente reconocida, no sólo por la manera en la que el autor logró recrear el ambiente del campo con genuino lirismo, sino por la naturalidad de los diálogos y la caracterización de los hombres y mujeres de la campiña cubana. Los recursos técnicos utilizados a ese fin fueron variados y efectivos. Ya hemos hablado de las décimas que introducen el tema; hay otras que son el sonido fuerte en este cantar campesino, que hablan en tono festivo de las cosas del momento: del café que le ofrecen, de la gentileza de los anfitriones o de las maravillas del aguardiente y el vino, y que establecen en el ambiente un balance adecuado. Otro recurso que no debemos pasar por alto es el de ciertas alegorías muy bien trazadas, especialmente la del toro bravo que se empeña en merodear por el monte, estableciendo el paralelo con Zaragoza y Juan Antonio que están tratando de encontrarse para reñir, más atentos a que no se ponga en duda su valentía que a la razón de la ofensa.

En fin, que *Alma guajira* es por derecho propio una pieza de incuestionable valor no sólo por lo que representa dentro del teatro costumbrista de la dramaturgia cubana, sino porque a nuestro entender, contenía una dimensión universal que no fue reconocida en su momento. Se acaban de cumplir veinte años de la muerte de Salinas y es hora ya de que empecemos a tratar de entenderlo. Quizás a ese propósito pudiera partirse de su poema confesional titulado "Para cuando muera" que dice así:

> "No vengáis a decir, cuando yo muera,
> junto al borde sin mármol de mi fosa,
> la palabra encendida y mentirosa
> ni la frase estudiada y lisonjera.
> Si queréis recordarme como era,
> de manera sencilla y cariñosa;
> si queréis dedicarme una piadosa
> despedida simpática y sincera,
> decid que, en el mundo sólo he sido
> un pobre soñador enamorado,
> para muchos quizás incomprendido,
> de un ideal sublime y elevado...
> ¡que por noble, por grande y por sentido,
> a la tumba con él se lo ha llevado!"[9].

NOTAS

1. Esther Sauchez-Grey Alba, "Panorama histórico del teatro cubano de inicios de la República", *Teatro cubano: dos obras de vanguardia* de José Cid Pérez, New York, Senda Nueva de Ediciones, 1989, 29-40.
2. _____. Panorama...", 34.
3. Carlos Solórzano, *El teatro hispanoamericano contemporáneo*, México, Fondo de Cultura Económica, 1964, 9.
4. Dolores Martí de Cid, "Marcelo Salinas", *Teatro cubano contemporáneo*, 2a. edición, 1962,388.
5. "Oración fúnebre a Marcelo Salinas", *Homenaje a Marcelo Salinas*. Miami, Ediciones del Movimiento Libertario Cubano en el Exilio, 7.
6. Justo Muriel, "Este hombre generoso que no sabía odiar", *Homenaje a Marcelo...* 20.
7. Todas las referencias a *Alma guajira* se tomarán de *Teatro cubano contemporáneo* 395-448 y se indicará entre paréntesis el número de la página de la referencia.
8. Federico Carlos Saínz de Robles, Tomo I, *Ensayo de un diccionario de la literatura*. Tercera edición. Madrid: Aguilar, 1965, 55.
9. Marcelo Salinas, "Para cuando muera", *Homenaje a Marcelo Salinas*, 5.

JOSÉ CID PÉREZ, TRAZOS Y RASGOS DE SU PERSONALIDAD LITERARIA

Conferencia leída en el XXXIV Congreso Anual del Círculo de Cultura Panamericano copatrocinado por The William Paterson University of New Jersey. Sesión de Clausura en memoria del ExPresidente Nacional de la institución, en el Hotel Fairfield Executive Inn, Fairfield, N.J. el 10 de noviembre de 1996. Publicada en Círculo: Revista de Cultura, Vol. XXVI, 1997, 133-141.

En el estudio de la dramaturgia cubana es fácil distinguir tres períodos fundamentales: el de los tiempos de la colonia, determinado ineludiblemente por el teatro español de la época; el de los inicios de la República, que coincide con un momento de transformaciones sustanciales en el teatro universal; y lo que pudiéramos llamar la etapa contemporánea, en la que ya se han sentado las bases de un teatro nacional con características definidas y que quedó expuesta a circunstancias muy particulares como es la bifurcación de la producción nacional dentro y fuera de la isla.

El autor que nos ocupa hoy es sin lugar a dudas, uno de los más representativos del segundo período, porque en la dramaturgia de José Cid Pérez se percibe la actitud innovadora con espíritu reformador, que era característica al inaugurarse el siglo XX y que en el caso de Cuba, era coincidente con el afán nacionalista de darle identificación propia al teatro cubano al inaugurarse la nueva república. Por otro lado, en su labor crítica también se detecta su interés en estudiar el mundo y la cultura del resto de América, consciente como estaba de que Cuba debía y tenía que incorporarse a los mismos como parte integrante del ámbito continental. Es decir, que como dramaturgo tanto como crítico, se percibe en José Cid un espíritu universalista de apertura al mundo exterior, ya sea asimilando las nuevas corrientes creativas o estudiando las raíces comunes de los pueblos. Al analizar la labor literaria de Cid encontramos que, como consecuencia de esta actitud, hay ciertas constantes que vamos a tratar de identificar como trazos de la misma, pero también hay una marcada individualidad, un subjetivismo muy propio, que le dan los rasgos característicos.

Entre las más sobresalientes cualidades de su estética dramática está una permanente actitud razonadora con la que se enfrenta a los más intricados problemas de la vida, ya sea el estudio de sentimientos humanos, los dilemas que ocasiona a veces el cumplimiento de ciertos principios éticos o el análisis de alguna de esas preguntas sin respuesta que a veces nos hacemos sobre temas trascendentales como la vida, la muerte o el amor. En algunas de sus piezas puede apreciarse que la acción que en ella se desarrolla no responde escuetamente a un simple suceso, sino al planteamiento de una idea trascendental. Esto lo podemos apreciar fácilmente en *Hombres de dos mundos* en la que reúne tres argumentos que pudieran tener la independencia de piezas de un solo acto, sin embargo, la unidad de la obra se mantiene a través de ciertos paralelismos temáticos en los dos primeros actos y la confluencia en el tercero de algunos de los personajes de los anteriores. Es entonces en este tercer acto donde Cid desarrolla el planteamiento que se propone en el título a través de un discurrir teórico entre dos personajes, un compositor y una pintora, que se identifican solamente por los pronombres Él y Ella, y que en los actos anteriores se había hecho referencia a ellos como niños. El propósito del autor es discurrir sobre la secreta identificación que existe entre algunos seres humanos. La idea queda expuesta en estas palabras del diálogo: "los que piensan, los que sueñan en lo mismo, son de un mundo...Los que no creen en lo mismo, los que sueñan distinto, son de otro mundo... Mire, acérquese aquí, vea cuantas cabezas humanas... ¡Cuántos mundos danzando!...No, no lo crea. Para cada uno no hay más que dos mundos...El suyo y el de los demás!"[1].

Es que esta gran incógnita que es en definitiva la vida ha sido a través de los tiempos, acicate intelectual de pensadores, poetas y creadores y como es lógico, éstos se han acercado al tema condicionados a las influencias culturales de las distintas épocas. En las primeras décadas del presente siglo la mentalidad inquisitiva se permeó un tanto del cientificismo imperante y quizás fuera posible decir que fue más audaz en reclamar razones de conducta, en analizar motivaciones o en justificar destinos. A

José Cid Pérez es justo reconocerle que se mostró siempre como un hombre de su tiempo y por eso la cuestión existencial como acicate intelectual, es tema casi permanente de su obra, lo cual lo acerca a autores europeos como François de Curel en cuanto a la inquietud humana que late en casi todas sus piezas; Pirandello, por el interés de ambos en la doble realidad; y Unamuno, por enfrentar este planteamiento con una actitud filosófica; y dentro de su contorno hispanoamericano, la influencia más definida que hemos apreciado es la de Jorge Luis Borges, pues como hemos señalado en otra ocasión, se puede percibir en la obra de Cid, cierta afinidad con la perspectiva borgiana de considerar que el Hombre —entendido desde luego en un sentido genérico— es autor y protagonista de su propia vida y no puede evitar el tratar de discernir el significado de su destino, o indagar en la multiplicidad de posibles caminos y las concomitantes consecuencias que pudieran derivarse de su quehacer diario.

Este planteamiento está expuesto sin lugar a dudas en *Y quiso más la vida* en la que maneja con maestría excepcional diversos elementos dramáticos, desarrollados en distintos niveles, para elaborar el mensaje que sugiere el título de que hay un poder inmanente que determina el destino de cada ser. Uno de los elementos más fundamentales que utiliza Cid es el de la mujer en distintos planos: el de madre, el de esposa y el de partícula integral de la sociedad de su tiempo. Hay dos personajes que llevan el peso de esa responsabilidad multidimensional: una, Angélica, es joven, está casada con un eminente médico a quien ama y admira profesionalmente y es madre de un pequeño niño; la otra, Elisa, es su suegra, viuda, que ve en la brillante carrera de su hijo la continuación de la que tuvo su esposo. En estas dos mujeres se debaten conflictos tangenciales que a la vez son diferentes, cuando el niño a quien ambas adoran como madre y abuela, es victima de una terrible epidemia infantil que está haciendo tremendos estragos, pues el padre de la criatura, a pesar de su eminencia, insiste en negar que se trate de esa enfermedad terrible, porque en el fondo no quiere admitir que el suero que puede curarla haya sido inventado por un sencillo colega sin pretensiones, que incluso fue alumno suyo en la universidad. Esta situación coloca a Angélica y a Elisa en posiciones conflictivas extremas, pues con la salud del niño se debate el orgullo profesional de su padre que niega el diagnóstico, y en definitiva, se pone en juego su prestigio, cuando pretende destruir a su colega en un congreso médico. Otro elemento que Cid entreteje en la trama, es de contenido ético y profesional, a través de los tres médicos que participan en la crisis de la enfermedad del niño: uno es el Dr. Ansola, viejo amigo de la familia, hombre bonachón y simpático que ha ayudado a muchos de sus pacientes desinteresadamente y tiene en gran estima al padre del niño enfermo, por haber éste salvado la vida de su nieto en cierta ocasión; el Dr. Diego Alvarez de Mendoza está engreído de su saber y el reconocimiento profesional obtenido, y obstinadamente se niega a admitir, aunque ponga en peligro la vida de su hijo, que otro haya podido lograr lo que él en vano intentaba, o sea, el suero capaz de acabar con la epidemia infantil, y finalmente, el Dr. Mangler, descubridor de la fórmula maravillosa, es un hombre de pocos recursos que estudió su carrera con mucho sacrificio y como se dedicó a ella por entero, ha alcanzado la meta que le representará su consagración y felicidad pues en todos los otros aspectos ha sido siempre un desdichado ya que al nacer murió su madre y la neglicencia de una niñera hizo que se le quebrara la columna y quedara jorobado para toda la vida. De esta manera, el dramaturgo ha presentado una visión panorámica de la clase médica a través de estos personajes que, como responden a posibilidades humanas, son todos verídicos. Además, los tres se proyectan en otro plano de naturaleza ética, pues Ansola ha sido maestro de Álvarez de Mendoza y éste de Mangler y a través de referencias en el diálogo se sabe que Ansola es de los que creen que "es misión sagrada de los maestros defender a los discípulos" (140) y así como ahora trata de interceder por Mangler con Álvarez de Mendoza, lo hizo por éste con otro que en su momento trató de perjudicarlo, sin embargo, Alvarez de Mendoza no sólo intenta ahora desacreditar a su exalumno, sino que antes, al saber que le interesaba su misma especialización, le había suspendido la última asignatura y negado luego su consejo cuando éste acudió a él como especialista en la materia.

Es decir, que en esta pieza Cid ha urdido una serie de circunstancias que, repito, por ser humanamente posibles, son verídicas, pero aunque sus personajes ostentan nombres propios, son representativos por sus pasiones, sentimientos y emociones de una parte de la Humanidad y como tales se muestra en ellos que a pesar de sí mismos, hay una voluntad superior que determina sus destinos. Así tenemos, que al hijo del soberbio Mendoza pudiera haberle pasado una desgracia similar a la de Mangler, si hubiera quedado huérfano al nacer, pues la vida de Angélica estuvo en serio peligro al dar ésta a luz, o pudiera haber muerto si Mangler no hubiera respondido a las súplicas de una madre con la generosidad que lo hizo al no acreditarse el triunfo de la curación para no ofender la arrogancia del padre de la criatura; por otra parte, la brillante carrera de Mendoza pudiera haberse frustrado si no hubiera tenido a alguien como Ansola que lo protegiera en el momento oportuno, así como también, la vida del infeliz niño cuya madre viene a suplicarle a Mendoza que lo salve, se hubiera perdido si Angélica no reacciona como lo hizo, haciendo prevalecer en ella su responsabilidad social de proteger la vida de las demás víctimas inocentes de la epidemia, al revelar la verdad de que el suero del Dr. Mangler y no el tratamiento de su marido, había sido lo que salvó la vida de su hijo. Hay que admirar indudablemente, la habilidad de Cid para construir en la brevedad de una pieza teatral de tres actos, esta urdimbre de posibles concomitancias para hacer el planteamiento de una tesis. Lo que ha presentado en ella no es el episodio de una vida, sino una serie de circunstancias que unas veces son recurrentes y otras paralelas o divergentes, y que de alguna manera son, o pueden ser, determinantes para condicionar el proceder humano. Es que para José Cid, la vida presenta una multiplicidad de facetas en cada una de las cuales se encierra un misterio, pues el mundo de las posibilidades es infinito, y esta pieza en particular es ejemplificadora de esta concepción de su dramaturgia.

Atento siempre a los diferentes experimentos de perspectiva que se realizaban en el ámbito teatral, José Cid Pérez se hizo eco del planteamiento de la doble realidad del cual se puede hallar antecedentes en el teatro español, en *El gran teatro del mundo* de Calderón de la Barca y mucho después en *Un drama nuevo* de Tamayo Baus, pero tuvo mayor elaboración y trascendencia cuando Unamuno sacó a su personaje Augusto Pérez de la trama de *Niebla* para discutir su destino y Luigi Pirandello planteó en *Seis personajes en busca de un autor* la posibilidad de que un dramaturgo se niegue a escribir la trama para la que había imaginado seis entes de ficción y los deje sin poderse realizar como personajes de una pieza de teatro, que es lo único que justifica su existencia, es decir, lo que les da vida dentro del arte, lo que les da un "ser".

El planteamiento filosófico que se debate es hasta qué punto es dable hablar de otra realidad que no sea la que damos por conocida, pero como en el arte todo es posible porque entra dentro de los fueros de la imaginación, los creadores acogieron el reto con entusiasmo aceptando el principio de que la doble realidad compromete al personaje creado para la ficción, a actuar de acuerdo a una lógica interna que responda a la situación dramática en la que se desenvuelve, lo cual significa que, hasta cierto punto, lo imaginado cobra una independencia que se enfrenta al mundo real en el que se desenvuelve el creador, y de esa manera éste, el creador, queda escindido en una doble realidad: la suya propia y la del ente ficticio producto de su imaginación.

Como a Cid le interesaba indagar en las distintas posibilidades de la vida, acepta con entusiasmo esta concepción dramática que trabaja con elementos ajenos a la circunstancia inmediata y se enfrenta al problema de la doble realidad en dos piezas que se apartan de la línea realista anterior y se acercan a la vanguardia. Ellas son *La comedia de los muertos* y *La rebelión de los títeres*.

En *La comedia de los muertos* Cid hace desaparecer la famosa "cuarta pared" al hacer que aun en el programa se la presente como un experimento psíquico en el que van a participar los actores que en ella intervienen, y además pide que los que desempeñen papeles de espectadores, se confundan con el público desde el principio y hasta compren sus localidades en la taquilla. El propósito de esto es que en esta comedia, que el autor llama hiperrealista, el público asistente a la representación tendrá participación como tal dentro de la ficción dramática que ha ido a ver y en ella se van a hacer realidad dramática personajes del mundo tangible que vivimos, junto a otros de la vida ultraterrena.

De nuevo Cid trabaja con distintos planos de realidades, pero en este caso corresponden a dos mundos distintos: dos de esos planos que pertenecen al mundo que pudiéramos llamar real son reconocibles perfectamente dentro de la técnica del teatro dentro del teatro por el desdoblamiento de la acción dramática en otra existente dentro de la misma, es decir, que hay una realidad que pretende ser ficticia dentro de la acción imaginada, y otro, que es parte de ésta, o sea, ficticio, pero que corresponde al mundo del más allá. El mundo de la realidad tangible lo da el autor que supuestamente pretende presentar en escena una pieza suya que trata de la vida de ultratumba y el espectador que ha ido al teatro a pasar un buen rato y protesta porque el primer acto es de una sola escena en que se ve pasar un cortejo fúnebre y no sucede nada relevante. El mundo de la vida ultraterrena se hace presente cuando aparecen los fantasmas que habían sido creados por el autor para la pieza que se intenta presentar, pero que se resisten a seguir la trama del libreto y hablan y actúan con la independencia de su propia existencia extra terrena. Aquí es donde *La comedia de los muertos* tiene cierta identificación con *Seis personajes en busca de un autor*, en el desligamiento de los personajes creados para un fin, que quedan como entes sueltos en el ámbito de la imaginación, pero la diferencia está en que los de Pirandello responden a reacciones humanas en tanto que los de Cid, por pertenecer a un plano espiritual, están desprovistos de conflictos internos y se universalizan como seres sin dimensión terrena ni temporal lo cual hace posible que el filósofo escondido que hay en Cid se coloque en la perspectiva de un observador omnisciente del mundo en que vivimos y elabore sobre la significación de la vida, la posición del Hombre dentro de su circunstancia vital y su ansia de supervivencia, la relatividad del tiempo y otros temas de igual o mayor trascendencia.

El juego teatral que usa Cid para lograr esta complicada elaboración dramática es la de una gradual transformación o proceso de lo físico a lo espiritual, a través de los tres actos que componen la pieza. Así tenemos que el Primero comienza con la normal puesta en escena de una pieza de teatro, pero termina con la inusitada rebeldía del fantasma que insiste en que es el espíritu del cadáver cuyo funeral había aparecido al principio y no un actor, por lo cual se niega a seguir lo que el libreto le tiene asignado, y discute con el autor su independencia. Hay reminiscencia del Augusto Pérez de Unamuno, cuando le dice al autor: "A lo mejor se cree usted que soy un personaje de su fantasía...¡Qué jactancioso es usted!...Usted me ha querido sacar del montón, eso sí, pero no me ha formado...Mi vida, con mis virtudes y mis defectos es mía, es más, ni siquiera mía, es de la existencia misma...Ahora soy el propio espíritu que se gobierna solo, es decir, por la fuerza del yo consciente..." (164). En el Segundo Acto este espíritu, que acaba de entrar al mundo de lo etéreo, dialoga con los fantasmas de sus padres y abuelos que le han precedido en la muerte y representan ante los incrédulos ojos de los espectadores y el autor, la comedia hiperrealista que ellos conciben, pero en el Tercero, ya no hay comedia, la acción dramática se ha movido al plano astral y los espíritus hablan libremente sobre el proceso de evolución que la Abuela, que es quien lleva más tiempo en él, trata de definir como uno de "transformación de las sombras en luz..." (191). Es entonces el fantasma recién descarnado quien se muestra confuso y desconcertado ante las revelaciones de sus antecesores porque éstos le aventajan en lo que en definitiva es la búsqueda de la Verdad, o sea, del Conocimiento, que está más allá de la voluntad humana. De esa manera, Cid ha logrado enfrentarse a los misterios de la vida desde una perspectiva que lo libra de compromiso y para regresar a la realidad tangible de su condición de autor y de parte integrante del mundo tangible, hace que la Abuela le diga: "...haz el papel que te corresponda en el gran teatro del mundo y deja correr las cosas, no sueñes con el más allá, ni intentes saber más de lo que debes, aprovecha de la vida lo bueno y lo ideal y a nosotros déjanos descansar..." (198).

En *La rebelión de los títeres* Cid vuelve a tomar una perspectiva omnisciente del mundo. Tuvo para este trabajo la colaboración de su esposa Dolores Martí que fue además de la compañera de su vida, su primera admiradora y su más severa crítica, y la presencia de ella se evidencia en ciertos matices líricos que enriquecen sustancialmente esta pieza, pero la fuerza conceptual tan característica de la obra de Cid, se mantiene en forma integral. Aquí la fantasía se plantea de inmediato cuando el muñeco vestido de polichinela que trae el viejo titiritero que acaba de concluir la última función de su vida después de largos años dedicados al oficio, cobra vida y le reclama existencia propia. "¡Pobre titiritero! le —dice— Crees que solamente en tus manos tenemos vida, aunque es cierto que la vida misma es eso: teatro de títeres"[2].

Al establecer el principio que el viejo titiritero es quien ha hecho al muñeco de trapo y le ha prestado su ingenio para que tenga su propia existencia de polichinela haciendo reir a varias generaciones, queda establecida una cierta similitud en la relación entre Dios y el Hombre y por ende, el planteamiento de la pieza que es el de discurrir sobre las posibilidades y alternativas que la vida tiene para cada ser humano, pues en definitiva no somos más que títeres de un Ser Supremo, pero como Cid siempre busca una respuesta a sus inquietudes metafísicas, llega a la conclusión de que lo que perdura del Hombre es su ejecutoria, es decir, su obra, su proceder, y ésta es en definitiva el sueño que cada cual ha forjado o estaba destinado a vivir. "La obra —dice el muñeco— queda por la obra en sí...Pudo haberla hecho un Shakespeare, un Napoleón, un Hitler...Pero, ¿qué han sido todos sino títeres de sus propias vidas? Vivieron una vida de ensueño lo mismo para el bien que para el mal...El recuerdo es lo único que hace eterno al hombre." (132)

No se trata sin embargo de que se establezca un paralelismo entre Dios y el titiritero, porque en definitiva éste a quien representa es al Hombre y el muñeco, por ser obra humana, le pertenece, es decir, que el titiritero y el muñeco son parte de una misma unidad, la del Hombre, en actitud inquisitiva con su creador. La fantasía del autor los distingue en que uno tenga "alma de alma" y el otro "alma de muñeco", pero, como éste le dice con cierta crudeza al viejo: "Eres muñeco hecho de fantasía con sueño de eternidad.......¡Hombre te crees y buscas ser hombre!, pero los hilos que te mueven están por romperse en la dura realidad...tú y yo somos como una misma cosa: muñecos del destino" (130).

La pieza está dividida en tres partes. La primera y la tercera se identifican como bimonólogos y la segunda como diálogo impar. Estas denominaciones tan poco convencionales dan la clave para comprender que en realidad es una sola la mente razonadora: la del Hombre, lo que pasa es que se ha bifurcado. En el Bi-Monólogo I se enfrenta a la terrible duda tan humana de la trascendencia, o sea, de la perdurabilidad de su existencia, no en el sentido material, sino en el espiritual y encuentra que lo único que puede perdurar son sus sueños si los ha logrado hacerse realidad. En el Bi-Monólogo II el hombre hace recuento de muchos de los avances del progreso que son sueños logrados a través de la historia de la Humanidad, pero el muñeco le hace ver que a pesar de la importancia de muchos de ellos, nunca llegan a ser perfectos porque la vanidad de los hombres los vicia. Esto lo explica diciendo: "El hombre mientras más sube, más se marea...El mareo los hace a veces opinar como borregos en bloque. A los viejos los hace pensar que el mundo termina con su generación y se convierten en discos...`En mis tiempos...' `¡Oh mis tiempos!... Y los jóvenes, que el mundo empezó con su generación: `En estos tiempos... ' `en los tiempos actuales...' `en los tiempos progresistas'!..." (149). Entre los dos Bi-Monólogos, el Diálogo Impar presenta en forma muy vanguardista una visión muy panorámica de la humanidad en la que muestra que venimos al mundo determinados por ciertas circunstancias que nos limitan y condicionan, o sea, que la voluntad del hombre está subordinada a la de un Ser superior, inaccesible e incuestionable. El mensaje positivo que se encuentra siempre en las obras de Cid está en la conclusión a que llegan el viejo titiritero y su muñeco cuando comprenden que están unidos por algo que es superior a ellos mismos y que no pueden controlar, el amor. El amor los une de tal manera que aunque el viejo quisiera destruir al fantoche, no puede porque sería como matarse a sí mismo.

Hemos seleccionado estas cuatro piezas para hacer este somero análisis del aspecto temático, porque son las más representativas de su dramaturgia en cuanto que en ellas se pueden apreciar muchos de los aspectos que le son característicos. Entre ellos se pueden señalar la superposición de planos, ya sea de realidades distintas, como en *La comedia de los muertos* y *La rebelión de los títeres*, o de conflictos internos de los personajes como en *...Y quiso más la vida*. También es reiterativa la técnica de hacer que los actos de una misma obra adquieran cierta independencia temática, es decir, que son en realidad piezas de un solo acto que se integran dentro de un propósito de tesis pero que se pudieran representar por sí mismos; esto ocurre en *Hombres de dos mundos*, *La rebelión de los títeres* y *La comedia de los muertos*. Otra peculiaridad es que, inclusive en su teatro más vanguardista, la trama se hace verídica, o sea, posible, aun en el mundo de la fantasía, es decir, que se mantiene dentro de un realismo imaginativo. Pero la característica que se debe señalar como la más sobresaliente en la obra de José Cid Pérez, el rasgo más distintivo de su personalidad literaria, es esa conciencia razonadora entre el ser y el deber ser que se hace constante desde sus primeros atisbos literarios. La permanencia de estos rasgos distintivos de su dramaturgia, le dan a la misma una originalidad que ha facilitado su reconocimiento como una figura muy importante en el teatro cubano de su época. Como señalé en mi libro sobre José Cid publicado hace ya siete años, "en este constante indagar en la naturaleza humana está respondiendo como creador, a los dilemas de su tiempo, y ha hallado ciertas respuestas que lo acercan a Unamuno y lo alejan de Sartre, porque ha encontrado que la grandeza del hombre reside en su espíritu, en su capacidad de crear...y de soñar"[3].

NOTAS

1. José Cid Pérez. *Un tríptico y dos comedias*. Buenos Aires, Ediciones del Carro de Tespis, 1972, 153. Todas las citas referentes a *Hombres de dos mundos*, *Y quiso más la vida* y *La comedia de los muertos*, se referirán a esta edición y se indicarán con la página entre paréntesis después de la cita.
2. Esther Sánchez-Grey Alba. Teatro cubano. *Dos obras de vanguardia de José Cid Pérez*, New York, Senda Nueva de Ediciones, 1989, 129. Todas las citas referentes a *La rebelión de los títeres* se referirá a esta edición y se indicará con el número de la página entre paréntesis.
3. Esther Sánchez-Grey Alba. "Hacia una interpretación del teatro de vanguardia de Cid Pérez en *Teatro cubano, Dos obras...*, 67-68.

IMPORTANCIA CULTURAL DE LA REVISTA TEATRAL *PROMETEO*.

Ponencia presentada en el Congreso Anual del Círculo de Cultura Panamericano, copatrocinado por Bergen Community College, de Paramus, N.J. el 14 de noviembre de 1992. Publicada en Círculo: Revista de Cultura, Vol. XXII, 1993, 111-118.

El proceso teatral cubano orientado a consolidar una dramaturgia nacional se inicia desde muy temprano, dentro de los primeros diez años de vida republicana. El primer esfuerzo en ese sentido data de 1910 cuando se funda la Sociedad de Fomento del Teatro bajo la iniciativa de José Antonio Ramos, Bernardo G. Barros y Max Henríquez Ureña, bajo la presidencia de Luis Alejandro Baralt y Peoli. Con el concurso de la compañía teatral de Luisa Martínez Casado, esta institución se propuso presentar las más notables obras nacionales desde el siglo pasado hasta las de ese momento, pero sólo llegaron a subir a escena "Amor con amor se paga' de Martí, "La hija de las flores" de la Avellaneda y "La reconquista" de Eduardo Varela Zequeira. A pesar de lo efímero de su existencia, la Sociedad de Fomento del Teatro dejó abierto el camino a empeños similares y así surgieron la Sociedad Pro Teatro Cubano en 1915, la Institución Cubana de Pro Arte Dramático y la Compañía Hispano-Cubana de Autores Nacionales, en 1927 las dos últimas. Otros nombres se añadieron pronto al de aquellos iniciadores con la misma devoción por el empeño, entre ellos los de Gustavo Sánchez Galarraga, José Cid y Salvador Salazar.

Dentro de estas instituciones es que puede encontrarse quizá antecedentes de publicaciones que, como *Prometeo*, estuvieron dedicadas a todo lo relativo al teatro. Es difícil, si no imposible, que podamos determinar cuál de ellas fue la pionera, pues no tenemos acceso a las fuentes originales dadas las presentes circunstancias. Además, el interés por todas las manifestaciones de la cultura se dejó sentir desde muy temprano y se manifestó en infinidad de publicaciones que le daban acogida en sus páginas a la divulgación del arte en todos sus aspectos, tanto la narrativa como la poesía, la pintura, la música, la danza y el teatro. Encontrar entre ellas las que estuvieran dedicadas exclusivamente al arte teatral es lo que se hace difícil. Entre las de fecha más cercana al establecimiento de la República, hay un semanario de La Habana que salió por primera vez el 27 de octubre de 1912 con el título de *El Teatro*, bajo la dirección de César Carvallo y Miyeres y que estaba dedicado únicamente a dar información y recoger crónicas de todo lo relacionado a ese género pero pronto cambió de director y entonces amplió el interés de su contenido e inclusive tomó como nuevo nombre el de *Universal.*[1] En 1919 Salvador Salazar fundó una publicación bimestral como órgano oficial de la Sociedad Pro Teatro Cubano, bajo ese mismo título de *Teatro Cubano*. El primer número tiene fecha de 1º de enero y según constaba en uno de sus artículos, la razón de su existencia se debía a que "queremos levantar —decía— casa propia al teatro nacional, para que no siga, escudero con soldada y sin gloria de otras literaturas, arrastrando menesteroso y desoído, la azarosa existencia que hoy lleva en la misma región que le dio vida".[2] Recogemos estas palabras porque expresan con sabor casi cervantino, el sentir de esa generación de intelectuales deseosos de que la patria cubana tuviera expresión propia en la escena. Esos anhelos debieron esperar unos cuantos años, sofrenados por los acontecimientos políticos que conturbaron el proceso democrático, pero en octubre de 1947 Francisco Morín y un grupo de colaboradores entre los que se encontraban Carlos Felipe, Nora Badía, Miguel A. Centeno, Rodolfo Martínez, Andrés García Benítez, Leonor Borrero, Rodolfo Díaz, Adolfo de Luis, Berta Maig y Jorge Alexander, inauguran la publicación de *Prometeo* bajo el sub-título de "revista mensual de divulgación teatral". Ya para ese entonces habían surgido infinidad de nuevas instituciones, entre ellas, por mencionar las de mayor permanencia, la Academia de Artes Dramáticas de la Escuela Libre de La Habana de la cual surgió ADAD, el Teatro Universitario y el Patronato del Teatro, además de otras de más corta duración, por lo cual, la presencia de esta revista en ese momento histórico, es algo que no debe pasar inadvertido.

Prometeo sale a la luz pública con propósitos muy definidos que expresa en un artículo que aparecía en la primera página con el título muy significativo de "Iniciación". En él explica que sale a llenar una necesidad al no existir en ese momento ninguna otra publicación que se ocupe específicamente de teatro. Su aspiración era la de contribuir al fomento de una cultura teatral y servir de puente entre lo que ellos llamaban el sector de realizaciones teatrales y el público y esto se proponía lograrlo a través de varias formas de difusión como eran el mantener una labor informativa del acontecer teatral tanto en el extranjero como en el ámbito nacional y una crítica eficaz y depurada sobre actuación. Con estos objetivos demostraba *Prometeo* estar muy consciente de los factores que se hacían imprescindibles para consolidar un teatro nacional: en primer lugar el conocimiento de los grandes precursores y renovadores del teatro moderno como eran Ibsen, Chejov, Pirandello, Bernard Shaw, Eugene O'Neill, Lorca, Sartre y otros, y en segundo lugar la enseñanza de las nuevas técnicas que en actuación, escenografía, montaje, etc, estaban revolucionando la escena universal.

El alma motriz de esta magna empresa fue Francisco Morín. Fue él quien hizo posible que *Prometeo* saliera casi ininterrumpidamente desde octubre de 1947 a julio de l950 y en forma menos periódica hasta 1953, solventando de su peculio personal los gastos que la revista no pudiera cubrir por sus propios medios. A partir del segundo número toma Morín la dirección y Manuel Casal la sub-dirección; éste permanece en ese cargo por largo tiempo. Las dificultades que tuvo que vencer *Prometeo* durante sus años de subsistencia precaria fueron infinitas. Algo de esto se deja ver por ejemplo en el volumen VI de junio de 1948 en que reclama ayuda de sus lectores y de todos los interesados en el engrandecimiento del arte teatral en Cuba, para poder continuar con la labor iniciada porque —anuncia dramáticamente— *Prometeo* languidece pero aclara inmediatamente, que no es por falta de entusiasmo sino por "apreturas económicas que hacen irregular su aparición y fuera de actualidad algunos de sus comentarios".[3] La ayuda que pide es modesta: que la den a difundir entre quienes no la conozcan todavía, que la soliciten en los estanquillos de revistas y que traten de interesar a comerciantes amigos para que se anuncien en ella. El 28 de agosto de ese año anuncia con entusiasmo —que indudablemente fue el nervio vital de la empresa —que se va a estrenar la pieza "Ligados" de Eugene O'Neill en una función a beneficio de la revista. La selección de autor y pieza se debe a que en O'Neill se aprecia —según explica en el editorial en que se da cuenta de la función— la misma visión de esperanza en el futuro que alienta a *Prometeo* y da por cierto un dato que resulta muy interesante aunque por su naturaleza tan amplia sería difícil de comprobar su exactitud, y es que "... esta revista junto con *Theatre Artis* en los Estados Unidos y *Boletín de Estudios de Teatro* de la República del Plata son las únicas publicaciones de nuestro continente que se editan exclusivamente para el estudio y difusión del arte dramático" (VI, 1). De poderse verificar esta afirmación, el valor histórico de *Prometeo* tomaría una mayor significación continental además de la dimensión cultural que logró por la alta calidad de su contenido.

Conforme a su propósito de proyectar en el ambito nacional las transformaciones de toda índole que estaba experimentando el teatro universal no sólo en lo referente a la concepción dramática en sí, sino en cuanto a técnica de presentación escénica y de actuación, *Prometeo* publicó desde un principio artículos sobre las nuevas corrientes dramáticas en Francia con tanta regularidad que prácticamente llegaron a constituir una sección bajo el sub-título de "Teatro francés contemporáneo", casi siempre a cargo de Eva Frejaville. De esa manera, se hicieron regulares artículos sobre Jean Cocteau, Paul Claudel, Jean Giraudoux, Henri Lenormand, Jean Anouilh, Edouard Bourdet y desde luego Jean Paul Sartre, además de algunos con visión totalizadora como el "Panorama retrospectivo del teatro francés en el siglo XIX y principios del XX", con el que realmente se inició la serie.

Claro que el movimiento francés en esa época era el que estaba produciendo mayor impacto y por eso el especial énfasis en el mismo, pero el interés era universal. Se pudiera decir que era regular que apareciera siempre un artículo sobre alguna obra o autor extranjero, o sobre el proceso teatral en algún otro país, a veces como traducciones de publicaciones extranjeras. Así, por ejemplo, encontramos entre otros "El teatro en Suecia" de Helge Kokeritz, profesor de inglés en Yale University; "Actividad artística en El Salvador durante 1949" de Julio Alberto Martí, teatrista salvadoreño y "El desarrollo del arte teatral japonés" que fue una conferencia del Director del Museo Teatral de la Universidad de Waseda en Tokio, dada en ese alto centro docente bajo los auspicios de la Sociedad de Fomento de Cultura Internacional, en la que se traza el desarrollo histórico del teatro japonés a través de los elementos constitutivos del Kabuki, forma teatral que tiene sus orígenes en el siglo XVII y todavía subsiste en el Japón. También el teatro español era estudiado, especialmemte Lorca por ser el que más innovaciones aportaba al mismo. En ese aspecto merecería citarse "García Lorca y la tragedia" de Adolfo de

Obieta, escritor argentino, fundador de *Papeles de Buenos Aires* y director en esa época de la revista *Nueve Artes*, así como la reproducción de un trabajo de Guillermo de Torre de l938, síntesis de la vida y obra de Federico García Lorca. Y desde luego, el teatro cubano fue primordial preocupación de *Prometeo* desde sus comienzos. Baste citar que en el primer número se reproduce el texto de la primera obra teatral escrita en Cuba, "El Príncipe jardinero y fingido Cloridano" con unos comentarios de Francisco Morín, muy interesantes, en los que indaga en las distintas posibilidades de quien sea su autor sobre la base de las influencias que se pueden apreciar en la misma y en el siguiente, Nora Badía acomete el estudio de la Avellaneda como autora dramática y presenta críticas y defensas que en su época recibieron algunas de sus obras e inclusive comentarios de la autora sobre las mismas. En el volumen IX hay un artículo muy interesante sobre una presentación que hubo en La Habana en 1794 con una técnica que en aquel entonces resultaba muy novedosa y que llamaban "teatro mecánico" pero que al parecer se trataba de un teatro de títeres. Y desde luego, el teatro contemporáneo de raíz nacional era su preocupación primordial y le dedicó reseñas, artículos y proyectos en los que nos detendremos más adelante.

Entre los temas generales, el existencialismo mereció atención especial por la influencia que estaba teniendo en la dramaturgia universal. Ya en el volumen V encontramos un artículo de Marcelo Pogolotti titulado "El existencialismo" y en volúmenes posteriores hay un ciclo de trabajos sobre los antecedentes de esta tendencia filosófica en el teatro, a cargo de Carlos M. Malgrat, que empieza con el titulado "Psicoanálisis del existencialismo en el teatro" y continúa en los volúmenes siguientes con estudios específicos sobre los indicios existencialistas que se pueden encontrar en "*Prometeo* encadenado" de Esquilo, "Hamlet" de Shakespeare y "Peer Gynt" de Ibsen.

En cuanto al aspecto técnico del arte teatral son abundantes los trabajos informativos al respecto. Los hay de lineamientos generales como "El arte del teatro" de Edward Gordon Craig que bajo la forma de un diálogo entre director y actor discute tan interesante tema para llegar a la conclusión de que el arte teatral no es más que la feliz conjunción de acción, palabras, línea, color y ritmo. También merece especial mención un artículo de Rodolfo Usigli que recién había obtenido su grandioso éxito en México con "El Gesticulador" y acababa de inaugurar en la capital mexicana, hacia un mes, una Academia de Artes Dramáticas.

El mismo, titulado "La profesión del Director", está tomado de su libro *Itinerario del Autor Dramático* y en él estudia histórica y teóricamente al director a quien considera ser "el más importante elemento del arte escénico" (VII, 12-13). Como estudio de técnicas más específicas hay uno muy interesante de Javier Villafaña, tomado de una publicación del Instituto Nacional de Estudios del Teatro de la República Argentina, que bajo el título de "El mundo de los Títeres" los estudia en su dimensión histórica.

El otro elemento de relevante importancia es el actor. De Sarah Bernhardt se recogen unos comentarios bajo el título de "Nuestro arte" en los que les habla a los actores de los secretos y de las metas que deben tener y de anécdotas de su experiencia profesional. Las técnicas de Stanislawsky y su discípulo Eugene Vakhtangov y las de Max Reinhardt y Meyerhold son ampliamente estudiadas por Reiken Ben Ari, un actor que trabajó con ellos en el famoso teatro "Habima" de Moscú (IV, 2-4, 29). También se recoge, tomado del libro *Los creadores del teatro moderno* de Galina Tolmacheva, la historia del teatro del Duque de Meiningen, que tan importante resulta en el desenvolvimiento del arte teatral (IV, 28-29).

El reconocimiento a los valores nacionales no se hizo esperar y en el volumen III se inició una sección que se mantuvo ininterrumpidamente, titulada "Figuras de nuestra escena" en la que se destacaba la labor de actores y directores. Entre los primeros aparecieron Rosa Felipe —con la que se inauguró la sección—, Eduardo Egea, Marisabel Sáenz, Angel Espasande, Violeta Casal, Gina Cabrera, Minín Bujones, Ramón Valenzuela, Ana Saínz, Gaspar de Santelices, Raquel Revuelta, Alberto Machado y Myriam Acevedo; entre los directores, Luis A. Baralt Zacharie, Isabel Fernández de Amado Blanco, Modesto Centeno, Reinaldo de Zúñiga y Cuqui Ponce de León. También se dedicó una al escenógrafo Luis Márquez y otra al autor Carlos Felipe.

Prometeo respondió asimismo a la importancia de la danza como expresión cultural. Ramiro Guerra Suárez estudió en varios trabajos este arte desde un punto de vista histórico, analizando en uno los aportes de la ciencia y el arte para su comprensión (V, 18-20) y en otros las distintas escuelas que han determinado su evolución o el posible aporte de la danza negra a la danza universal (IX, 6-8). Por su parte Carmen Rovira, interesada primordialmente en el ballet, se ocupó de hacer historia sobre dos conjuntos de fama internacional, el de la Opera de París y el del Convent Garden de Londres, por sólo mencionar los de contenido histórico. No debemos pasar por alto un artículo de la propia autora, "Hacia un Ballet Cubano", en el que vislumbraba la posibilidad de que Cuba llegara a consolidar un conjunto nacional y le otorgaba reconocimiento a la labor que en ese campo danzario venía desarrollando Pro-Arte Musical.

Las páginas de *Prometeo* reflejaban la vida artística de Cuba en todas sus manifestaciones y esto hace que en ellas estén palpitantes jirones de la historia cultural cubana. Muy interesantes resultan por ejemplo, las referencias a las reacciones encontradas que produjo la primera presentación de dos piezas de Sartre en 1948, "A puertas cerradas" y "La ramera respetuosa". Ciertos sectores de la opinión pública reaccionaron muy negativamente pues no estaban preparados para comprender el fondo filosófico que las mismas contienen y esto provocó una polémica que *Prometeo* recogió ya que el incidente era revelador de los obstáculos que se le presentaban a todo intento de innovación en materia de temas o técnica. Otro hecho con implicaciones polémicas fue un artículo de Virgilio Piñera que con el controversial título de "¡Ojo con el crítico!" contenía juicios demoledores para los exégetas de todas las artes y muy especialmente desde luego, a los de materia teatral. La reacción fue tan acerba que *Prometeo* tuvo que aclarar que su posición era "abrir sus puertas a todas las ideas y a todas las inquietudes que se manifiesten" (XII, 1) y conforme a ella reprodujo un artículo de Luis Amado Blanco titulado "Los intocables" que había salido publicado en el periódico *Información* en respuesta al de Piñera (XII, 2-3).

Prometeo se proyectaba en todas las direcciones que fueran conducentes a su propósito de divulgación y de promoción de un teatro nacional. Desde el principio creó dos secciones muy importantes a esos fines, una llamada "El teatro en el mundo" que estuvo a cargo de Adolfo de Luis en el que daba cuenta del acontecer teatral en la escena universal y otra bajo el título de "Crítica" que mantuvo Manuel Casal a partir del volumen III y que se ocupaba de reseñar las producciones dentro del ámbito nacional. Otra sección que surgió ya en los últimos números fue "Notas sobre la Televisión", bajo las iniciales de C.R. que correspondían a las de Clara Ronay y lo interesante de destacar en este caso es que la misma aparecía antes de que en Cuba llegara a instalarse un sistema televisivo; sólo la posibilidad de que la empresa C.M.Q. de Goar Mestre lo hiciera realidad, fue incentivo suficiente para que se estudiaran las posibilidades de hacer teatro en ese medio. Con ese entusiasmo que caracterizaba a los integrantes de la revista, la creación por la UNESCO del Instituto Internacional de Teatro fue acogido con regocijo por *Prometeo* e intervino decididamente para que Cuba respondiera, tal como lo habían hecho Chile, Brasil y los Estados Unidos, al llamado de esa institución para que se organizaran Centros Nacionales de la misma en los respectivos países.

Prometeo mostró su entusiasmo por los concursos porque éstos estimulaban la producción nacional y en el volumen XI hace recuento de los resultados obtenidos y los nombres de autores que habían sido premiados por instituciones como ADAD, el Patronato, etc.: Carlos Felipe, Roberto Bourbakis, René Buch y Virgilio Piñera entre otros y por fin en el volumen XVIII aparece la convocatoria al Primer Concurso de *Prometeo* que tenía como premio básico la representación de las obras premiadas. En el volumen que corresponde a los meses de febrero y abril de 1950 da cuenta de la decisión del jurado del "Premio *Prometeo*" en el cual resultaron desiertos los dos primeros lugares y obtuvieron menciones "Cumbre y abismo" de José Montoro Agüero, "Segundo" de Mario Parajón, "Los símbolos" de Daniel Farías Antuña y "Las cuatro brujas" de Matías Montes Huidobro. Al año siguiente se convocó de nuevo el certamen y se le otorgó el Primer Premio a "Sobre las mismas rocas" de Montes Huidobro, lo cual significa que fue esta pieza la primera que obtuvo el premio *Prometeo*.

Este certamen de literatura teatral era uno de los logros de los que *Prometeo* se complacía en su segundo aniversario al que llegó "con el mismo entusiasmo, la misma fe y mayor experiencia" (XIX, 1), pero en el primero, al que arribó "con la satisfacción del esfuerzo realizado y la inquietud de los propósitos no alcanzados todavía" (X,1), decía llevar en la visión "un horizonte cruzado de sueños y al hombro una alforja de nuevos proyectos" (X, 1). Esta visión era compartida por muchos otros que deseaban hacer realidad la dramaturgia nacional pero era necesario unir propósitos y se estaba logrando. Baste recordar el entusiasmo de muchos intelectuales ante el hecho insólito de la primera temporada popular de teatro hecha a los pies del Apóstol en el Parque Central. Entre ellos, Jorge Mañach escribe al dia siguiente de haberlos visto: "...La caseta es pequeña; mínimo el escenario. No tienen los actores donde vestirse, han de hacerlo en alguna casa vecina, atravesar las calles con su atuendo insólito, desafiando silbidos y chacotas" (XXII, 7). Hoy nos aclara Francisco Morín que esa casa vecina era la de la madre de nuestro gran novelista Cabrera Infante. Y es que todos estaban empeñados en la consecusión de un sueño. Así lo veía también Matilde Muñiz en una carta abierta que apareció en *Prometeo* en la que aspiraba a darle respuesta a quienes afirmaban que no había teatro en Cuba. Es un hermoso trabajo en el que, después de hacer una revisión de los sacrificios que exige el arte teatral y de las condiciones especiales que ha de tener el que a él se dedique, confiesa que llegó de Europa enferma de realidad pero que como al fin y al cabo es de la raza soñadora que concibe a los Quijotes, se lanzó a ese loco sueño del teatro de Cuba y se encontró que "en Cuba, el arte es arte. No es profesión, no es empleo, no es especulación...es sencillamente vocación, sacrificio, heroismo..." (XIII, 25). Por eso la labor desarrollada por *Prometeo* es de una importancia cultural extraordinaria porque cumplió la necesidad de darle voz y tribuna al sentir de una época en materia teatral.

NOTAS

1. Véase el *Diccionario de la Literatura Cubana*, Instituto de Literatura y Linguística de la Academia de Ciencias de Cuba, Editorial Letras Cubanas, La Habana, 1980, Tomo II, 1907.
2. *Diccionario*....Tomo II, 1907.
3. *Prometeo*, Revista Mensual de Divulgación Teatral, La Habana, Año 1, Vol. VI, junio 1948, I. Todas las siguientes referencias a esta revista aparecerán en el texto indicadas entre paréntesis con el número de volumen y la página correspondiente.

LUIS A. BARALT Y LA BÚSQUEDA DEL "ARTE NUEVO".

Una versión reducida de este trabajo fue leído en el XIII Congreso Cultural de Verano del Círculo de Cultura Panamericano, en el Koubek Memorial Center de la Universidad de Miami, Florida, el 24 de julio de 1993 y publicada en Círculo: Revista de Cultura, Vol. XXIII, 1994, 44-53.

No es posible porque no es justo, hablar del proceso teatral cubano en sus inicios, sin detenerse en la labor desarrollada por Luis Alejandro Baralt y Zacharie encaminada a promover una dramaturgia con características nacionales propias. La historia de la literatura cubana no ha podido pasar por alto el papel definidor que tuvo "La Cueva" en cuanto a abrir nuevos horizontes de técnica de montaje y dirección, pero hay otro aspecto, el de la literatura dramática, en el que la crítica no ha profundizado suficientemente a nuestro entender. A Luis A. Baralt (hijo) es necesario estudiarlo en sus dos dimensiones, como director y como dramaturgo. Empecemos por la primera.

Toda época esta condicionada por factores de índole diversa que le dan características propias. En lo cultural, las primeras décadas de vida republicana —que resultan ser las formativas de este ilustre cubano que estudiamos hoy— están sometidas a grandes transformaciones impulsadas por las necesidades del nuevo Estado y además, por la simple coincidencia, entre otras razones de más peso, de que la nueva república se inauguraba con los inicios de una nueva centuria y la propia idea de "lo nuevo" conlleva un cierto rechazo a "lo viejo". Partiendo pues de esta premisa, se hace necesario tener una visión esquemática del panorama cultural cubano de aquella época a través de algunos de los críticos que la han estudiado.

Raimundo Lazo, en su esquema histórico de la literatura cubana de 1965 contempla tres generaciones en la época republicana, cada una con características propias y dentro de la tercera, en la que reconoce niveles de desarrollo en otros géneros literarios, es que detecta la aparición del teatro con caracteres de movimiento definido y un público en progresiva formación[1] y encuentra además que se pueden reconocer dos tendencias: una que sigue la evolución romántica, en la cual este crítico señala a Salvador Salazar como su máximo animador, y otra renovadora "que va al fondo de lo teatral, con el empeño de transformar la técnica y renovar el contenido"[2] que según él parte del Grupo "La Cueva" fundado por Luis A. Baralt Zacharie.

Natividad González Freyre, partiendo del mismo criterio generacional, distingue dentro del campo específico de lo teatral, una primera generación ocupada en organizarse en instituciones promotoras como lo fueron las sociedades Fomento del Teatro de 1910, Fomento del Teatro Cubano de 1915 y la Institución Cubana Pro-Arte Dramático de 1927 entre otras, y una segunda generación empeñada en "introducir en la escena cubana los conceptos dramáticos de la cultura universal"[3], esfuerzos que es justo reconocer que encuentran su viabilidad con la fundación de "La Cueva".

Rosario Rexach sitúa el inicio de la segunda generación en la famosa "Protesta de los Trece", en 1923. En el llamado Grupo Minorista al que pertenecían los de la protesta y también Luis A. Baralt, es que surgió la intelectualidad de la generación según Rexach y señala como características principales de la misma, una profunda mentalidad crítica que conducía a un hondo anhelo reformista y a una actitud receptiva a toda nueva idea e innovación estética[4].

Del análisis de todas estas indagaciones críticas resulta evidente que el ambiente cultural de los años treinta era propicio a intentar innovaciones en el campo del arte en general y que el papel preponderante de "La Cueva" es incuestionable. Salvador Bueno lo llamó "núcleo germinal"[5] pues consideraba que todas las agrupaciones teatrales que proliferaron con mayor o menor éxito en la década de los cuarenta, se debían a su influencia; y aun la crítica más reciente y comprometida la reconoce como un hito en la historia del teatro cubano a pesar de que trata de restarle valor a este período formativo[6].

El origen de "La Cueva" data a su vez de la Sociedad de Fomento del Teatro, de la primera década, creado por iniciativa de José Antonio Ramos, Bernardo G. Barros y Max Henríquez Ureña y que presidió Luis Alejandro Baralt (padre) pues dicha institución perseguía como objetivos fundamentales promover la puesta en escena de buen teatro nacional, bien fuera de época contemporánea o del pasado, y dar a conocer en Cuba las mejores obras dramáticas del extranjero, en traducción cuando fuere necesario. Tras este esfuerzo inicial, Salvador Salazar y otros amantes del teatro de selección propiciaron otras agrupaciones pero las circunstancias políticas nacionales no coadyuvaban a empresas de esta naturaleza y no fue hasta 1936 con la fundación de "La Cueva", que se pudieron reanudar los antiguos propósitos aprovechando que ciertos factores de orden político y de madurez intelectual favorecían actividades de este tipo.

Baralt se había iniciado como director en unas reuniones de despedida de año que él y otros intelectuales como Mañach, Suárez Solís e Ichaso, iniciaron en 1927 y continuaron en el siguiente y en algunos años posteriores, en los que combinaron las actividades propias de esas festividades con representaciones teatrales en las que ellos mismos y sus esposas y amigos intervenían como intérpretes y para las cuales Baralt tradujo "En la sombra de la cañada" de John Millington Synge y "Los bastidores del alma" de Nikolai Evreinov en las dos primeras de ellas. Pero su primera actuación de envergadura como director fue la presentación de "Fuente Ovejuna" con motivo del tricentenario de Lope de Vega. En la misma se hizo un despliegue extraordinario de escenarios simultáneos en el que se movía un conglomerado de actores en plena Plaza de la Catedral. En 1920 Evreinov había hecho algo semejante en Moscú con "La toma del palacio de invierno". La Habana no estaba habituada a ver este teatro de masas al aire libre y el éxito fue tan extraordinario que la puesta en escena se repitió tres veces en la semana del 12 al 17 de agosto de 1935. Estimulados por la magnífica acogida que tuvo esta presentación, un selecto grupo de actores, dramaturgos y pintores unieron sus esfuerzos en una asociación que bajo el título de "La Cueva Teatro de Arte de La Habana", tenía como finalidad "despertar en nuestro pueblo la afición teatral haciendo sólo buen teatro"[7], José Cid Pérez recuerda en su panorama del teatro en la Cuba republicana[8], los ensayos de "Fuente Ovejuna" que se llevaban a cabo en el atrio de la Catedral de La Habana y las reuniones en el café llamado "La Cueva", en el antiguo palacio del Conde Lombillo, en las que nació la agrupación teatral con ese nombre.

Como ya se ha mencionado anteriormente, estos afanes culturales de consolidación de un arte nacional que respondiera a nuestra idiosincracia, eran propios de una élite de intelectuales que se sentían responsabilizados con el destino cultural de la nación cubana. una vez establecida la República. La dificultad se hacía mayor en las artes que como el teatro, la pintura y la música requieren el consorcio de un público receptivo que sepa apreciar los indicios de un arte de selección. En pintura ya se detectaba en la segunda década del siglo una actitud de rebeldía de los jóvenes artistas hacia la técnica tradicionalista que se empeñaba en seguir la Academia de San Alejandro. Eduardo Abela, Victor Manuel, Fidelio Ponce, Amelia Peláez, discípulos de Romañach, son de los primeros en expresarse dentro de un llamado "arte nuevo" en el que el color, la composición y la intención nacionalista, indicaban el ideal de un arte nativista. Recuérdese que la *Revista de Avance* fundada por el Grupo Minorista, patrocinó la primera exposición colectiva de este arte nuevo. En materia musical se aprecia también desde los comienzos republicanos, el afán de enfrentar al público a lo clásico, pues en 1910 Gonzalo Roig y Ernesto Lecuona empiezan a organizar La Orquesta Sinfónica de La Habana; el Conservatorio Municipal de Música Félix Alpízar se funda al año siguiente; la Sociedad Pro-Arte Musical, en 1918; en 1922, es el concierto inaugural de la Sinfónica y en 1924 la Orquesta Filarmónica debuta en el Teatro Nacional. dirigida por su fundador Pedro Sanjuán Nortes. Como resultado de estos esfuerzos, en la música cubana se hizo patente una tendencia culta autóctona en la que se dejaban oir ritmos e instrumentos que producían armonías nunca antes oídas en orquestas sinfónicas. Amadeo Roldán y Alejandro García Caturla son considerados los iniciadores del criollismo en la música culta cubana. Del primero son estas palabras que recuerdan los propósitos señalados en la pintura: "Arte nuevo, procedimientos nuevos... sensibilidad, formas, medios de expresión nuevos, americanos, pero inspirados en el más pleno y sincero sentimiento artístico"[9].

En efecto, la novedad que se buscaba en el arte era que fuera auténticamente del Nuevo Mundo americano. Ese arte, para nacer, debía levantar la vista al horizonte, pero la savia germinadora debía venir de la propia tierra. En Cuba se sentía ademas la urgencia de que la república se había incorporado al consorcio de las naciones libres y era por lo tanto el momento de que empezara a surgir "lo cubano" con definición propia. Como indicio de la preeminencia que esta cuestión tenía entre la intelectualidad cubana, bastaría recordar que el 15 de septiembre de 1928 se inició una encuesta en la *Revista de Avance* en la que se plantearon cuatro preguntas específicas sobre la perspectiva que debía tener el artista americano respecto a Europa, al resto del orbe y a su mundo circundante, las cuales contestaron prominentes figuras nacionales y continentales. El resultado de la misma lo resumió un año más tarde Francisco Ichaso en un artículo que tituló "Balance de una indagación"[10] y en el cual se ve que resultó difícil interpretar lo que debía entenderse como "preocupación americana" por ser un concepto demasiado escurridizo. Ichaso lo precisó como algo más allá de una mera intuición estética sino de "alta política cultural" —para usar sus propias palabras—; de una actitud sentida y pensada que fuera capaz de interpretar en forma peculiar y propia el alma de América, no reelaborando patrones europeos sobre el tema americano, sino manifestándose tal cual era sin temor a la originalidad. El arte debía asentarse, según Ichaso, en lo que Unamuno llamó "la tradición eterna" y que él definió como "la tradición viva, cauce permanente de la historia"[11] que no necesariamente tenía que conducir a un criollismo auto contemplativo sino que por el contrario, debía alimentar lo que Ichaso llamó "una ambiciosa e inteligente curiosidad"[12].

Un año antes de suscitarse esta controversia, con el primer número de la propia *Revista de Avance*, Jorge Mañach se había planteado la siguiente pregunta: "¿Qué cosa es, en fin de cuentas, lo nuevo"[13] y luego de sentar la premisa de que cada época tiene una fisonomía peculiar, admitió que la de aquel momento, en materia de arte, se caracterizaba por la disputa entre los que no admitían otra manera de expresión que la que dejaron establecida los grandes maestros y los que intentaban interpretar de otro modo el mensaje de sus tiempos, es decir, una disputa entre lo tradicional y lo innovador. En definitiva, Mañach entendía que el arte no ha de ser refugio sino cuartel y que por lo tanto ha de verse en él la lucha y el dolor del artista en medio de su circunstancia. Su fórmula era, terminaba diciendo: "la mayor cantidad de actualidad real en la menor cantidad de lenguaje"[14] aclaraba desde luego, que ese lenguaje debía entenderse desde lo escrito a lo plástico.

Volviendo entonces pues al tema que nos ocupa, encontramos que Luis Alejandro Baralt Zacharie estaba propiciando con "La Cueva" la búsqueda de ese "arte nuevo" en materia de teatro. Con razón en una reseña que apareció en la revista *Social* con motivo de la primera obra presentada que lo fue "Esta noche se improvisa" de Pirandello en traducción de Rafael Marquina, se llamaba a la empresa productora "obra de modernos quijotes"[15] y hacía una comparación metafórica con un pequeño barco de nautas intrépidos aludiendo a Baralt, Marquina, Roldán y Girón Cerna, en busca de nuevos horizontes en materia de teatro. La travesía fue breve pues sólo duró ocho meses pero sí fueron muy fructíferos porque hizo seis montajes en total y produjo un gran impacto por la novedad que aportó.

La convicción de Baralt de que había que preparar al público para que fuera receptivo a otras perspectivas, lo hizo trabajar intensamente en traducciones que o bien fueron presentadas muchas de ellas por el Patronato del Teatro, del cual era fundador y directivo o por el Teatro Universitario del que fue su director, o trasmitidas por radio o televisión. Pero su labor no se limitó a la difusión técnica del arte teatral. Aunque es esta actividad suya la más reconocida, lo cierto es que hay un Baralt dramaturgo que no se ha estudiado en la medida debida y del cual quisiéramos dejar establecidos ciertos puntos de partida.

Ya hemos analizado panorámicamente la actitud innovadora en que se encontraba su generación y a la que él no era ajeno. Hombre de vastísima cultura, conocía bien la evolución del arte teatral y cómo la expresión dramática se había ido adaptando a una perspectiva más subjetiva. Chejov había convertido en símbolos sucesos cotidianos; Pirandello había escindido la realidad y por otra parte la Primera Guerra Mundial enfrentó al hombre europeo a muchas crudas realidades; la revolución comunista en la Rusia imperial supeditó al teatro a ser instrumento político y así de una u otra manera, el teatro respondía en cada lugar a las necesidades de las distintas circunstancias geográficas y culturales, tomando la vía innovadora del "arte nuevo". En América, cada país buscaba su propia expresión dramática bajo la influencia de las nuevas corrientes europeas, pero los que más identificación habían logrado eran los que, como el argentino, trabajaron con el alma popular, con esa "tradición eterna" de que hablamos antes.

Baralt estaba convencido de que en la tradición es donde podría hallarse la savia germinadora. Había encontrado en las obras de William Butler Yeats, poéticas piezas basadas en leyendas y mitos celtíberos y en las de Lady Gregory un realismo doméstico que recogía la tradición oral trasmitida entre los campesinos, cuando estos autores trataban de crear una dramaturgia genuinamente irlandesa y había visto como John Millington Synge fusionó ambas tendencias y creó su propio estilo en que lo mítico se hacía familiar y lo familiar alcanzaba la categoría de mito en un lenguaje de límites nacionales.

El gran aporte al arte que había hecho América era el

Modernismo, que había influido todos los géneros literarios menos el dramático y a esa fuente es que acudió Baralt. Ya la estética Modernista había pasado para muchos, pero el espíritu era genuinamente americano porque como muy bien lo definió Juan Ramón Jiménez, el Modernismo es una actitud de entusiasmo y libertad hacia la belleza y América lleva en la frente la luz del porvenir y en sus sueños elabora la meta de un ideal. Estudiando a los modernistas en comparación a los que no lo son, decía Ricardo Gullón que éstos "aun cuando ahonden en busca de las raíces, no cesan de marchar hacia adelante...La tradición del Modernismo es la tradición eterna...la del pretérito, embellecido por la nostalgia, que pretende suplantar al presente"[16].

Si analizamos la producción dramática de Luis A. Baralt, encontraremos muchas de estas características contenidas en sus piezas. Hace ya algunos años, cuando me acerqué a ellas por primera vez, las ubiqué en un teatro poético logrado a través de un manejo muy bien urdido de caracteres, diálogos y efectos plásticos, sin permitir que lo poético superara la realidad. En aquella oportunidad me limité a analizar sus recursos de técnica dramática formales, pero hoy vamos a intentar indagar más en su contenido y en el propósito innovador del Baralt dramaturgo.

En su primera comedia, "La luna en el pantano[17], entra de lleno en el ambiente cubano de la clase media. Se desarrolla en el segundo piso, el más económico, de una casa de huéspedes de La Habana. Esto le da ocasión al autor para presentar una gama de personajes y conflictos que en su variedad y dimensión crean distintos planos de realidades que sirven para establecer puntos de contraste entre el ideal y la poesía que la luz de la luna representa como elemento dramático, y lo chato y vulgar del ambiente que se vive en el ancho corredor que es sitio de reunión de los inquilinos y que en el título se sugiere como pantano[18]. La técnica escenográfica de presentar la complejidad de un conglomerado humano con sus distintos problemas que se aíslan tras las puertas que aparecen en el fondo identificadas con un número y que se hacen comunes en un punto central de reunión, hace pensar en "La historia de una escalera" de Buero Vallejo y al establecer la comparación entre ambas piezas nos damos cuenta que efectivamente se pueden encontrar algunos puntos de identificación en determinados aspectos. En primer lugar, que en ambas se elabora un cierto mito quijotesco entre los personajes que aspiran a un sueño imposible, o que parece serlo en el mundo chato en que se desenvuelven; en segundo lugar, en que la técnica de las puertas en la casa de inquilinato sirve para que al abrirse éstas, se desarrolle frente a ellas el mundo sanchopancesco que va a hacer contraste con el mundo ideal al que los otros aspiran y por último, que en ambas piezas se deja la posibilidad de un futuro mejor, para el presente nacional de España, con un sentido histórico en la de Buero Vallejo; para los jóvenes con aspiraciones, con mayor dimensión universal, pero dentro de la realidad cubana, en la de Baralt.

Entre las otras características modernistas que se pueden señalar tenemos varias en la figura protagónica del joven alemán que para todos es simplemente Freddy; triste, reservado, el misterio rodea su verdadera identidad y especialmente la razón de su presencia en ese ambiente al que está tan desajustado. La nota exótica la trae su recuerdo del mundo que dejó atrás y que es el suyo. No son aquí las sedas de las cortes francesas tan frecuentes en el Modernismo, sino los amplios salones del castillo de su padre en Silesia; el cómodo "hof" en el cual Freddy se sentía en su verdadera identidad: el ingeniero de Koenigsberg Friedrich von Fachner. Hay una idealización del pasado que Baralt utiliza para hacer contraste con la vulgaridad del presente que vive este personaje y que plásticamente el dramaturgo logra producir con el uso de la luz natural de la luna y la artificial del escuálido bombillo que mal ilumina el pasillo central. Éste propósito se hace evidente cuando le hace decir al joven Fachner: ". . . hace un cuarto de hora este corredor era un lugar feo...Sórdido, lleno de gente vulgar, asquerosa, que no tiene una idea noble aquí en la cabeza...y ahora la noche, la luna lo borra todo, y mire, la sala de juego sórdida de la casa de huéspedes ha devenido el gran salón del castillo de mi padre" (66-67).

Esta pieza contiene muchos pasajes poéticos en que el autor se vale de sugerencias o alusiones para comunicar el mensaje trascendente que le da unidad a la pieza. Asi tenemos, por ejemplo, que hace que Freddy y Gisela traduzcan juntos la última estrofa del poema de John Masefield "Sea Fever" (106) que habla de la vastedad del mar y la libertad que sugiere su ilimitado horizonte. Tal recurso debe entenderse como un cultismo de la técnica modernista puesto que es intencionada la selección para establecer cierto paralelismo entre su personaje de ficción, marinero varado en tierra, y el poeta inglés que a los quince años se entregó a la aventura del mar y luego recogió sus poemas de juventud en su primer poemario titulado *Salt-Water Ballads*. Otras veces la poesía está en el concepto expresado en forma directa como cuando identifica la pasión amorosa con el milagro de la naturaleza (115), o la visión de la vida humana sublimada en un sentimiento:"Lo que importa no es reir, ni llorar; estar alegre ni estar triste, sino poseer una emoción como la nuestra —íntima y honda— y disfrutarla plenamente, sin medios tintes, sin inhibiciones" (126) El recurso de lo poético lo usa Baralt con una habilidad extraordinaria en cuanta ocasión sea conveniente para producir un efecto deseado, ya sea a través del diálogo, de la luz como elemento plástico o de una cosa común e intrascendente como es el tapete rojo que se ponía para poder jugar en ella, al que lo saca de las manos de su dueño Bermúdez, el más deleznable de todos los personajes, y lo hace seguir el destino hacia la luz de los jóvenes enamorados.

Su segunda pieza "Junto al río"[19], es también de ambiente cubano. La sitúa en el período revolucionario posterior a la caída de Machado, pero lo político no interviene en la trama en absoluto; sólo sirve para crear determinadas situaciones que son las que van a impulsar la acción dramática y para que concurran en algunos de los personajes ciertas características necesarias al devenir de la trama. En el momento en que la escribe, 1938, estaba refiriéndose a una realidad presente, pero como muy bien dijo Francisco Ichaso en el *Diario de la Marina* al reseñar la lectura hecha por el autor en el "Lyceum de La Habana" tres meses antes de su estreno, no se trata de un teatro político pero "Baralt se ha acercado ahora a una candente realidad cubana...Por más que haya quienes tengan interés en ignorarlo u ocultarlo, existe todavía una 'actualidad revolucionaria' no en el sentido externo de asonada o motín, sino como una emoción, un anhelo y una inquietud de espíritu alerta"[20]. Más adelante Ichaso le atribuye al autor una intención de enjuiciamiento político que quizá tuviera o no pero lo cierto es que leída al cabo de los años, pasada ya la efervescencia del proceso revolucionario, la obra se despoja de actualidad política pero nunca de genuino sabor cubano.

Si en "La luna en el pantano" la luz jugaba un papel determinante para establecer los distintos planos escénicos, aquí es el tiempo el que establece los contrastes pues el personaje central de la obra parece ser un hombre fuera de ubicuidad temporal. El viejo Don Juan es un anacoreta que vive en las canteras inexploradas aledañas a las riberas del habanero río Almendares, junto al puente viejo de la Calle 23, según lo localizó Francisco Ichaso en la reseña antes mencionada. Este crítico lo califica de Diógenes criollo pues, efectivamente, ésa es la imagen que le ha dado Baralt con el sistema de vida que le atribuye: come sólo de los recursos de la naturaleza y se sirve de las cosas más elementales para subsistir. La clave para la comparación la da el autor cuando el poderoso Ambrosio Falgueras —que le debía el haber podido escapar de sus perseguidores en sus tiempos revolucionarios— le ofrece, en alardoso gesto de gratitud, que le concederá lo que le pida y Don Juan —como la famosa anécdota de Diógenes que le dijo a Alejandro Magno que lo único que deseaba era que se apartase porque le quitaba el sol le respondió con estas palabras: "Que se sirvan usted y estos señores apartarse de este lado, que no me dejan ver el cielo" (44).

Pero hay en este personaje de Don Juan un sentido de intemporalidad que hace pensar en lo mítico a la manera de John Millington Synge que, como ya dijimos, integraba el mito a las circunstancias de su nativa Irlanda, pues Don Juan es un personaje estático. La vida pasa junto a él, pero él no se integra a la vida, por el contrario, cuando la civilización atenta destruir su "selva sagrada", muere. Los demás personajes evolucionan: Sol, su hija —o más bien nieta— adoptiva se transforma de una adolescente un tanto montaraz, en una mujer que ha aprendido en el dolor, de los desengaños que trae la vida y de las responsabilidades que acarrea la maternidad; los hermanos Falgueras, de naturaleza tan opuesta, se precipitan en el torbellino de la ambición el uno, del ideal, el otro, y José Andino, reposado y formal, logra una posición estable con el esfuerzo de su trabajo y responsabilidad. Hay un fluir vital en la obra que hace pensar en los famosos versos de Jorge Manrique "Nuestras vidas son los ríos/ que van a dar en la mar,". El título resulta explícito en este contexto: Don Juan junto al río de la vida de los demás, como espectador, sin dejarse llevar por la corriente. Este Don Juan, un Prometeo encadenado a la roca por propia voluntad, encarna la visión modernista del hombre que encuentra en la naturaleza y en sí mismo como parte de ella, en su espíritu, los valores eternos de la condición humana porque es parte integrante de la armonía universal. José Olivio Jiménez, estudiando la concepción modernista de la armonía universal en Martí , recordaba el ensayo de éste sobre Emerson en que dice que: "... el espectáculo de la naturaleza inspira fe, amor y respeto... y que el Universo, que se niega a responder al Hombre en fórmulas, le responde inspirándole sentimientos que calman sus ansias y le permite vivir fuerte, orgulloso y alegre"[21]. Tal es la actitud en que encontramos al Don Juan de "Junto al río". Es un viejo marinero que hace treinta años que ha plegado las velas; que forjó su espíritu en la soledad del mar y que ha encontrado la paz y la felicidad en el contacto con la naturaleza. "El sol es mi mejor amigo, el más fiel, el que me da la vida y me da la alegría" (13) dice como explicación de su filosofía de la vida. Baralt establece esa correspondencia entre su personaje y la naturaleza en la actitud contemplativa de Don Juan hacia las puestas de sol. Con técnica expresionista, maneja maravillosamente las tonalidades rojizas del poniente para sugerir los estados emocionales de los personajes. La escena final del cuadro tercero es especialmente una de las mejor logradas teatralmente pues se integran magistralmente diálogo y escenografía para acentuar el punto climático de la acción[22].

Después de estas dos obras de ambiente cubano, Baralt experimentó en la difícil técnica del teatro breve en un acto que Lady Gregory había usado en sus comedias campesinas y cuyas dimensiones había desarrollado a plenitud Synge en su famosa pieza "Jinetes hacia el mar". La primera que escribe, "La mariposa blanca", está basada en una leyenda peruana, lo cual indica la actitud modernista de mirar hacia el pasado legendario más que histórico. Desafortunadamente la única noticia de publicación que hay de ella es una versión al francés. La segunda, "Meditación en tres por cuatro", es calificada por el autor como una "extravaganza filosófica", pues en ella discurren la existencia, el poeta y la vida. Teniendo en cuenta la interpretación de la armonía universal que hemos encontrado en su comedia "Junto al río", debe ser sumamente interesante el análisis de esta pieza pero, al parecer, nunca fue publicada y su texto no está accesible. Dolores Martí de Cid la consideraba la obra más simbólica de Baralt[23] y confiamos plenamente en el juicio de la ilustre crítica, sin embargo el autor, con un posible exceso de modestia, aseguró que "no pasa de ser una broma dramática"[24].

Su última pieza es "Tragedia indiana"[25], en tres actos. Según nota del autor, el asunto y los personajes principales fueron tomados de la historia novelada de Roque E. Garrigó *Porcayo*, publicada en 1926, pero aclara que los sucesos y episodios se apartan tanto de la historia como de la novela porque hay mucho de creativo en ellos. La acción vuelve a Cuba, a una villa de Sancti Spíritus de principios del siglo XVI en los dos primeros actos; en la región de Ornofay al noroeste de lo que luego fue la provincia de Camagüey, en el tercero. Los personajes masculinos son configurados con características equidistantemente opuestas. Si el conquistador Don Vasco Porcallo de Figueroa es arrogante, cruel y vengativo, su antagonista, el joven taíno Yarabí, es humilde, generoso y capaz de los más nobles sentimientos. Entre ambos la española Martirio, la figura más simbólica de la obra. Su nombre ya anticipa su sufrir. Marchó a las Indias enamorada de su marido, pensando que en aquel mundo desconocido se sentirían más unidos en el desamparo, pero allí Porcallo se reveló en su verdadera naturaleza. La descripción que nos llega por ella no puede ser más terrible: ". . . no es un hombre. . es una potencia ciega; una máquina que avanza quién sabe adónde, sin que la detengan ni el amor, ni la justicia. . .ni el honor. Que va dejando tras de sí una estela de odios, de crímenes, de sangre. Es como un corcel impetuoso, desbridado, cuyas vísceras no le dejan ver ni a diestra ni siniestra" (56). Martirio se siente olvidada, postergada y sobre todo humillada por las constantes infidelidades y los atropellos del esposo a las infelices mujeres indias, sin siquiera tratar de ocultárselos.

El conflicto surge cuando se presenta la ocasión de que Martirio huya aprovechando que Yarabí opta por tomar el riesgo de la escapatoria al saber que Porcallo ha decidido enviarlo a una encomienda. Pasado el tiempo, Martirio ha adoptado la vida indígena y ha creado una familia junto a Yarabí a quien la une un amor tierno y justamente correspondido. El final trágico lo propicia la presencia inesperada de Porcallo que mata a los dos amantes cegado por el odio y el despecho.

La técnica dramática de Baralt se mantiene en cuanto a que aquí se plantean otra vez algunos planos estructurales como lo había hecho en "La luna en el pantano". Así tenemos por ejemplo, que en la figura de Martirio se reúnen distintos niveles y conflictos: por un lado sus sentimientos de mujer, despechada primero, amada tiernamente después; por otra parte sus convicciones religiosas que la hacen sentirse eternamente vinculada a Porcallo a quien se unió por las leyes de la iglesia y sin embargo reconoce la mano de Dios en el dulce amor que le ofrece Yarabí y en la gloria de la maternidad. Otro plano que se presenta en la obra es el de las dos Españas: una representada en la espada despiadada de Porcallo y otra en la actitud sensitiva y misericorde de Martirio y la consoladora presencia de Fray Bartolomé de las Casas.

Como es natural, en esta última pieza de la producción dramática original de Luis A. Baralt, no hay tantos indicios de la técnica modernista pues fue escrita en 1952 y ya la influencia del movimiento no se hacía sentir tanto, pero sin embargo todavía se pueden descubrir algunas características del mismo como es la idea de la evasión que está presente en el ansia de Martirio de regresar a su tierra y en el de Yarabí de volver a su camarreo; en ambos hay un sentido de fuga pero no por la huída en sí sino por el afán de encontrar de nuevo la felicidad que habían hallado en el rincón en que nacieron. El exotismo, que también pudiera señalarse, es obvio en el ambiente y en el personaje de Yarabí, aunque en éste se advierte una mayor inclinación hacia el romanticismo en la perfección de todas las virtudes que se concentra en su carácter. Lo que es característico en esta pieza es el timbre poético que se mantiene a través del diálogo y de las situaciones planteadas. Ya hemos visto algo de su fuerza expresiva en la descripción terrible de Porcallo. Similar vehemencia encontramos cuando Martirio describe sus sentimientos de mujer enamorada que marchó a tierras extrañas en los brazos del amado (57) o cuando defiende lo sincero y hermoso de su amor por Yarabí (90). Baralt no usa aquí la técnica expresionista de reflejar plásticamente el estado emocional de sus personajes como había hecho en sus piezas anteriores, sino que lo poético lo logra —además de a través del diálogo, como ya hemos apuntado— a través de ciertas imágenes que crea en el contenido. Así tenemos, por ejemplo, que en Martirio se vuelve a encontrar —como en "Junto al río"— a alguien que descubre en sí misma los valores del espíritu al proyectarse a la vida natural, no solamente en sus hábitos de vida sino en el compañero que escoge para compartirla. Al propio tiempo Martirio y Porcallo se hacen símbolos de la España que vino a América y así, cuando Don Vasco le da a escoger a su mujer entre él y Yarabí, la alternativa que le da es entre España o la selva y ella escoge la selva provocando con ello que con una estocada a fondo los deje enlazados en un abrazo mortal y quede configurado el símil de que la España arrogante matase con su propio acero cruel la España piadosa abrazada al indio.

Con estos comentarios nos hemos aproximado solamente a la labor creativa de Luis A. Baralt Zacharie tratando de puntualizar el propósito innovador que lo animó y que le fue reconocido como productor pero que como dramaturgo no ha sido estudiado con la acuciosidad que merece pues se internó en los caminos del Modernismo en busca de ese "arte nuevo" que tan necesario se hacía conseguir; camino que en el arte dramático resultó casi inexplorado y que en mi opinión Baralt recorrió con paso firme y decidido. En sus obras se encierra un sentido poético que toca fibras universales pero con firme residencia en la circunstancia y la actitud vital genuinamente cubana sin caer en lo folklórico sino asentado en nuestra tradición eterna, circunscrito a la armonía universal de nuestro mundo.

NOTAS

1. Lazo, Raimundo. *La literatura cubana.* México: Universidad Nacional Autónoma de México, 1965. 185.
2. *Lazo,* 210.
3. Gónzález Freyre, Natividad. *Teatro cubano contemporáneo.* La Habana, 1958. 13.
4. Rexach, Rosario. *Dos figuras cubanas y una sola actitud.* Miami: Ediciones Universal, 1991. 64-65.
5. Bueno, Salvador. *Historia de la literatura cubana.* (Tercera edición) La Habana: Editorial Nacional de Cuba, 1963. 440.
6. Leal, Rine. *Breve historia del teatro cubano.* La Habana: Editorial Letras Cubanas, 1980. 121.
7. "Dr. Luis A. Baralt. " Figuras de nuestra escena. *Prometeo.* La Habana Año I núm. 4 (Enero-Febrero de 1948): 7.
8. Cid Pérez, José. "El teatro en Cuba republicana". *Teatro contemporáneo. Teatro cubano.* Ed. Dolores Martí de Cid. Madrid: Aguilar, (Segunda edición) 1962. 28.
9. Galán Sariol, Natalio. "Visión musical de nuestra historia". *La enciclopedia de Cuba.* Tomo 7. Arquitectura. Artes plásticas. Música. Ed. Vicente Báez. San Juan-Madrid: Enciclopedia y Clásicos Cubanos Inc. (Segunda edición) 1977. 345.
10. Ichaso, Francisco. "Balance de una indagación." *Revista de Avance.* La Habana. Año 4 núm. 38 (15 de septiembre de 1929): 258—265.
11. Ichaso, 263.
12. Ichaso, 263.
13. Mañach, Jorge. "Vanguardismo." *Revista de Avance.* La Habana. Año 1 núm. 1 (15 de marzo de 1927): 3.
14. Mañach, Jorge. "Vanguardismo III." *Revista de Avance.* La Habana. Año 1 núm. 3 (15 de abril de 1927): 44.
15. Garrick. "'La Cueva', teatro de arte de la Habana." *Revista Social.* La Habana. (Julio de 1936): 41.
16. Gullón, Ricardo. "Juan Ramón Jiménez y el Modernismo" en Juan Ramón Jiménez, *El Modernismo.* Notas de un curso (1953), Madrid: Aguilar, 1962. 22.
17. Baralt, Luis A. *La luna en el pantano.* La Habana: Ucar, García y Cía. 1936. Las referencias que se hagan de esta pieza se referirán a esta edición y se pondrá el número de la página entre paréntesis.
18. Para un estudio más detallado de estos planos estructurales, véase mi trabajo "Realidad y fantasía en dos obras dramáticas de Luis A. Baralt" en mi libro

La mujer en el teatro hispanoamericano y otros ensayos. Montevideo: Universidad Católica del Uruguay, 1992. 111-119

19. De esta pieza se publicó una versión bajo el título de "La luna en el río" en Carlos Felipe, Luis Alejandro Baralt, Manuel Feijóo, *Teatro cubano*. Santa Clara: Universidad Central de las Villas, 1960. Baralt leyó esta obra en el Lyceum y la estrenó en el Principal de la Comedia el 7 de junio de 1938. Dicha obra ganó la Primera Mención Honorífica en el Concurso de la Dirección de Cultura del Ministerio de Educación de ese año. El autor hizo algunas modificaciones en el manuscrito que permanece inédito y cuya copia ha llegado a mis manos por gentileza de su hijo Luis A. Baralt Mederos. A dicho manuscrito se referirán las referencias siguientes con indicación del número de la página entre paréntesis.

20. Ichaso, Francisco. "'Junto al río' de Luis A. Baralt", Escenario y pantalla, *Diario de la Marina*, La Habana, marzo 19 de 1938, 6.

21. Jiménez, José Olivio. "Martí, Darío y la Intuición modernista de la armonía universal" en *Círculo: revista de Cultura*, Vol XVIII, 1989. 110.

22. En mi trabajo sobre Baralt aludido en la nota 18 se puede leer más desarrollada la explicación de esta técnica.

23. Martí de Cid, Dolores. "Luis A. Baralt" en *Teatro contemporáneo. Teatro cubano*. 43.

24. Tomado de la relación de obras teatrales de Luis A. Baralt confeccionada por el propio autor y que nos fue entregada por su hijo Luis A. Baralt Mederos.

25. Baralt, Luis A. "Tragedia indiana" en *Teatro contemporáneo. Teatro cubano*. 49-101. Todas las referencias aludirán a esta edición y se indicará el número de la página entre paréntesis.

TIEMPO MUERTO DE JORGE MAÑACH: UNA CALA EN LA AGONÍA CUBANA.

Conferencia leída en el Congreso Cultural de Verano del Círculo de Cultura Panamericano, en el Koubek Memorial Center de la Universidad de Miami, el 22 de julio de 1989. Incluída en La mujer en el teatro hispanoamericano y otros ensayos, *Montevideo, Universidad Católica del Uruguay, 1992, 121-130.*

Mucho se ha hablado del Mañach ensayista, del filósofo, del político, del periodista... Su obra ha sido analizada desde muy diversos aspectos, por brillantes y prometedoras figuras de la intelectualidad cubana y la paciencia de acuciosos investigadores ha reunido sus trabajos de toda índole en índices bibliográficos que son el instrumento primario para iniciar estudios especializados, pero es indudable que el hombre de pensamiento, el expositor de ideas, ha prevalecido sobre el creador literario. Como historiador, su *Martí, el Apóstol* es una de las piezas mejor logradas en el estilo biográfico y ha sido reconocido por la más severa crítica, el arte de su prosa para darle amenidad narrativa al hecho histórico, lo cual lo acerca un tanto a la creación artística y despierta el interés por indagar en ese aspecto, dentro de su obra.

En el presente estudio vamos a ocuparnos de su pieza teatral *Tiempo muerto* que obtuvo el segundo lugar en el concurso convocado por la Secretaría de Instrucción Pública y Bellas Artes, en 1928 e intentaremos analizar en la misma su contenido temático y señalar en qué medida su preocupación ciudadana se mostró en ella, lo cual. puede resultar muy interesante siendo este trabajo suyo uno de los que dieron inicio a su amplia y variada obra. En él ya se puede apreciar, sin duda, ese modo de expresión genuinamente auténtico a nuestra idiosincracia que Mañach avizoraba para las letras cubanas, con "una agilidad, una gracia, una energía y una precisión totalmente desconocidas para las academias del viejo tiempo"[1].

En estas primeras décadas del siglo bullía el ansia de consolidar una conciencia nacional en todos los niveles. Cada generación de pueblo tiene una misión que cumplir o una pena que sufrir. Eran los años iniciales de la República y se hacía necesidad urgente que nuestros valores culturales se hicieran presentes en cuanta manifestación artística se produjera. En materia teatral, los concursos convocados por la Secretaría de Educación y otras instituciones privadas, eran un esfuerzo más, entre otros, de estimular la escasa producción nacional. Hacía años que José Antonio Ramos, Bernardo G. Barros, Gustavo Sánchez Galarraga, Max Enriquez Ureña y otros muchos, laboraban por fomentar un teatro cubano de genuinas raíces nacionales y los resultados ya se dejaban ver. El criollismo que había culminado en el cono sur con Florencio Sánchez, dejaba sentir su influencia; el psicologismo de Eugene O'Neill proveniente del norte, era aplicado a personajes de la escena nacional envueltos en conflictos de ambiente criollo; es decir, que la producción dramática cubana ya se empezaba a proyectar dentro de la evolución del teatro moderno iniciada por Henrik Ibsen en las latitudes noruegas y difundida más tarde en el resto de Europa. No es de extrañar pues, que Jorge Mañach, que para esa fecha acababa de fundar la *Revista de Avance*, que era una tribuna vanguardista que buscaba incitar la renovación en todas las formas de expresión nacionales, no se sintiera tentado a hacer su aportación al género dramático, como antes lo había hecho al novelesco. De ninguna de estas dos experiencias quiso él acordarse nunca más. Quizás encontró que la creación literaria no le favorecía el camino de exponer sus ideas de la manera precisa, razonada y concluyente que le proporcionaba el ensayo.

Claro que con la perspectiva que nos da el tiempo es que se pueden apreciar los logros que se iban obteniendo en la consolidación de las manifestaciones culturales como exponentes de una idiosincracia nacional, pero aquella generación de cubanos de principios del siglo hacían bien en sentirse impacientes y contrariados por la lenta marcha del proceso. Esa impaciencia era generadora de nuevos bríos; era fuerza impulsora de más altas metas.

En carta personal a Agustín Acosta, Mañach refleja ese sentir de la intelectualidad preocupada, en estas palabras: "¿Qué por qué, pues, hacemos vanguardismo? En primer lugar, porque vamos detrás de lo nuevo bueno, y no es culpa nuestra no poderlo conseguir siempre. Pero la razón más entera es ésta: en nuestro país es imperioso, Agustín, imbuirle un poco de beligerancia a las preocupaciones espirituales todas y a las artísticas en particular. Se ha venido pecando de blandura, de fofez, de falta de filo y dirección. De ahí el confusionismo atroz que nos tiene invadidos; de ahí, también, el estancamiento en lo consagrado"[2]. Justamente en esa carta, de fecha 21 de mayo de 1928, aparece al final una nota manuscrita que dice: "Te mandé "Goya" y ahora te va "Tiempo muerto" para que me digas qué te parecen"[3]. Muchos años después hacía mención al epistolario de aquella época "cuando —según sus palabras— teníamos aún amistad flamante o, en todo caso, diligentes para la comunicación"[4] y recordaba que, con elogios cariñosos, el Poeta Nacional de Cuba le reprochaba la negatividad del acento al enjuiciar lo contemporáneo en su conferencia "La crisis de la alta cultura en Cuba" y le decía: "como cubano me duele, como poeta de hoy me entristece, porque veo que nuestra labor no tiene estímulo de los más altos espíritus llamados a comprenderla"[5]. Y tenía razón Agustín Acosta para decir esto pues, como bien apuntó Andrés Valdespino en su estudio sobre Jorge Mañach, antes de 1925 ya habían descollado en literatura otras grandes figuras además de Acosta como Regino Boti José Manuel Poveda, Alfonso Hernández Catá, Carlos Loveira, José Antonio Ramos, Jesús Castellanos, Luis Rodríguez Embil, Emilio Gaspar Rodríguez y Fernando Lles[6] y a esa lista pudiéramos nosotros añadir en otros campos a Antonio Sánchez de Bustamante y Sirvén en Derecho Internacional, a Eduardo Sánchez de Fuentes en música y a Manuel Márquez Sterling en periodismo, por sólo citar unos pocos y no prolongar la enumeración. Bien es verdad que Mañach no negaba que hubiera figuras relevantes en los distintos campos de la cultura, lo que dudaba era que fueran suficientes o que tuvieran el calibre necesario para sobresalir en el plano internacional[7], porque en definitiva él sostenía que para que un pueblo alcanzara reconocimiento debía "hacer de sí mismo un foco indispensable de superior cultura"[8] y él tenía confianza en las reservas nacionales, como lo demuestran estas palabras concluyentes a su anterior afirmación: "Que nosotros tenemos condiciones múltiples para tal conquista, nadie se atrevería a negarlo"[9]. Quizás su juicio era un tanto prematuro para hacer una evaluación más justa, o quizás su impaciencia era mucha y se dejaba arrastrar por ése, su "angustiado optimismo" de que hablaba Jorge Luis Martí[10].

Precisamente es en esa conferencia de Mañach, "La crisis de

la alta cultura en Cuba", una de las fuentes en donde vamos a indagar para buscar los antecedentes de *Tiempo muerto,* pues tanto el ensayo como la pieza teatral corresponden al mismo momento histórico y es posible encontrar plasmada en la obra creativa, lo que en la conferencia dejó planteado como problemática de una época. Tal vez resulte oportuno recordar aquí la forma en que Jorge Luis Martí describe el período histórico de 1928 a 1933: "caducaron gran parte de las instituciones políticas y del sistema económico sobre lo cuales se sentaba la república fundada en 1902. Las relaciones sociales fueron agitándose y empezó a descubrirse el significado beligerante de algunos rasgos de la conducta colectiva, antes tenidos por síntomas de debilidad"[11]. Nos interesa en particular este aspecto social porque en *Tiempo muerto* creemos ver reflejada en la anécdota, las consecuencias de una situación colectiva y hay antecedentes entre los primeros trabajos periodísticos de Mañach del interés que éste mostró por la obra teatral de Ibsen *Un enemigo del pueblo.* Esta crónica titulada "Releyendo a Ibsen"[12] fue publicada en *Bohemia* en 1920, fecha anterior a la que algunos historiadores sitúan el comienzo de su carrera periodística y en ella el joven escritor se mostraba muy impresionado por el planteamiento que en la misma hacía el dramaturgo noruego del poder de la "mayoría compacta" que se deja manejar por los oportunistas de ocasión bajo el pretexto absurdo de que dicha mayoría tiene siempre razón y vituperan y sancionan como traidor al científico que quiere proteger las condiciones higiénicas de la comunidad revelando la verdad sobre la contaminación de unas aguas infecciosas en unos baños que producían beneficio económico para muchos intereses locales. Al término del artículo hay un tanto de ironía al pretender que razona sobre los cambios que el tiempo ha traído a la sociedad y que pudiera parecer que son distintas las circunstancias que Ibsen pudo presentar y las del momento actual, pero concluye ratificando lo que ya había dejado establecido al principio, que este drama de Ibsen tiene un contenido permanente en toda época y lugar porque "Las ideas renovadoras o no existen o no se muestran. Nos falta el alambre que movía a Stockman"[13]

En realidad, el Stockman criollo surgió bien pronto bajo el nombre de Dr. Gómez Viso, en 1906, cuando José Antonio Ramos, otro inquieto espíritu renovador, se inspiró en esta pieza del dramaturgo noruego para escribir *Una bala perdida,* con argumento muy similar a aquélla aunque con ambiente netamente cubano y ocho años más tarde, en 1914, la reelaboró con el nombre de *Calibán Rex*[14] para darle a la denuncia política una referencia más directa a la circunstancia nacional.

Aunque sin seguir los lineamientos argumentales de *Un enemigo del pueblo*, Mañach crea un personaje que resulta también un rebelde dentro de su circunstancia y ambiente y se hace eco al hacerlo, de otro planteamiento renovador que había hecho Ibsen cuando escribió su famosa *Casa de muñecas*: el del mundo restringido en que se desenvolvía la mujer en ese entonces y que tanto en Europa como en América había hecho mucho impacto y quedó reflejado en muchas piezas de literatura.

En efecto, su Adriana de *Tiempo muerto* es una mujer excepcional porque se distingue entre las demás de su círculo por muchas de sus cualidades que nos son dichas de inmediato por Santurce, un personaje básico en la obra puesto que tiene varias funciones dentro de la misma: el de poner en antecedentes al lector o espectador de las situaciones que están planteadas en determinados momentos y de las características de los demás personajes; el de actuar como agente mediador cuando surge el conflicto y en definitiva, el de subrayar con sus comentarios y acotaciones, el mensaje de la pieza. A través de él es que sabemos que Adriana es una mujer intelectual, dada a la poesía y a la literatura en general, que quedó viuda muy joven de un hombre de mucho talento que se dio por entero a su obra pública pero que no la supo hacer feliz porque, según ella misma lo describe: "Fue para mí más que un ídolo, algo que se venera pero que está demasiado fuera de la propia vida para amarlo"[15] y que en los momentos en que se inicia la acción está para casarse con Ramiro Pedrell, un hombre que es al parecer muy distinto al anterior porque está dedicado a su trabajo de administrador de un ingenio y prefiere la vida apartada del interior a la del trato social de la ciudad por considerarla absolutamente frívola, pero esta vez, Adriana se casa realmente enamorada, lo cual es un tanto incomprensible para sus amigos de la ciudad por las diferencias de carácter y de gustos y muy especialmente, porque Adriana va a renunciar a su estilo de vida y a irse al ingenio para consagrarse al hogar y retirarse de toda actividad social.

Será oportuno recordar aquí las conclusiones que derivaba Mañach en su famosa conferencia sobre la crisis de la alta cultura, cuando analizaba las realidades ambientales de la época y consideraba las oportunidades que se le ofrecían a la juventud. "Si estudia ciencias y latines —decía el ensayista— es a manera de fría rutina escolástica que acaba por hacerle abominar de esos estudios... y aun suponiendo que la enseñanza yerta de las aulas despierte en él vocaciones intelectuales ¿qué ha de hacer sino ahogarlas, olvidarlas, inhibirse de ellas, torcerles el cuello como el poeta de la parábola?"[16]. Tal parece ser lo que quiere hacer Adriana, quizás para escapar de la otra situación que el ensayista Mañach presentaba: que las inquietudes intelectuales no eran apreciadas en "una sociedad que estima más la opulencia que el talento"[17]. Esta encrucijada es en la que parece haber situado a su personaje el dramaturgo Mañach pues su Adriana vive indudablemente un conflicto interno. Por ella misma sabemos que hace tiempo se viene forzando a ser lo que ella llama "una mujer normal", dándole a ese concepto un sentido extraordinario de superficialidad. Se siente desajustada dentro de su círculo social puesto que se la considera "rara" por gustarle cultivar la amistad de intelectuales y extasiarse con la contemplación de un atardecer. Su amigo Santurce que, como antes dijimos, es el que va dando las claves del tema, explica de esta manera la situación de Adriana: "Pienso que Adriana se casa... porque tiene un ideal del matrimonio que nunca logró realizar con su primer marido. Fuentecilla era un hombre a quien le sobró talento para todo, excepto para su vida privada... El talento es un estorbo para la felicidad; por eso Adriana ha buscado ahora un hombre sin brillantez alguna, pero capaz de hacerla feliz" (16). Esa afirmación de que "el talento es un estorbo para la felicidad" es lo que anuncia el conflicto de la obra.

En el Primer Acto Mañach dejó configurado al personaje dentro de su conflicto interno, pero también lo situó en relación con la "mayoría compacta" para usar el término que él empleaba en su crónica sobre Ibsen del año 20 y dejó establecidas las profundas diferencias existentes entre esta mujer de exquisita espiritualidad y las demás damas de su círculo social, preocupadas solamente en ganar la frívola recompensa de un premio en una partida de Mah Jong. Es decir, que quedó sentada la situación antagónica entre el "yo" de la protagonista con su grupo social, lo cual establece ya dos campos conflictivos: uno interno, subjetivo, y otro externo, comunitario. Algunas de estas ideas de Mañach muestran en determinada medida ciertas influencias del pensamiento de Ortega y Gasset, pues si bien es verdad que su famosa obra *La rebelión de las masas* fue publicada en 1930, es decir, después de estos trabajos de Mañach, es lo cierto que, como ha indicado Luis Recasens Siches[18], Ortega y Gasset fue de los primeros en el mundo en darse cuenta de la crisis integral de nuestra época, de descubrir sus síntomas y de analizar sus causas, pues desde 1920 a 1930, desarrolló, cada vez con mayor amplitud y más agudeza de análisis sus estudios de temas sociológicos, de ontología de la historia y de ciencia política.

El Segundo Acto ocurre dos años después que el Primero y en él queda completamente desarrollado el tema del "norismo" pues Adriana, lo mismo que la Nora de Ibsen, se siente querida pero sola. Así lo indican obviamente sus palabras: "El cariño, a veces, no basta. Llega a Parecerse demasiado a un hábito, a la simple adhesión animal..." (95). Su vida en el ingenio la encuentra monótona y vacía y la relación con su marido se ha convertido para ella en parte de ese ambiente estático y se descubre luchando consigo misma "por no humillarle, por no darle a entender su...limitación" (113). Ha buscado escape en definitiva en leer mucho y escribir versos, lo cual significa que el ambiente con su monotonía, su sordidez, su materialismo chato, ha propiciado que se diera cuenta de la ingenuidad de su propósito inicial de abstenerse completamente de toda actividad intelectual, pues como ella misma dice "la verdad es que vivo en una constante nostalgia de la civilización" (91) y ha surgido en ella su verdadero yo de mujer intelectual y ha buscado satisfacción en la propia esencia de su ser.

Hay similitud con *Casa de muñecas* en que Adriana, como Nora, encuentra en un tercero, un asiduo visitante de la casa, la comunicación en ciertos temas, que no tiene con su marido. Aquí es Linder, el jefe de fabricación del ingenio, en quien descubre cierta afinidad en el gusto por la lectura, en su educación y en su talento para mantener una conversación más o menos interesante. Es decir, que Mañach ha manejado el tema del "norismo" que resultaba de tanta actualidad en el momento de concebir esta pieza teatral, con el planteamiento de una situación que denunciaba en términos más generales en su conferencia "La crisis de la alta cultura en Cuba" cuando decía que "el ser o parecer "intelectual" es una tacha de la que hay que redimirse mostrándose humano y sencillo, como si intelectualidad y vanidad fuesen en esencia la misma cosa. En consecuencia el individuo de superior vocación se siente entre nosotros aislado, desalentado..."[19]

En este Acto se presenta también el conflicto exterior que se muestra en la maledicencia de la gente en suponer deshonestas relaciones entre Adriana y su ocasional interlocutor y cuando Santurce, que conoce a Adriana desde la infancia, sale en su defensa, la voz de la colectividad, personificada en un tal Soldevila, le atribuye a aquél motivaciones sentimentales hacia ella para reprocharle que defienda el honor de su amiga.

En el Tercer Acto se muestra la masa social anónima con su displicencia y menosprecio hacia las inquietudes sociales de que Mañach hablaba en su aludida conferencia y queda confirmado el poder destructor de la misma, su fuerza para aniquilar voluntades, para destruir prestigio y honor, para vencer orgullos y hasta para provocar la muerte de quienes resultan ser sus víctimas.

Además de esta consideración de aspecto social que hemos analizado, hay en *Tiempo muerto* un enfrentamiento al estado socio económico de Cuba en esa época de inicios de la república. En un diálogo entre Pedrell y Linder, se desliza una crítica a la situación de desamparo en que se encontraban los guajiros y colonos frente al poder de los accionistas extranjeros (79) y en el Tercer Acto, Santurce, cumpliendo la función integradora que le señalábamos antes, dice este parlamento del que se pueden sacar sustanciales conclusiones: "Aquella vida no eran ustedes quienes la hacían intolerable, Adriana. Era el ambiente antipático, mercantil, el terrible ambiente de maquinaria y de explotación en que vivían... Usted y Ramiro fueron víctimas de la industrialización de nuestra manigua. Ese campo que ustedes vivieron ya no es nuestro campo cubano, libre y generoso; es el campo extranjero: el latifundio y la factoría; la pobre tierra condenada por su propia fecundidad..." (183-184). El cambio en la vida de estos personajes lo vislumbra Santurce en que Pedrell ha comprado una pequeña finca en Las Villas para convertirse en sitiero, sembrando frutos menores y que allí espera que Adriana se reúna con él. Claramente Mañach está expresando su criterio de que el porvenir económico de Cuba tenía que basarse en el sistema de la diversificación de cultivos y que la generosa tierra cubana podía ser fuente de felicidad para quienes supieran trabajarla y amarla. De ahí que el título de su obra *Tiempo muerto*, justificado porque el climax de la acción se desarrolla en el período agrícola de la zafra, traiga el mensaje de que Cuba estaba pasando por una etapa de inercia de la que no se estaba sacando el mejor provecho y que aniquilaba las fuerzas espirituales que Adriana representa.

En definitiva Adriana no encontró la felicidad ni con el hombre de talento con quien se casó primero, demasiado proyectado a la vida pública, ni con el otro, sencillo y bueno pero incapaz de comunicarse con ella. Es decir, que esta pieza refleja el drama interior del intelectual que se encuentra aislado e incomprendido porque no halla a su alrededor quienes puedan establecer con él un diálogo a alto nivel. Su propia condición lo aparta de los demás aunque trate de integrarse al grupo social que le rodea y esta situación lo hace ser un crítico tan severo de su circunstancia que no llega a apreciar lo que de maravilloso tenga a su alrededor porque tiene la mirada fija en un punto distante al que nunca parece llegar. Este tema en verdad, responde a la realidad existencial del autor, un hombre que amó mucho a Cuba, que estaba consciente que su país tenía los suficientes recursos humanos y naturales para llegar a ser una gran nación, pero que sentía la terrible impaciencia y el temor de que ese prometedor futuro se frustrara.

NOTAS

1. Jorge Mañach. "El estilo de la revolución" en *Homenaje de la Nación Cubana*, Editorial San Juan, Puerto Rico, 1972, 72.
2. Dolores F. Rovirosa. *Jorge Mañach. Bibliografía*. Memorial Library. University of Wisconsin, Madison, 1985.
3. *Ibid.*
4. Jorge Mañach. "Carta a Agustín Acosta (En el cincuentenario de sus Primeros Versos)". *Boletín de la Academia de la Lengua*, 6.
5. *Ibid.*, 10.
6. Andrés Valdespino. *Jorge Mañach y su generación en las letras cubanas*, Ediciones Universal, Miami, 1971, 65.
7. Jorge Mañach. *La crisis de la alta cultura en Cuba*, Imprenta y Papelería Universal, La Habana, 1925, 28-29.
8. *Ibid.*, 36.
9. *Ibid.*
10. Jorge Luis Martí. "Mañach: su legado cívico" en *Homenaje de la Nación Cubana*, Editorial San Juan, Puerto Rico, 1972, 22.
11. *Ibid.*, 30.
12. Jorge Mañach. "Releyendo a Ibsen" en *Bohemia*, vol. 11, núm. 50, La Habana, diciembre 19 de 1920, 8. Oscar Fernández de La Vega ha hecho referencia a este importante artículo en su folleto *Mañach. A los 25 años de su muerte*, New York, 1986, 5.
13. *Ibid.*
14. Para un análisis detallado de la relación de *Un enemigo del pueblo* con estas dos obras de Ramos, ver mi trabajo "Presencia de Ibsen en *Caliban Rex* de José Antonio Ramos" en *Festschrift José Cid Pérez*, New York, Senda Nueva de Ediciones, 1981, 95-101.
15. Jorge Mañach. *Tiempo muerto*, Cultural, S.A. La Habana, 1925, 22. Las

demás citas que aparezcan en el texto se referirán a esta edición y aparecerá el número de la página entre paréntesis.
16. Jorge Mañach, *La crisis...*, 33.
17. *Ibid.*, 32.
18. Luis Recasens Siches, "Sociología, filosofía social y política en el pensamiento de José Ortega y Gasset" en Juan Uribe, Echevarría, editor, *Estudios sobre José Ortega y Gasset*, Universidad de Chile, Editorial Universitaria, S.A., 1956, Tomo II, 186.
19. Jorge Mañach, *La crisis...*, 35.

LA OBRA DE VIRGILIO PIÑERA, UN HITO EN LA DRAMATURGIA CUBANA.

Versión ampliada de la conferencia dada en Columbia University, Teachers College, Grace Dodge Hall, N.Y. en la reunión del Círculo de Escritores y Poetas Iberoamericanos de New York, CEPI, para la entrega del premio "Odón Betanzos Palacios", el 19 de mayo de 1998, la que fue publicada en su versión original en Círculo: Revista de Cultura, Vol. XXVIII, 1999, 50-60.

El teatro, que es un arte que ha satisfecho la necesidad del ser humano de comunicarse con otro semejante a través del diálogo necesario, ha recorrido diversos caminos para buscar respuesta a las inquietudes de cada momento. A raíz de la Primera Guerra Mundial, se produjo el retorno a la tragedia griega; después de la Segunda los dramaturgos se sintieron en la necesidad de meditar, como lo estaba haciendo todo hombre de pensamiento, sobre la condición humana que era capaz de alentar un impulso tan destructor e indagaron en las razones que sugería la filosofía y la metafísica. A través de ambas se buscaba un planteamiento generalizador de la conciencia humana; uno arraigado en la historia, el otro en fuerzas extrahumanas, más allá de la propia comprensión. La cuestión tan aterradora del destino del hombre, que pensadores como Sartre y Camus debatían en el campo de la filosofía, cuando ya dos guerras terribles habían asolado al mundo, dio lugar a que el Teatro del Absurdo fuera un medio adecuado al planteamiento, y así, las figuras de Vladimir y Estragón que aguardan algo o alguien que no llega, en la famosa obra de Beckett *Esperando a Godot*, concretaron la perplejidad en que se encontraba el hombre que había sobrevivido la aniquilación mundial y pasearon por todas partes sus meditaciones y recuerdos, sus incongruencias y su tedio.

Hispanoamérica no fue indiferente a estas orientaciones del teatro universal pues respondían a una emoción común al género humano. Carlos Solórzano señala en cuanto a la primera corriente, la de la tragedia griega, que ésta significó la ruptura definitiva con el colonialismo literario y que le dio a la dramaturgia hispanoamericana una mayor originalidad al librarlo de ciertas inhibiciones[1]. Sin negar esta afirmación en materia teatral, nos atrevemos a señalar que la mayoría de edad de Hispanoamérica en lo literario se nutrió también muy fundamentalmente, con el espíritu de originalidad que venían proclamando los precursores de las nuevas naciones -entre los que descuella estelarmente Martí- en la prosecución de una América genuinamente nuestra, pues los orientó a indagar en las fuentes autóctonas de la tierra, o sea, en su propio mundo circundante.

En el caso de Cuba, que es el que nos ocupa hoy, hace años que señalamos esta corriente clasicista al estudiar la obra dramática de José Antonio Ramos[2], con quien hay que iniciar cualquier estudio del teatro moderno cubano. Baste esto sólo para indicar la presencia de esta tendencia antes de tratar de señalar la trascendencia de la obra teatral de Virgilio Piñera, considerado con razón la piedra angular del teatro del absurdo en nuestra isla, pues vamos a encontrar en él la fusión de ambas vertientes. Es decir, que el gran aporte que ha hecho este autor, a nuestro entender, es que -según dejó establecido en su *Electra Garrigó,* con la que se inicia prácticamente su dramaturgia- ha aunado el tema mítico de la Grecia antigua con el concepto de la angustia ante lo absurdo de la condición humana, con lo cual ya está uniendo dos factores discordantes: lo *clásico,* que se basa en el equilibrio, en la armonía de todos los elementos, y lo *absurdo,* que es lo contrario a la razón, lo *desarmónico*. En ese proceso, le infunde al mito griego elementos del folklore criollo y lo hace netamente cubano. Lo curioso del caso es que quizás estas características no sean tan notables en la propia obra de Piñera como en las de los dramaturgos cubanos de las generaciones siguientes, pues es innegable que al estudiar la evolución del teatro cubano contemporáneo, la presencia de Virgilio Piñera marca un punto que inevitablemente determina un *antes* y un *después,* como trataremos de precisar más adelante.

Es difícil en Piñera, delimitar con rigurosidad influencias literarias, como es casi siempre posible hacerlo con otros autores en los que sus circunstancias vitales los determinan, bien sea por el medio o por el ambiente en que se han desenvuelto, porque Piñera mantuvo desde muy joven lo que Rine Leal llamó "la estética de negación"[3] que se reflejaba en una permanente actitud de inconformidad, que para otros pudiera haber sido de nefastos resultados, pero que en Piñera resultó un estímulo creador formidable que lo alentó a seguir caminos no trillados que a veces lo llevaron a adelantarse a su época como en el conocido caso de que escribiera *Falsa alarma* antes que Ionesco publicara y representara su *Soprano calva*. Sin embargo, dentro de la tradición española que es en definitiva el tronco central de nuestra cultura, pudiéramos encontrar un antecedente de su perspectiva en los *Esperpentos* de Valle Inclán, pues Piñera trabaja como aquél, con la deformación de las cosas y en especial, de la persona humana y les da a las piezas un tono deshumanizado y caricaturesco. Bien es verdad que esa despersonalización del personaje es uno de los recursos del teatro absurdista, al que Piñera se afilió, para evitar que el espectador se identifique con él, pues al eliminar la subjetividad es más posible la observación de las cosas desde afuera y al no entender al personaje, éste se nos hace grotesco y muchas veces nos provoca risa a pesar del tono sombrío, amargo o violento del tema, pero si recordamos que en una de las tantas definiciones que Valle Inclán dio del *esperpento*, nos dice que "Los héroes clásicos reflejados en los espejos cóncavos dan el Esperpento"[4] y por otra parte, que la perspectiva usada por él al escribir los *esperpentos* es la de "mirar al mundo desde un plano superior", pues así, concluye, "Los dioses se convierten en personajes de sainete"[5], podemos encontrar aquí una clave de interpretación de la *Electra Garrigó* de Piñera, en la que hay también una deformación hacia el grotesco, de la tragedia.

Hay que tener en cuenta por otra parte, que Virgilio Piñera tiene una faceta de traductor que quizás en un comienzo fue por puro interés intelectual, respondiendo a la apertura al mundo que era actitud generalizada en la Cuba de principios de siglo, y que después se hizo fuente de trabajo en muchas ocasiones, incluso en sus últimos años, laborando anónimamente en el Instituto del Libro, mientras vivía su exilio intelectual. Esta circunstancia en su vida debe de haberle dado oportunidades infinitas de acercarse a muy diversas orientaciones literarias, por lo cual no es de extrañar que en su obra se encuentren atisbos de autores de otras latitudes, especialmente de aquéllos que como él alentaban un espíritu innovador. En Buenos Aires, a donde fue tres veces, tuvo en su primer viaje la extraordinaria experiencia de participar en la traducción al español de la novela *Ferdydurke* del escritor polaco Witoldo Gombrowic con el que trabó una entrañable amistad de la que deja constancia al hablar de la relación del polaco con el grupo de la revista *Papeles de Buenos Aires* que trabajaba en la traducción, y así dice: " el contacto personal, la conversación brillante de este escritor, sus paradojas y su punzante ironía, terminaron por crear en torno a él una especie de culto"[6]. Indudablemente, en su tono admirativo por ciertas cualidades del escritor, se advierte su afinidad con él.

Pero es innegable que nadie puede aislarse de tal manera que las influencias del medio no le afecten, aunque pretenda no ser receptivo a ellas. Lo cierto es que el período de formación de Virgilio Piñera en Cuba, coincidió con una época de grandes incertidumbres políticas y económicas tras el advenimiento de la República; en materia teatral había una élite intelectual que a través de instituciones privadas trataba de promover una dramaturgia nacional mediante la apertura al teatro universal que en esa primera mitad del siglo XX fue de grandes transformaciones en la estética artística.

Haciendo un repaso sumarísimo del panorama general de la dramaturgia de comienzos de siglo, encontramos que prevalecía en general un espíritu innovador que interpretaba la nueva visión del artista, que cada vez se separaba más de la realidad objetiva y se internaba en la psiquis del individuo. Así, por ejemplo, en el teatro de habla inglesa, tenemos a Thomas S. Eliot que desde sus primeros intentos en el teatro se esforzó por buscar, según lo resume Allan Lewis, "una nueva forma dramática que emanara de la imitación de los modelos clásicos, de los ritmos bailables populares y de los elementos brutales y caricaturescos"[7], y que muestra ya dicho propósito en su primera obra completa, *Asesinato en la catedral* en la que acude al tema de Orestes para tratar del asesinato de Tomas A. Becket en el siglo XII y usa muchos de los elementos de la tragedia griega, desde los coros hasta la declamación. Este tema lo utiliza de nuevo en *Reunión familiar*, con mayor o menor éxito, lo que indica su franca filiación clasicista que era una tendencia que, como ya antes hemos mencionado, se ha usado reiteradamente.

Dentro de esa misma corriente que apela a lo clásico, tenemos en el teatro norteamericano de principios del siglo, a la figura más sobresaliente del mismo, a Eugene O'Neill, gran cultivador de la tragedia, no tanto en la forma, sino en la fuerza ciega de la fatalidad inevitable que prevalece en su obra. Aunque de momento puede sorprender la asociación literaria entre el americano y el cubano, es lo cierto que en los personajes de ambos hay una lucha interior que los circunscribe al círculo de sí mismos, pero mientras los de O'Neill logran salir porque son seres que viven en el mundo exterior, los de Piñera quedan atrapados en lo absurdo de su propia circunstancia que es el "yo" interior de su autor. Lo que sugiere la relación entre ambos es el haber caído en el embrujo del tema de Electra, que atrajo a tantos dramaturgos contemporáneos y en que Piñera siguió los pasos de O'Neill, al hacer una pieza autobiográfica a la manera de *Viaje de un largo día hacia la noche*, aunque él alegara que fue su casa y no O'Neill el que le inspiró su *Aire frío*.[8]

Por otra parte, en Europa ya se hacían sentir las expresiones de rebeldía a la visión realista o naturalista, en un teatro intimista o expresionista que fue tomando distintos matices ante la cruel realidad de una guerra mundial que al poco tiempo se repetía, y la concepción artística llegó a tomar la norma del "anti" como reacción al caos que se vivía. Esta manera de pensar o de sentir, si se quiere, se avenía muy bien con el carácter de Piñera, eterno inconforme hasta de sí mismo.

La primera vez que Piñera salió de Cuba fue en 1946, para permanecer veintidós meses en Buenos Aires como becario de la Comisión Nacional de Cultura de esa ciudad. Ya para ese entonces había publicado en poesía *Las furias, El conflicto* y *La isla en peso*, y un libro titulado *Poesía y prosa* con el que se iniciaba en el género del cuento y en teatro había escrito dos piezas, *Clamor en el penal* y *En esa helada zona*, que posteriormente eliminó por considerarlas tan sólo tanteos, y también *Electra Garrigó*, en el 41, aunque ésta no se dio a conocer hasta su estreno en 1948. El ambiente intelectual que encontró en Buenos Aires era propicio a que lo impactara de manera muy especial pues coincidió con una época de gran renovación en la dramaturgia rioplatense: cuando el llamado teatro independiente desarrollaba una nueva concepción que ponía más énfasis en la obra en sí y no en la conveniencia del actor o actriz que favoreciera el sistema comercial, es decir, que se acogía la experimentación a la vez que se miraba con interés lo mejor del teatro internacional. Entre los nombres que se destacaban en la dramaturgia estaba Conrado Nalé Roxlo, Samuel Eichelbaum y muy especialmente Roberto Arlt, y en la narrativa prevalecían autores de la talla de Borges, Mallea y Sábato.

No es extraño por lo tanto que Piñera volviera de su primer viaje a Buenos Aires pletórico de entusiasmo y deslumbramiento. Al poco tiempo regresó por cuatro años como empleado administrativo del consulado cubano en Buenos Aires y posteriormente como corresponsal de la revista *Ciclón*, por un período aproximadamente igual[9]. En un artículo que apareció en la revista *Prometeo* de Francisco Morín, escribió a raíz de su primer retorno, un artículo en el que sostenía la tesis, de contexto un tanto circular, de que "si no hay público es precisamente porque no hay obra y si no hay obra es precisamente porque no hay público"[10] basándose para esta conclusión en que los teatros experimentales insistían, según él, en la representación de obras de arte concebidas más como realización técnica que como una exigencia del espíritu y que por eso lo que se veía en escena no respondía a los problemas reales y palpitantes del pueblo. Sostenía él, no sin razón, que un teatro nacional debe surgir de la colectividad que lo va forjando y propiciándole los temas y los medios de expresión adecuados. Su visión un tanto pesimista, quizás se debiera al contraste negativo que encontró en el lar nativo con el panorama prometedor que acababa de contemplar en la gran metrópoli del sur, sin advertir que en ésta estaba presenciando el resultado de un largo proceso, mientras que en su tierra se estaban viviendo los primeros intentos de iniciarlo.

Fue al regresar de su primer viaje que *Electra Garrigó* subió a escena por primera vez. Las circunstancias en que se decidió el estreno las recordaba hace poco Francisco Morín en la presentación de un programa de recordación a Piñera[11]. El encuentro personal se produjo en una reunión en casa de la actriz Violeta Casal y aunque la primera impresión no fue muy favorable debido a una fuerte discrepancia entre Morín y Piñera sobre la presentación en New York de la *Medea* de Robinson Jeffre, al poco tiempo fue el propio Piñera quien le propuso a Morín que la dirigiera con el Grupo ADAD. En definitiva esto no era posible, pero ambos acordaron que se presentaría el 23 de octubre de 1948 en la Escuela Valdés Rodríguez, en una función de celebración del primer aniversario de la revista *Prometeo*. El público aplaudió la obra, aunque un poco sorprendido por "lo excéntrica" que le resultaba la misma, y dos semanas más tarde subió a escena de nuevo en el mismo lugar, pero la crítica habanera no le fue favorable y esto dio lugar a que Piñera escribiera su famoso artículo "¡Ojo con el crítico !"[12] en el que, sin mencionar nombres específicos, aludía por referencias inequívocas, a aquéllos que habían sido más severos en su juicio. La reacción no se hizo esperar y en la propia revista *Prometeo* debió aparecer en el número siguiente, una aclaración del Consejo Editorial en la que hacía constar que lo expresado en cualquier artículo que apareciera en la misma, era de la única responsabilidad del autor y no reflejaba necesariamente la opinión de la publicación, pero que uno de los propósitos esenciales de la misma era el de "abrir sus puertas a todas las ideas y a todas las inquietudes que se manifiesten"[13]. Además, se reprodujo un artículo de Luis Amado Blanco titulado "Los intocables", con nota explicatoria de que el mismo era en réplica al del Dr. Virgilio Piñera, publicado en el número anterior[14].

Esta conmoción que se produjo con el estreno de *Electra* era hasta cierto punto comprensible, pues representaba una novedad dentro del ambiente escénico predominante, no por traer lo clásico, puesto que la línea clasicista –como ya hemos mencionado- ya había sido introducida en Cuba por Ramos y era común en Europa y en el resto de Hispanoamérica, sino por alternar lo trágico con lo cómico. Como Piñera admitió, a semejanza de los escritores de su generación, "tenía un gusto marcado por los modelos extranjeros" (P.Teatral, 11) (de ahí lo de apelar a la tragedia griega) y por otra parte, en *Electra* trató de interpretar el carácter del cubano en el que encontraba una "sistemática ruptura con la seriedad entre comillas" (P.Teatral, 10) es decir, que aplicó al teatro serio ese famoso "choteo" que Jorge Mañach analizó tan académicamente. De ahí el calificativo de "excéntrica" que se ganó la obra. Hasta ese momento, las salidas ocurrentes que provocan risa o las referencias chistosas de nuestro folklore, eran propias de las obras de tono ligero que nada tenían que ver con el llamado teatro serio que se estaba tratando de propiciar, pero esta pieza contenía el planteamiento de una tesis que el autor identifica como la crítica al principio familiar que él llama de "respeto a ciegas" y que en su caso particular sintió como una terrible limitación en su vida (P.Teatral, 11). Al despojar a la tragedia griega en este caso, de toda solemnidad, Piñera estaba dotando al teatro cubano del sello característico de su propia idiosincracia y lo estaba haciendo netamente cubano. Con ello, quizás sin proponérselo, estaba mostrando de que sí se estaba llegando a ese estado de conciencia estética cuya ausencia reprochaba el propio Piñera, es decir, que él mismo era producto de esa persistente labor desarrollada desde los inicios de la república, con miras de crear un teatro nacional, labor que se había visto recompensada con obras de mucho mérito dentro de las tendencias predominantes del realismo, el naturalismo y el costumbrismo. Baste recordar que hasta ese momento, la dramaturgia criolla se había enriquecido, entre otras obras igualmente valiosas, con *La recurva* de Ramos, de raíz clasicista; *Charito* de Salinas, pieza costumbrista con implicaciones ibsenianas; *Y quiso más la vida* de Cid, que con técnica de Chejov recoge la corriente universal del teatro de ideas y que coordinó magistralmente en el aspecto formal distintos planos estructurales; *Tiempo muerto* de Mañach, de corte realista y honda orientación social; *La sombra* de Sánchez Varona, dentro de la escuela benaventina, pero con algo del teatro de conciencia de Don Miguel de Unamuno; *El chino* de Felipe, que experimenta con el problema de la doble realidad y *La luna en el pantano* de Baralt, dentro de la tendencia tan poco trabajada del teatro modernista. Estos autores y otros contemporáneos suyos, estaban reflejando en muchas de sus obras los problemas sociales, económicos y políticos de la nueva república que eran parte de su propia circunstancia, pero partiendo, desde luego, de los moldes establecidos en la dramaturgia universal.

Aunque Piñera insiste en afirmar en el prólogo de su *Teatro completo*, de que en Cuba no existía por los años cuarenta un movimiento teatral que animara a la creación, lo cierto es que ya había escrito las dos piezas iniciales antes aludidas y *Electra Garrigó*, cuyo estreno, admite sin embargo, que lo animó a escribir *Jesús* (P.Teatral, 16). También de esa fecha es *Falsa alarma*, pues según recuerda Morín, a los tres días del estreno de *Electra* se la llevó para que leyera lo que acababa de escribir.

La crítica en general coincide en decir que con Virgilio Piñera entra en Cuba el teatro del absurdo y lo que es todavía más importante, que es el primer hispanoamericano que experimenta en esa tendencia. Señalan que en *Electra Garrigó* y en *Jesús,* es donde hay cierta preocupación metafísica que pudiera establecer la relación con el tema predominante en las obras de Beckett, Ionesco o Genet, pero aún así se les hace difícil encuadrarlas dentro de la fisonomía del teatro del absurdo[15]. No hay duda que es con *Falsa alarma* y las que le siguen, donde se cristaliza definitivamente su línea absurdista, ya que hay ciertos elementos formales, como la falta de desarrollo lineal a tal punto que a veces carecen de trama, la estructura circular y la dislocación del lenguaje, que las ubica definitivamente.

Sin embargo, Piñera rechaza hasta cierto punto esa "etiqueta filosófica", como él le llama y así dice: "Pero, francamente hablando, no soy del todo existencialista ni del todo absurdo" "soy absurdo y existencialista, pero a la cubana Porque más que todo, mi teatro es cubano, y ya esto se verá algún día" (P.Teatral, 15). Ante esta afirmación tan categórica debemos entonces buscar la definición de lo que es un autor absurdista y así encontramos que Esslin nos dice que los dramaturgos que escriben dentro de estas formalidades no están conscientes de pertenecer a ninguna escuela o movimiento proclamado por ellos mismos, sino que "Por el contrario, cada uno de estos escritores es una individualidad, y se contempla a sí mismo como un solitario, encerrado y aislado en su mundo particular. Cada uno de ellos accede de manera peculiar a los conceptos de materia y forma, tiene sus propias raíces, fuentes y trasfondo"[16]. De acuerdo a este análisis, se pudiera pensar de inmediato que Virgilio Piñera responde a esas características de ser una personalidad muy centrada en sí misma que vive en su mundo interior, pero no obstante, hay una diferencia básica entre nuestro autor y aquéllos de la post guerra europea que le dieron origen a la tendencia absurdista y es que éstos respondían a una actitud muy negativa de la condición humana, muy justificada quizás por los horrores vividos, pero indudablemente reflejaban una absoluta falta de fe en el porvenir y consecuentemente lo que enfrentaban era la desesperación ante la Nada que veían ante sí.

Piñera, que no había vivido en carne propia la tragedia bélica, no debía sentir ese hastío por la vida, pero sin embargo lo agobiaba una inconformidad que se advierte en todo lo que escribió. Comienza su autobiografía describiendo de esta manera su entorno vital: "Vivía, pues, en una ciudad provinciana de una capital provinciana, que, a su vez, formaba parte de seis capitales de provincia provincianas con una capital provinciana de un estado perfectamente provinciano" (V.Tal cual, 23). Esta visión tan peyorativa de su tierra, contrastaba terriblemente con la fe en el porvenir que muchos de sus contemporáneos predicaba, entre ellos, su propio hermano Humberto, estudioso ilustre de la filosofía en Cuba, pero con ella trataba de justificar que el sentimiento de la Nada absurdista era menos nocivo que el que él sentía ya que –decía- "llegar a la Nada a través de la Cultura, de la Tradición, de la abundancia, del choque de las pasiones, etc. supone una postura vital puesto que la gran mancha dejada por tales actos vitales es indeleble" (V.Tal cual, 23). Su Nada, consideraba él, partía de la Nada que lo circundaba y tratando de autodefinirse, señaló los límites en los que él sintió su vida circunscrita, en una frase que conlleva la fuerza de un destino y que indica ya la actitud francamente beligerante que se disponía a mantener: "Aprendí que era pobre, que era homosexual y que me gustaba el Arte" (V. Tal cual, 23).

Todo esto explica entonces que Virgilio Piñera pudiera decir con razón que el suyo era un absurdismo a la cubana, puesto que provenía de su muy personal visión y circunstancia. Muy cubano es sin duda el humorismo que introdujo en sus obras y el sarcasmo que usa en ciertas situaciones que llevan a nuestro famoso choteo. En sus piezas iniciales se hacen más evidentes estas características. En efecto, en *Electra, Jesús, Falsa alarma, La boda* y *Aire frío,* la fraseología cubana es un hecho indudable y si las analizamos en su concepción dramática encontramos que si en *Electra Garrigó* hay una "cubanización" de la tragedia griega y se despoja de divinidad a los dioses mitológicos, en *Jesús*, Piñera trae a la realidad cotidiana cubana la historia de Cristo en forma paródica, a través de la de un barbero de barrio llamado Jesús, hijo de un tal José y una María, a quien la gente se empeña en atribuirle que hace milagros. Aunque el barbero niega tales atributos, nadie presta atención a sus negativas y sólo ven lo que quieren ver. La parodia consiste precisamente en que el barbero asume el papel del anti-Cristo pues entre la gente del pueblo que le atribuye divinidad, hay unos cuantos que son la excepción porque creen su verdad, que no es un Mesías, es decir, que vienen a ser sus prosélitos. Así queda planteado el reverso de la Historia Sagrada pero, lo mismo que en aquélla, sólo unos escogidos creen la verdad y la mayoría propicia la muerte del barbero Jesús, al igual que hicieron con el Divino Jesús; éstos por atribuirle divinidad, aquéllos, por negársela.

En *Falsa alarma* el lenguaje pierde fuerza discursiva y de argumentación, precisamente en una situación en la que esos recursos son más fundamentales como es un juicio judicial en que se juzga a un asesino. De nuevo los factores se invierten y el juez y la viuda de la víctima, que debieran ser los que sostengan los alegatos conducentes a esclarecer los hechos y establecer por parte de la viuda, la culpabilidad del acusado, son los que se enfrascan en un diálogo de temas inconexos que nada tienen que ver con el caso que se está tratando y el asesino, que es el único que mantiene una actitud lógica como parte de un proceso judicial, llega a tal punto de exasperación que se hace juez de su propio delito.

Una excepción dentro de esta orientación absurdista es *Aire frío*, pero hay que tener en cuenta que en la perspectiva del autor, lo que era "absurda" era la situación familiar que él lleva a escena y que por lo tanto, dentro de su concepción, si el absurdo estaba en el argumento, era necesario recurrir al realismo en la forma. Similar relación se puede encontrar en *La boda* y *El no*, pero desde luego, en éstas es más obvio lo absurdo de la situación. En *El flaco y el gordo* regresa al absurdismo, pero es de notar que aquí comienza un cambio en la expresión dramática que va a acentuarse cada vez más en forma más evidente. Su visión excéptica y sarcástica se va haciendo más tenebrosa, su mundo dramático es cada vez más cerrado y la desesperación más caótica, sus personajes han perdido ámbito, su interés se ha reducido a cosas tan ilógicas como recortar figuras de una revista o darle patadas a una pequeña caja de cartón (pensemos en *Dos viejos pánicos* o en *Una caja de zapatos vacía*), y su lenguaje se va haciendo más desarticulado y hermético hasta quedar reducido a un sonido como en *¡TRAC!*. Su visión cubana se ha transfigurado: en la Cuba de ayer el humor criollo se hacía patente en que entre las cosas terribles que le podía pasar a Orestes estaba que le picara un mosquito[17]; en la de hoy, el juego es "vivir el vivo que está en el muerto, o matar al muerto que está en el vivo"[18].

Aunque según la crítica, "la política *per se* no ha interesado nunca a Piñera"[19], su obra es, vista en su totalidad, la más evidente muestra de la tragedia que vive el pueblo cubano. En una entrevista del año 71, después de trece años de estar en el poder el gobierno revolucionario marxista cubano, aclaró: "Mi teatro soy yo mismo, pero teatralizado. Ahora bien, pertenezco a una época de la historia cubana de grandes inseguridades –económicas, social, cultural, política-. Entonces no es azar que las refleje en la escena El ente social inseguro vive su inseguridad como un absurdo y se defiende de ella con la sátira"[20]. Si en el 60 veía Nada a su alrededor, once años más tarde, lo que ve es Inseguridad. Esto lo sitúa de lleno en el Teatro del Absurdo que, como señala Martín Esslin, nunca entra a argüir sobre lo absurdo de la condición humana, sino que lo presenta en imágenes escénicas concretas lo que en definitiva era un ejemplo, para este crítico, de la diferencia metodológica entre el filósofo y el poeta[21].

La obra de un autor de tan fuerte idiosincracia y que traía una nueva modalidad de expresión, no podía pasar inadvertida y por eso mencionamos previamente que en la dramaturgia cubana hay un *antes* y un *después* respecto a Virgilio Piñera. El *antes*, como ya dijimos, seguía la tradición del teatro universal; el *después* estaba condicionado por nuevas concepciones teatrales como la del teatro arena, por ejemplo, que exigían un cambio innovativo en lo formal y en lo estético, la escena cubana quedó expuesta, como resultado de la amplitud universal que se había estado buscando, a las nuevas corrientes que llegaban de Europa, de los Estados Unidos y del resto de América, que tomaban perspectivas muy diversas pero coincidían casi siempre en el punto focal del ser humano, enclavado en un mundo interior, cada vez más cambiante. Por lo tanto, el aporte absurdista, unido a la actualización de la tendencia clasicista, con tintes netamente criollos que trajo Piñera con su *Electra Garrigó*, fue fuente renovadora de la que se nutrió gran parte de la generación siguiente. Es imposible en un trabajo de esta naturaleza detallar pormenorizadamente los distintos rumbos de este proceso, por lo que nos limitaremos a señalar solamente algunos autores aislados en los que se pudiera percibir cierta influencia de Piñera, en algunos casos más definida que en otras, en cuanto a percepción dramática.

Matías Montes Huidobro fue uno de los que mostró desde sus inicios, interés en la experimentación con los nuevos *ismos* de la vanguardia y el manejo de los símbolos, la nota pesimista y la actitud fatalista. De fuerte raíz sartriana creemos que es *La sal de los muertos* en la que inclusive encontramos cierto paralelismo con *Las moscas* del autor francés, en el tratamiento de determinados recursos técnicos. En *La navaja de Olofé* lo cubano cobra vigencia a través de la interpretación que hace Montes Huidobro de la versión afrocubana de un mito yoruba referente a Yemayá que se identifica en la religión cristiana con la Virgen de Regla.

Julio Matas obtuvo su primer reconocimiento como director de *La cantante calva* de Ionesco y en esa capacidad trabajó con el teatro del absurdo en general y en algunas piezas de Piñera, lo cual lo condujo como creador al gusto por el juego de las realidades escénicas en las que mueve a sus personajes con una libertad creativa que le permite darle a veces implicaciones simbólicas y trabajar con el metateatro, dándole a sus seres de ficción una teatralidad impuesta en muchas ocasiones por el mito. En su obra más reciente, *El hijo de Tadeo*, que acaba de escribir[22], da la clave del mito griego por los nombres de algunos personajes y ciertas referencias que se hacen de manera muy discreta al principio, pero la desarrolla en la campiña matancera, justamente al terminar la Guerra de Independencia del 98 y le imprime cubanía al reemplazar a las diosas originales Afrodita y Artemisa por la Virgen de la Caridad y Sta. Bárbara, mediante un proceso de transculturación.

En José Corrales encontramos un autor más decididamente proyectado al teatro del absurdo puesto que ha incursionado en él reiteradamente con el propósito casi siempre de indagar en esa realidad tan agobiante que es el exilio de la patria inalcanzable y sufriente y que es parte de la propia intimidad del autor. Su condición de poeta le propicia provocar en la mente del espectador o lector, la impresión total del mensaje a través de recursos técnicos muy bien utilizados, especialmente el lenguaje, no solamente por lo que se dice, sino por lo que no se dice, es decir, en un silencio con mensaje. Dentro de la tendencia clasicista, el mejor ejemplo sería *Las hetairas habaneras*, escrita en colaboración con Manuel Pereiras, pues está inspirada en *Las troyanas* de Eurípides. En ella se apela otra vez a la tradición afro-cubana para relacionar lo mítico-helénico con lo criollo y se manejan ciertos elementos del folklore con sentido telúrico que le dan implicaciones lorquianas.

La historia de nuestro país ha tomado por sí misma el rumbo de la tragedia y nuestro pueblo, -el de aquí y el de allá- se cuestiona el por qué y el hasta cuándo, por lo tanto hay elementos dramáticos para aunar lo clásico con lo absurdo y así encontramos obras como *Los perros jíbaros* de Jorge Valls y *Persecución* de Reinaldo Arenas en las que todavía se puede percibir ésta, que es una de las corrientes definidas de nuestra dramaturgia actual, en la que, como dice Julio Matas, se "han revivido los viejos mitos como el medio más idóneo para presentar eternas preocupaciones del hombre"[23] y en el teatro del exilio, según ha apuntado Pedro Monge, el usar la estructura de la tragedia griega o sus elementos mitológicos, es un recurso muchas veces recurrente[24].

Podemos resumir por tanto, que Virgilio Piñera marca un hito en el teatro cubano porque dejó señalado senderos que luego la férvida imaginación criolla saturó con un sello nacional que, en definitiva, era la meta de nuestros iniciadores.

NOTAS

1. Carlos Solórzano. "Algunas ideas sobresalientes de América Hispana expresadas en el teatro del siglo XX" en *El teatro en Iberoamérica*. Memoria del Duodécimo Congreso. México. Instituto Internacional de Literatura Iberoamericana. 1966, 32.
2. Véase mi libro *Teatro cubano. Tres obras dramáticas de José Antonio Ramos*. New York, Senda Nueva de Ediciones, 1983.
3. Rine Leal. "Piñera inconcluso" en Virgilio Piñera.*Teatro inconcluso*. Cuba. Unión de Escritores y Artistas de Cuba. Ediciones Unión, 1990, 7.
4. Ramón del Valle Inclán. *Luces de Bohemia*, Madrid, Espasa Calpe S.A., Colección Austral, 1961, 106.
5. Artículo de G. Martínez Sierra, "Hablando con Valle Inclán", citado por Francisco Ruiz Ramón en *Historia del teatro español. Siglo XX*, Madrid, Ediciones Cátedra, 1977, 122.
6. Virgilio Piñera. "La vida tal cual" en *Virgilio, tal cual. Unión*. Revista de la

Unión Nacional de Escritores y Artistas de Cuba, Número Especial, La Habana, No. 10, Año III, Abril-Mayo-Junio de 1990, 33. Las referencias a este trabajo se indicarán en el texto estre paréntesis, haciendo constar el número de la página.
7. Allan Lewis. *El teatro contemporáneo*. México. Universidad Nacional Autónoma de México. Imprenta Universitaria, 1957, 42.
8. Virgilio Piñera. "Piñera teatral". Prólogo a *Teatro completo*. La Habana, Ediciones R, 1960, 27. Las referencias subsiguientes se referirán a esta fuente y se indicará el número de página entre paréntesis.
9. El propio Piñera da las fechas exactas de estos viajes a Buenos Aires: de febrero de 1946 a diciembre de 1947; de abril de 1950 a mayo de 1954 y de enero de 1955 a noviembre de 1958, en "Piñera teatral".
10. Virgilio Piñera. "*¿¿¿Teatro???*" en *Prometeo*, Año I, Núm. 5, abril-mayo de 1948.
11. Este acto se celebró el 18 de octubre de 1996 en Classical Arts de Union City, N.J. y se presentaron escenas de *La boda* y de *Electra Garrigó*, además de escenificaciones de algunos de los cuentos y poesías de Piñera. Con posterioridad a esta conferencia mía, Francisco Morín amplió la información sobre la presentación de *Electra Garrigó* en su libro *Por amor al arte*, Miami, Ediciones Universal, 1998, 78, 81-82.
12. Publicado en *Prometeo*, Año II, Núm. 11, noviembre de 1948, 2-3, 23.
13. "Nuestra posición". *Prometeo*, Año II, Núm. 12, diciembre de 1948.
14. Luis Amado Blanco. "Los intocables". *Prometeo*, Año II, Núm. 12, diciembre de 1948.
15. Carlos Ferrez Farrán. "Un análisis diferenciador del teatro de Virgilio Piñera: el teatro satírico burlesco y el teatro absurdista" en *Latin American Theatre Review*, Center of Latin American Studies, The University of Kansas, Spring 1989, 22/2 62.
16. Martin Esslin. *El teatro del absurdo*. Editorial Seix Barral, S.A., Barcelona, 1966, 14. Traducción al español de Manuel Herrero del original *The Theatre of the Absurd* Eyre & Spottiswood, Londres, 1964.
17. Virgilio Piñera. *Electra Garrigó* en *Teatro cubano contemporáneo*.Antología. Centro de Cultura Económica. España, 1a. edición, 1992, 146.
18. Virgilio Piñera. *Una caja de zapatos vacía*. Edición crítica de Luis González-Cruz. Ediciones Universal, Miami, 1986, 72.
19. Luis González-Cruz. "Virgilio Piñera y el Teatro del Absurdo en Cuba". *Mester*, Vol. V, Núm. 1, noviembre de 1974, 55.
20. "*Dos viejos pánicos* en Colombia". *Conjunto*, La Habana, año III, Núm. 7, 1971, 69.
21. Martín Esslin. *El teatro del Absurdo*, 16.
22. Posteriormente a la fecha de esta ponencia, Julio Matas terminó en 1999 otra pieza bajo esta misma orientación de lo mítico, *Ifigenia en Gran Caimán*, de la cual tengo conocimiento porque gentilmente me hizo llegar una copia del manuscrito.
23. Julio Matas. "Vuelta a *Electra Garrigó* de Virgilio Piñera" en *Latin American Theatre* Review 22/2, 74.
24. Pedro R. Monge Rafuls. "Sobre el teatro cubano" en *Ollantay Theater Magazine*, Vol. II,No.1, Winter/Spring 1994, 110.

UNIVERSALIDAD Y CUBANÍA EN EL TEATRO DE LEOPOLDO HERNÁNDEZ.

Conferencia leída en el XXXV Congreso Anual del Círculo de Cultura Panamericano, copatrocinado por The William Paterson University of New Jersey, en el Hotel Holiday Inn, Totowa, N.J., el 9 de noviembre de 1997. Publicada en Círculo: Revista de Cultura, Vol. XXVII, 1998, 115-123.

La obra dramática de Leopoldo Hernández es muy extensa. La misma tiene más de cuarenta piezas y entre ellas hay varias que obtuvieron premios y que han sido representadas. De su teatro se ha dicho que "constituye uno de los más singulares y coherentes que se han producido en la escena cubana de los últimos treinta años"[1], pero esta escena cubana a que se refiere el crítico es en el exterior, pues nuestro autor pasó la mayor parte de su vida de creador literario, fuera de su patria. En 1961 salió al exilio tras un breve retorno después del triunfo de la revolución, pues había estado antes en México, envuelto en la lucha de oposición al régimen de Batista.

Como hombre de letras, Leopoldo Hernández asumió la responsabllidad de su tiempo y siguió la línea del hombre de pensamiento de su época de enfrentarse con criterio crítico al analisis de los problemas fundamentales que le tocaban por ser partícula viviente de una sociedad envuelta en grandes transformaciones de todo tipo. Al plantearse la problemática de su mundo que era la Cuba de los años cincuenta, encontró en la narrativa y el teatro sus formas más naturales de expresión, o quizás debiéramos decir, de meditación. Su formación jurídica de respeto a la norma establecida, lo colocó primero en oposición al golpe de Estado de 1952, cuando apenas tenía siete años de ejercicio de su profesión de abogado y después, a la revolución que llegó proclamando la restauración de la legitimidad perdida y se convirtió en la negación más absoluta de todos los derechos. Su obra, por lo tanto, nace de su rebelión como cubano ante los aconteceres políticos de su patria, pero como estos desequilibrios eran comunes en otras regiones, su quehacer creativo se proyectó como ciudadano del mundo con una ética de más amplios horizontes de manera que lo cubano, germen de su creación, se integró a una conciencia universal. En el presente trabajo vamos a tratar de subrayar este sentido universalista en algunas de sus piezas en las que se puede detectar la raíz netamente cubana que las hizo germinar y para ello vamos a seguir a grandes pasos su vida cívica que quedó reflejada, por su fuerte convicción ética, en su obra literaria.

La primera en la que nos vamos a detener es "La consagración del miedo" que apareció publicada en México, en 1957, junto a "La espalda" y "Los hombres mueren solos" en un libro titulado *Teatro de la revolución*. En el título estaba aludiendo al proceso subversivo, en el que él mismo estaba envuelto, de oposición al gobierno de facto de Batista. Es ésta una pieza muy interesante en la que con sentido surrealista corta las ataduras con la realidad para evadirse al mundo del subconsciente, pero sin crear efectos anormales en el ambiente, sino a través de ciertas claves de interpretación. Es decir, que de los tres elementos básicos de espacio, tiempo y lugar, trabaja con los dos últimos con sentido bastante realista, pero crea dos espacios para el personaje central: uno que se proyecta a la realidad exterior y otro, interior, al margen de la razón, que domina el fluir de su pensamiento. Este tipo de indagación en el yo interno se hizo bastante frecuente en la narrativa, pero en la dramaturgia, que es arte representativo, requiere el uso de múltiples recursos que Hernández supo usar muy bien.

La situación que se presenta en "La consagración del miedo" es la de los últimos momentos de un régimen de opresión. La acción se desarrolla en un salón del Palacio Presidencial y los personajes claves son el Presidente, que es la figura del tirano, un hombre joven que es la voz del exterior, de la revolución triunfante y como tal es amenazante, anunciadora de la hecatombe que se avecina y un hombre misterioso, vestido de negro, personaje siniestro que es en definitiva la propia conciencia de la dictadura. Estas tres figuras son representativas, con sentido universal, del conflicto planteado, es decir, de los factores que se integran en una situación como la que se presenta pues el tirano tiene ante sí por una parte, la presencia de su pueblo que porta la verdad y por eso es inmortal y por la otra, la de su conciencia, que ha acallado todo reclamo idealista, pero es vulnerable. Convergen en la acción otros personajes pero con una función secundaria de dejar planteado el conflicto en el momento de la crisis o representar los factores emocionales que se ponen en juego en la disyuntiva interior del Presidente. El primer propósito lo cumplen los Ministros en las primeras escenas del Acto 1. Son sólo cuatro pero a través de las reacciones de ellos y de las noticias que aportan, se pone de manifiesto que el desplome del régimen es una realidad inmediata que despierta en cada uno de ellos inquietudes diversas: uno piensa en su familia, otro en sus propiedades, otro en sus inversiones y el cuarto, despojado de todo convencionalismo, increpa a los otros tres y hace evidente de que lo que todos sienten es miedo. La figura del joven aparece en determinado momento, dentro siempre de su posición de observador que llega del exterior, para cumplir la función dramática de anunciar que lo que están viviendo esos personajes es "la consagración del miedo". El segundo propósito, el de los factores emocionales, lo cumple la esposa del Presidente que viene desesperada en busca de una salida para sus hijos, salida que en definitiva el joven le concede a cambio de la vida del Presidente.

Hernández da algunas claves escénicas para indicar la trasposición de los dos planos en que se desarrolla la obra, es decir, el del inmediato triunfo de la revolución y el del enfrentamiento del dictador con su conciencia pues en determinadas ocasiones se indica que el Presidente se desploma en una silla o que echa la cabeza hacia atrás y cierra los ojos. Es en esos momentos en que se le aparecen, en oportunidades distintas, los dos personajes representativos que antes mencionamos.

El joven representa la voz del pueblo oprimido y por eso, como se ha dicho, es inmortal, lleva la tristeza reflejada en sus ojos porque "gravitan en ellos las lágrimas de todos los que sufren"[2], reconoce su parte de culpa puesto que ésta "es una nube que derrama su ámbito por los cuatro horizontes"(4) y admite tener miedo. Sus palabras resultan proféticas en esta obra escrita en 1957: "Muchas lunas se teñirán. Lo albo suspenderá su gesto de pureza. Seguirán días aciagos. La confusión destrozará los textos y la noche extenderá sus brazos más allá de la aurora"(4). El otro personaje, vestido de negro, representa la conciencia perversa del dictador que se enfrenta a la verdad siniestra de que está absolutamente solo, de que todos los que antes le rendían pleitesía lo han abandonado, no para luchar por la justicia, sino para buscar una escapatoria. Este personaje no le ofrece ninguna manera de huir, por el contrario, le asegura que su vida se cuenta por minutos, pero le exige que propicie el caos y que le ordene a su mejor ejecutor, el Capitán Camacho, que está tratando de reprimir con sangre la sublevación del pueblo, que ejecute a ciertas personas en quienes el Presidente reconoce viejos amigos y hasta a su propio hermano. Esas son las vías siniestras que su obsesión de mando le ha dictado siempre y que lo han llevado a la situación en que se encuentra; la única solución que el Presidente halla para resistirlas es disparar contra esa figura terrible; al hacerlo, se ha matado a sí mismo pero es únicamente entonces cuando puede admitir: "Ahora veo, ahora oigo, ahora comprendo"(8), con lo cual Hernández aclara una clave que antes había dejado establecida, que el personaje en ese momento se ha descubierto, ha tomado conciencia de "su realidad".

Lo que Hernández está planteando es la lucha interior de un tirano en el momento de la caída. Esto queda aclarado cuando el Joven, que trae el mensaje de la Verdad, le explica al Presidente que el hombre siniestro que acaba de matar nunca existió; ni tampoco la bomba que éste le dijo que explotaría a tiempo señalado; que todo ha sido producto de su miedo. En la escena final, a través de voces que llegan de manera indirecta a la figura del Presidente, recostada en el sillón, éste rememora a grandes trazos su vida y aquí es donde quien conozca la historia de Cuba puede reconocer que el dramaturgo estaba tomando el caso particular de Fulgencio Batista para hacer un planteamiento de dimensión universal.

La segunda pieza que vamos a analizar es "El mudo". Hernández la escribe ya de vuelta en Cuba, a su regreso de su primer exilio en México. Fue premiada por el Departamento de Artes Dramáticas del Teatro Nacional de Cuba y estrenada en 1961, durante el Festival de Teatro Obrero y Campesino. En la anterior teníamos el caso que de su particular experiencia cubana, el autor desarrolló una obra con dimensión universal sobre el tema de la caída de una dictadura y a ese propósito, no especifica lugar ni época determinados; en "El mudo", por el contrario, la sitúa en un pueblo del interior de Cuba, en el verano de 1958, con lo cual se está refiriendo a los meses anteriores a la caída del régimen de Batista, pero por su contenido es fácil sacar la conclusión de que el conflicto que se plantea, que es el de un padre y un hijo que luchen en bandos contrarios, tiene contenido universal, más allá de toda circunstancia específica. Como antecedente del tema dentro de la dramaturgia cubana, se puede mencionar otra pieza también de un acto de José Antonio Ramos, titulada "El traidor", en la cual Ramos recreó escénicamente un poema de José Martí de los *Versos sencillos*. Estableciendo un paralelo se advierte la diferencia de que en la de Ramos, de acuerdo con la leyenda martiana, el hijo es el que lucha en las filas españolas, pero en la de Hernández, la posición del traidor la tiene el padre. Tienen en común sin embargo, que en ambas el padre, dominado por el amor, resuelve unir sus restos mortales a los de su hijo en la misma tumba.

Hernández trabaja esta pieza con un gran sentido expresionista, lo cual es una técnica muy común en su dramaturgia. La luz juega un papel relevante, especialmente al final, cuando el padre, que es soldado de las fuerzas del gobierno, comprende que está en el bando equivocado y regresa a la tumba que horas antes él mismo había ayudado a cavar para enterrar el cadáver del correo de la sierra, que resultó ser su hijo. Los primeros rayos del sol de la mañana le imparten a la escena una luminosidad especial que sugiere la luz del entendimiento y el contraste con la "noche y sangre" que representa el soldado. La figura clave es la del mudo. Es una víctima de esa "noche" porque las palabras se le secaron en la garganta cuando presenció como le arrancaron las entrañas a su padre, pero su invalidez no es óbice para que cumpla con la causa por la que lucha y mate al traidor que pretendiendo ser revolucionario, delataba todos los movimientos y a los integrantes de las filas insurgentes. Es decir, que con esta acción, la muerte del hijo del soldado ha quedado vengada y por eso éste establece la comparación consigo mismo y le dice: "Yo era el soldado...el fuerte...el poderoso. Tú el mutilado, el pobre, el desvalido. Yo no supe ser hombre, yo no supe vengarlo ni vengarme" (53).

Sus palabras finales establecen el papel simbólico del mudo como portavoz del espíritu de justicia que nunca ha de cejar en librar sus batallas: "Háblanos con la voz de las montañas, para que el mundo sepa que los labios jamás podrán sellarse con el miedo. Vete a pulsarles la palabra de nubes y esperanzas, a demostrarles que no hay en esta tierra mudos que no puedan hablar con el lenguaje del honor y la "vergüenza" (54).

El planteamiento ideológico de esta pieza va más allá del caso específico de la guerra revolucionaria en la Sierra Maestra y queda desarrollado en el largo parlamento del soldado en la escena final. Primero establece la consecuencia inmediata de todas las guerras; lo que queda son los muertos, "los muertos se llaman así, a secas, muertos... Todos iguales...No, no hay nombres en el mundo para los muertos" (53). Entran en la misma cuenta los héroes, los traidores, los cobardes. . .Pero luego, al descubrir entre uno de esos muertos a su propio hijo, comprende que nadie puede ser indiferente a las guerras porque hay una razón de justicia y dignidad que apela a todos. El soldado, abochornado de su proceder, de no haber sabido seguir la ruta del decoro que tomó su hijo, decide usar su pistola contra sí mismo para unirse a él al menos en la muerte. En ese llamado a la conciencia cívica es que se manifiesta la universalidad del tema.

Otro hecho de la turbulenta vida cubana de las últimas décadas que incitó el numen literario de Hernández a meditar en términos trascendentales, fue la del cambio inmediato de un régimen de opresión a uno revolucionario. "El infinito es negro" data de 1959, apenas derrocado Batista, pero no hay en ella tampoco ningún indicio de que se esté refiriendo a ese hecho histórico cubano; lo que se plantea es un conflicto de naturaleza puramente ético. Hernán, su personaje central, es un revolucionario que se enfrenta a la lucha moral de vengarse de quien lo torturó, lo golpeó y lo humilló por cuatro días con sus noches consecutivas, o responder a sus principios cristianos y olvidarlo todo en aras del amor de madre de la anciana que vendrá a implorarle ayuda para salvar a su infame hijo. La figura de este personaje recuerda en cierta medida al del Joven en "La consagración del miedo", pero éste no es símbolo, es sólo un hombre, uno de los pocos que logran el triunfo de las revoluciones. Es como si fueran las dos caras de una misma moneda. El Joven de "La consagración del miedo" representaba el ideal de la lucha, el ansia de los pueblos de autodeterminarse, era la voz de la libertad; Hernán es uno de los que lo arriesgan todo por responder a aquella voz pero tras el triunfo y ante la algarabía popular, toma conciencia de que ha sido un instrumento de muerte. En esta obra, escrita después del triunfo de la revolución contra Batista, puede detectarse en Hernández cierta duda sobre la validez ideológica del proceso revolucionario que llegó y permitió una desmedida actitud revanchista. La luz del ideal quedó opacada por el espíritu de la venganza y en el mismo título el dramaturgo apunta la oscura noche que se vislumbra. Este planteamiento es de una actualidad extraordinaria no sólo en el ámbito cubano sino en el de toda Nuestra América; es un enfrentamiento ético ante lo justo y lo noble.

Quien viene a ofrecerle la oportunidad del despique a Hernán se llama Ariel. Es muy significativo este nombre, como vamos a apuntar más adelante. Ariel no lo incita a que tome revancha. Solamente le presenta la oportunidad. En definitiva Hernán decide no traicionar la fe de esa madre en quien ve representada "a todas las madres de este espantoso mundo lleno de madres que no son más que eso, ¡Madres!" (25). De nuevo Hernández usa la técnica expresionista para destacar la tensión del momento y la crisis emocional del personaje a través de la luz y el sonido. La algarabía del exterior en el que se celebra el triunfo revolucionario hace contraste con la soledad dubitativa de Hernán que en penumbra medita y resuelve su lucha de conciencia, mientras la tenue luz de su cigarrillo refleja infiernos en su rostro al ponerse rígidas sus facciones cuando piensa en la venganza, pero luego el ambiente se llena de una dulce paz al optar Hernán por el perdón. Es entonces que se comprende la intención que lleva el nombre de Ariel, pues se ha puesto en juego en el interior de un hombre, la lucha irreconciliable que todos llevamos dentro entre el bien y el mal y ahí está la universalidad del tema de esta pieza.

En 1961 Leopoldo Hernández abandonó su patria de nuevo, como hicieron tantos otros, ante la transformación al comunismo del proceso revolucionario que había triunfado en 1959. El castrismo llenó las cárceles de miles de presos políticos a los que se les hacía el simulacro de un juicio sumarísimo y muchos eran condenados a muerte ante el fatídico paredón y Hernández escribe "Infierno y duda" y sitúa la acción en la Fortaleza de la Cabaña y las oficinas del G-2 en La Habana, precisamente el Día de la Invasión de la Bahía de Cochinos y los dos de la víspera. En esta pieza Hernández no pierde la oportunidad de poner de manifiesto las atrocidades contra los derechos humanos que se cometen en las cárceles castristas, como el desangramiento previo a los que son condenados a muerte para proveer de plasma a los bancos de sangre; la tortura a la que son sometidos los prisioneros para lograr la información que buscan o la bufonada que resultan esos "juicios" hechos por milicianos en los que los procedimientos legales se pasan por alto, pero el mensaje de la obra va más allá de la simple denuncia.

Ramírez es un revolucionario que está implicado en un intento de asesinato a Castro, pero cuando regresa a la celda después de haber recibido la condena de fusilamiento, Espinosa, que era de su grupo, le hace la insólita proposición de responder por él cuando lo llamen para la ejecución, alegando que es posible realizar esa sustitución sin que se note, debido a la oscuridad de la celda y de la hora en que se realizan las ejecuciones y la desorganización e ineficacia del sistema. Ramírez se resiste a aceptar el sacrificio de su compañero a pesar de que ha comprendido que lo que pudiera ser que motivara a Espinosa es el arrepentimiento y la vergüenza de haber sido él quien reveló la participación suya en la conjura de asesinato, pero lo hace claudicar el temor de que Espinosa vuelva a ser débil y revele lo que él le acababa de comunicar, de que la invasión de los exiliados ha de llegar en dos días. El propio Espinosa le ha sembrado esa duda, pues con toda sinceridad le admite: "Soy un cobarde, Ramírez. No me queda fuerza de voluntad alguna. Si me preguntan lo que sé en cuanto a la invasión, es posible que se lo diga. Cometiste un tremendo error al confiarme el día que ha de tener lugar. Ahora tengo miedo"(63). Ramírez sufre intensamente por haber tomado la resolución de aceptar la sustitución y dejar que Espinosa muriera en su lugar, pese a que lo hizo para salvaguardar el posible triunfo de la contrarrevolución.

De entre las sombras de la celda surge Campa, otro prisionero, que ha escuchado en silencio el último diálogo entre Ramírez y Espinosa y se le acerca porque ha oído aviones y tiros y quisiera tener de Ramírez la confirmación de que se trata de la esperada invasión salvadora. El dramaturgo aprovecha la presencia de este personaje para establecer un debate generacional sobre la responsabilidad de cada cual en el momento histórico de la ruptura del ritmo constitucional del país. Como resultado de la disputa entre ambos, Campa le reprocha a Ramírez en voz alta que aceptara el sacrificio de Espinosa y al oírlo los carceleros, entran en la celda y Ramírez es ejecutado inmediatamente. La obra pudiera haber terminado ahí pero Hernández quiere resaltar la supervivencia del ideal cuando deja a Campa, de rodillas, queriendo creer en el triunfo de la invasión a pesar de que los milicianos le dicen que ha fracasado. De esa manera se hace patente que la muerte de los mártires no es inútil, ni la falla de los intentos es definitiva, que el camino de la redención exige el sacrificio de muchos y la fe y fortaleza de todos.

El exilio, con su larga secuela de esperanzas y frustraciones era necesariamente un tema al que tenía que enfrentarse un dramaturgo como Hernández, en el que se puede seguir la trayectoria de su vida cívica dentro de su obra a pesar de que ésta tiene una dimensión temática extraordinaria, pero como a él le interesaba muy especialmente el mundo interior de sus personajes, escoge en "Siempre tuvimos miedo"[3] a una pareja de hermanos que se reúnen después de veinte años de separación, pues ya esa circunstancia de por sí se presta a muy interesantes planteamientos psicológicos. La situación cobra tensión y dramatismo al situar la reunión en la Cuba actual. Ninguno de los dos hermanos tiene un nombre propio; son solamente Él" y

"Ella", lo cual los convierte en representativos de los que se fueron y los que se quedaron. Ambos se dan justificaciones y se hacen reproches; ninguno está arrepentido de la decisión que hizo hace veinte años. "Él" está convencido que de haberse quedado, a esas alturas estaría muerto o preso; "Ella" ha asimilado la situación de hecho en que vive y no cuestiona nada, primeramente porque le han atrofiado la actitud inquisitiva que distingue a todo ser libre y además, porque el miedo la inhibe de expresarse. Lo que no pudo destruir la prolongada separación es el amor fraternal de ambos y por eso los dos tratan de obviar las discrepancias presentes con un "Hablemos de otra cosa" y se aferran a los recuerdos de la niñez porque es el único puente que une sus vidas ya que los vínculos familiares anteriores han desaparecido porque o bien se han ido o ya están muertos y los que quedan no quieren venir a saludarlo, no está bien aclarado si es porque lo repudian como enemigo o por temor a que el Comité de Vigilancia dude de su militancia política.

La obra es de gran impacto porque en realidad puede considerarse que el autor mostró representativamente el drama de nuestra patria en toda su intensidad, no ya por la denuncia del sistema policiaco y de extorsión, sino porque hace un planteamiento doloroso de las divergencias que existen en el pueblo cubano no ya por las ideas políticas, sino por la circunstancia vital de estar unos, aislados en la isla y otros, dispersos en diferentes culturas, por lo que ninguno puede ser esencialmente feliz. La esperanza que deja abierta es la de que el amor a lo nuestro sea la fuerza unificadora en el futuro proceso de reconstrucción de la patria.

Este tema del reencuentro es uno que, por su dramatismo y porque toca íntimamente a todo exiliado, ha sido reiteradamente tratado por los dramaturgos de la diáspora. Así pudiéramos mencionar "Exilio" de Matías Montes Huidobro, "Alguna cosita que alivie el sufrir" de René R. Alomá y "Nadie se va del todo" de Pedro R. Monge Rafuls, por sólo mencionar algunos.

En esta visión parcial de la copiosa obra dramática de Leopoldo Hernández en la que hemos tratado de seguir las huellas de su cubanía, podemos darnos cuenta que tras el planteamiento de la situación específica, se enfrentaba a los problemas con una visión universal, abarcadora de los resultados y consecuencias más lejanas, es decir, que partía de lo particular para llegar a lo general, pero en las dos últimas piezas, aunque como vimos llega a conclusiones abstractas, hay una inmersión directa en el drama cubano, quizás porque lo aguijoneaba el temor, o el presentimiento —que resultó cierto, pues murió en 1995— de caer antes de poder escribir la oda de la victoria.

NOTAS

1. José A. Escarpanter. Introducción en Leopoldo Hernández, *Piezas cortas*, Honolulu, Hawaii, Editorial Persona, 1990,9. En este libro se incluyen, entre otras, "El mudo", "El infinito es negro" e "Infierno y duda". Las citas que hagamos en este trabajo de estas obras teatrales se referirán a esta edición y se indicará el número de la página entre paréntesis, a continuación de las mismas.
2. Leopoldo M. Hernández. "La consagración del miedo" en *Dramaturgos*, Vol. 2, No. 3, mayo-junio 1988, 7. Todas las citas de esta obra en este trabajo corresponden a esta fuente y aparecerán con el número de la página entre paréntesis a continuación de la cita.
3. Leopoldo M. Hernández. *Siempre tuvimos miedo*. Honolulu. HI, Editorial Persona, Serie Teatro. 1988.

LA TRÁGICA SECUELA DEL EXILIO EN LA OBRA DRAMÁTICA DE CID, BARALT Y SALINAS

Ponencia leída en la sesión de narrativa y teatro del XVII Congreso Cultural de Verano, en el Koubek Memorial Center de la Universidad de Miami, el 27 de julio de 1997.

El hecho de que en el exilio se pueda hablar de un teatro que le sea propio, es un indicio muy positivo de la actividad cultural de un pueblo expatriado, puesto que el teatro necesita de elementos muy diversos para realizarse, es decir, requiere la conjunción de otras artes como son la actuación, la escenografía, la luminotecnia, etc. y además, necesita un público que sea receptivo y ahí es donde radica quizás la mayor dificultad puesto que los expatriados cubanos, aunque se cuentan por miles, están diseminados por todas partes del mundo. Es curioso sin embargo observar que donde se puede hablar en realidad de un teatro del exilio es en los Estados Unidos. Bien es verdad que es donde hay una mayor concentración de cubanos pero por ser su territorio medio continente y por hablarse una lengua que no es la española, es obvio que es un campo muy azaroso para el desarrollo de un arte tan difícil de lograrse como es el teatral. No obstante, el teatro del exilio es una realidad y por serlo hay que analizarlo en todas sus dimensiones, desde sus inicios hasta la influencia que pueda llegar a tener en el futuro cultural de nuestra patria.

Lo primero que nos interesa estudiar ante un fenómeno de esta naturaleza es cómo se produce y por qué surge la necesidad de manifestarse. En definitiva, y si lo vemos como un hecho total, nos encontramos que es consecuencia de una drástica y súbita interrupción de un proceso que venía desarrollándose en Cuba desde el siglo XIX con el teatro de Luaces, Milanés y la Avellaneda y que a principios de la presente centuria cobró una definida orientación nacional gracias al esfuerzo y la tenacidad de unos pocos que, con visión de futuro, trabajaban febrilmente para forjar un teatro que respondiera netamente a la idiosincracia y características nacionales pues, en definitiva, ya lo sabemos, el teatro es una de las artes más representativas de las inquietudes y aspiraciones de un pueblo, además de que refleja sus costumbres, su moral y sus modalidades de vida y de lenguaje. Nos encontramos entonces que este proceso tenía apenas unos cincuenta años en el momento de su escisión, lo cual representa una muy corta vida, si tenemos en cuenta que en Hispanoamérica los teatros que han alcanzado mayor importancia son el mexicano y el del río de la Plata y ambos tienen una larga tradición y sólidas raíces. Recordemos que en el primero éstas se remontan a la época pre-colombina y en el segundo, en el que la conquista eliminó tales vestigios, ya se encuentra antecedentes en los establecimientos jesuítas del siglo XVII y, en ambas regiones, desde los comienzos del XIX se depuso el gobierno colonial español y se empezó a trabajar en la idea de un repertorio dramático nacional, lo que nos permite concluir que le llevaban a Cuba un siglo de ventaja en la ingente tarea de lograr un teatro nacional.

Al destacar esta realidad histórica queremos hacer evidente el valor de lo que se había logrado en el campo que nos ocupa, en esos primeros cincuenta años de vida cubana republicana. No es éste el momento de establecer las debidas comparaciones, pero es un hecho que Cuba avanzaba en el arte teatral, tanto el escénico como el de la dramaturgia, con paso firme y decidido a la par de otras naciones hermanas. Es oportuno señalar que aun en los Estados Unidos el movimiento nacional empezó a abrirse camino en las primeras décadas del presente siglo cuando en Chicago y en New York surgieron *The Little Theater* y *The Neighborhood Playhouse* respectivamente, en donde se animaba la producción nacional y que casi al mismo tiempo, en la pequeña villa marítima de Provincetown, en Massachussets, se levantaba un escenario en un viejo muelle abandonado en el que encontraría refugio Eugene O'Neill, la primera gran figura del teatro norteamericano, pues hasta entonces prevalecía la dramaturgia inglesa en particular y europea en general. José Antonio Ramos recoge a este respecto el comentario del profesor Percy H. Boynton en su *Historia de la literatura norteamericana* de que "De 1865 a 1900 el drama ocupó un lugar de tan escasa importancia en la vida artística de la nación, que los historiadores literarios han preferido ignorarlo".[1]

Los primeros forjadores de nuestro teatro nacional hay que buscarlos por consiguiente en los inicios del presente siglo, pero no vamos a entrar ahora a estudiar esa parte de la historia. Lo que nos interesa en este momento es indagar en ese periodo de transición en que el arte teatral cubano, como todas las demás ramas de la cultura y la propia vida nacional, dan un giro de noventa grados y más propiamente vamos a concentrarnos en los dramaturgos que salieron al exterior para poder analizar algunas permanencias en el actual teatro del exilio. Entre ellos vamos a seleccionar a José Cid Pérez, Luis A. Baralt y Marcelo Salinas en los que podremos establecer ciertos lineamientos que revelan una continuidad en nuestra dramaturgia. Los tres tenían una obra bien establecida en el momento de la escisión; llegaron al exilio a edades distintas y tuvieron diferentes destinos, por lo tanto puede considerárseles ejemplificadores de su generación.

José Cid Pérez empieza su carrera teatral concurriendo a los concursos que distintas instituciones culturales como la Academia de Artes y Letras, el Círculo Cubano de Bellas Artes y la propia Dirección de Cultura de la Secretaría de Educación, organizaban para incitar a la producción dramática nacional. Así resultó que su pieza *Cadenas de amor* obtuvo el Primer Premio Bodas de Plata de la República al cumplir ésta los veinticinco años de su instauración y poco después también fue premiada *Altares de sacrificio*. En estas dos obras apunta una temática que en cierta manera va a ser permanente en su trayectoria literaria, que es la de asomarse a los problemas del mundo circundante, bien sean sociales o éticos y es indudable que se percibe la influencia de ese teatro realista de procedencia europea que en la transición del nuevo siglo se enfrentaba a los conceptos cerrados que imponían ciertos convencionalismos, siguiendo las pautas con visión innovadora de Henrik Ibsen, y los naturalistas franceses que encabezaba Emilio Zola. Pero en sus obras posteriores, ya se detecta en Cid un mayor dominio de la técnica y de las corrientes ideológicas y esto le concede una libertad creativa que le permite incursionar por las distintas escuelas literarias sin afiliarse a ninguna y con esos recursos entrar de lleno en el teatro de ideas y hacer aportaciones muy sustanciales en ese campo.

La característica más fundamental de su estética dramática es una constante actitud razonadora. Con ella se enfrenta a los más intrincados problemas de la naturaleza humana y recorre los ámbitos más disímiles, desde el terrenal, en donde trata problemas de conciencia, de sentimientos encontrados, de ética profesional, etc., hasta los metafísicos de la vida ultraterrena en *La comedia de los muertos* o el mundo de la fantasía que presenta en *La rebelión de los títeres* y con las cuales se acerca a un teatro de vanguardia que lo aparta de la línea realista que predomina en su obra, aunque es oportuno aquí reiterar lo que ya dijimos en otra ocasión de que aún en estos casos, mantiene una lógica en la exposición que le da verosimilitud al mundo fantasioso, es decir, que permanece dentro de lo que hemos llamado un "realismo imaginativo"[2].

Desde el punto de vista de su técnica dramática, ha incursionado en las más diversas: en cuanto a espacio ha usado la superposición de planos que unas veces responden a realidades distintas -ya dijimos antes que ha experimentado en diversos ámbitos— o a conflictos internos de sus personajes; respecto al tiempo, pudiéramos señalar una de sus piezas más conocidas, *Hombres de dos mundos*, en la que integra generaciones distintas dentro del núcleo dramático y en lo que se refiere al lugar, es frecuente que lo fraccione de tal manera que los actos de una misma pieza puedan llegar a tener validez por sí mismos como obra acabada, como por ejemplo la que hemos mencionado, *Hombres de dos mundos*, además de *La rebelión de los títeres* y *La comedia de los muertos*.

José Cid salió al exilio el 10 de noviembre de 1960, con cincuenta y cuatro años de edad. Su personalidad literaria estaba en pleno desarrollo y su voluntad de continuarla no cejó ante el corte transversal de su vida. En Indiana, donde se radicó como profesor, escribió *La última conquista*, de un solo acto, en la que utiliza el mito del Don Juan para, con técnica del metateatro, enfrentar a un seductor ya maduro a la cruel realidad de que el tiempo, los años, lo han vencido y tiene que aceptar su derrota porque si no se convierte en una mascarada, en la burla de sí mismo. Esta obra se estrenó en la Sala Prometeo el 28 de octubre de 1979, debido a que Francisco Morín, a quien tanto le debe el movimiento teatral cubano, sostenía abierta con esfuerzo titánico, en las cercanías del Lincoln Center de New York, una pequeñísima sala de teatro y logró mantenerla en cartelera por ocho semanas. Gracias a la acogida de los centros universitarios de este país que fueron los primeros en ofrecer esa posibilidad, *Su primer cliente* se presentó en Washburn University en Topeka, Kansas, en celebración del Día de Cervantes, en 1961 y años más tarde, en Ohio State University, con *La última conquista* que volvió a subir a escena.

Su última pieza fue *La rebelión de los títeres*. En realidad fue una adaptación o reestructuración, más bien, de dos textos que había dejado abandonados y que a instancias de su esposa y con la colaboración de ella, concluyó en 1977. Resultó ser una pieza muy adecuada para finalizar una obra literaria pues es un discurrir con sentido filosófico de las posibilidades finitas e infinitas que Dios le concede al Hombre que es en definitiva títere de un Ser Supremo y en la misma concluye que la obra de cada cual es al fin y al cabo nada más que el sueño que forjó o que estaba destinado a vivir. Esta pieza permaneció inédita hasta 1989[3] y nunca ha sido representada.

Cid murió por triste coincidencia, precisamente el día que cumplía treinta y cuatro años de exilio, el 10 de noviembre de 1994. Es obvio que hubiera podido contribuir muy valiosamente al desarrollo de la dramaturgia cubana si las circunstancias hubieran sido distintas, pero hay que aceptar la realidad y lo importante es que dejó una obra que alcanzó el mérito de muchas traducciones y que le pertenece por entero a Cuba.

Luis A Baralt Zacharie se inició en las lides teatrales como director y actor cuando un grupo de amigos entre los que se contaba Jorge Mañach, Francisco Ichaso y Luis de Soto entre otros, decidió despedir el año de 1927 participando en una representación teatral en una finca cercana a la Habana. La obra seleccionada fue la traducción hecha por Baralt de *En la sombra de la cañada* de John M. Synge. El proyecto tuvo tan buena acogida que al año siguiente, otra vez el 31 de diciembre, montaron con los mismos intérpretes e igual director y traductor, *Los bastidores del alma* de Nikolai Evreinov. Su interés por el teatro le venía de ancestro pues su padre, Luis A. Baralt y Peoli, había sido crítico teatral en el periódico *The World* de New York y en Cuba, preocupado por promover la dramaturgia nacional, había fundado con José Antonio Ramos, Bernardo G. Barros, Max Henríquez Ureña y otros, la Sociedad de Fomento del Teatro, de la cual fue su primer presidente y que tenía como misión, según explicaba Max Henríquez Ureña en *El Fígaro*, "traducir y dar a conocer en Cuba, apenas estrenadas en Europa, las mejores obras dramáticas extranjeras"[4]

Baralt Zacharie había tenido una educación muy humanística y el aprendizaje de lenguas extranjeras fue básico en su formación académica, por lo cual no es de extrañar que a las traducciones ya mencionadas, siguieran otras muchas como *La muerte alegre* de Evreinov, *La misión del tonto* de Lawrence Housman, *Días felices* de Claude-André Puget, *La gaviota* de

Chejov, *Hamlet* de Shakespeare, *La escuela de viudas* de Cocteau y *El nieto de Dios* de Joracy Camargo, a las que habría que añadir las de obras líricas como *Juana en la hoguera* de Claudel, *El niño y los sortilegios* de Colette, *El juglar de la Virgen* de Maurice Léna, *La medium* de Menotti y otras que no se mencionan porque no fueron estrenadas como todas las anteriores, aunque sí, muchas de ellas, trasmitidas por radio. Esta labor que, como apuntamos, se inició en 1927, se mantuvo como una constante de su quehacer intelectual y artístico pues no perdió nunca la oportunidad de presentarlas al público bien fuera bajo los auspicios de la Academia de Artes Dramáticas de la Habana, del Patronato del Teatro del cual fue fundador y directivo desde su creación en 1942, de "La Cueva" o el Teatro Universitario que fueron sus más importantes centros de actividad. El propósito era cultivar y depurar el gusto del público al exponerlo al teatro universal contemporáneo y estimular la creación dramática nacional que debía orientarse bajo esos nuevos derroteros.

La concresión de esos ideales se plasmó en "La Cueva", Teatro de Arte de La Habana que fue consecuencia del entusiasmo que despertó la presentación de *Fuente Ovejuna*, bajo la dirección de Baralt, en la Plaza de la Catedral, al cumplirse en agosto de 1935 el tercer centenario de la muerte de Lope de Vega, pues fue la primera vez que se presentaba en Cuba un teatro de masas al aire libre. No se puede hablar de la historia cultural cubana sin mencionar los aportes hechos por la Cueva en cuanto al arte escénico pues amplió el horizonte en cuanto a la técnica y la estética más contemporánea. Otra de sus grandes contribuciones fue como Director del Teatro Universitario y Seminario de Artes Dramáticas de la Universidad de La Habana, posición que asumió en 1947 y que mantuvo hasta su partida definitiva del país.

Es por todo esto que es común reducir la participación de Luis A. Baralt en la promoción del teatro nacional a sus actividades como profesor de artes dramáticas y director con amplios recursos técnicos para acometer las más variadas modalidades y tendencias, y obviar el estudio de sus contribuciones como autor teatral, que no fueron muy numerosas pero que le ganaron el reconocimiento de la más seria crítica, no sólo por el contenido conceptual de las mismas, sino por la elegancia y poesía en la exposición[5]. Hace poco, en la sesión de homenaje que el Círculo de Cultura Panamericano le rindió al cumplirse el primer centenario de su nacimiento, intenté dejar establecido que Baralt había incursionado en la difícil tarea del teatro modernista[6], respecto al cual impera el criterio de que es muy escaso en la dramaturgia universal y algunos, con más drástica visión, afirman que no existe un solo drama modernista hispanoamericano[7]. Sin embargo, en la manera como Baralt maneja los elementos dramáticos de personajes, escenario y diálogo, dentro de un contexto ideológico de alta envergadura en el que propugna la armonía del ser humano con la naturaleza que le circunda, o sea, la plena integración del Hombre con su universo, es indicio, a nuestro entender, de que su teatro, clasificado de poético por la mayoría de la crítica, se enmarca dentro de las orientaciones modernistas.

Baralt salió al exilio a fines de 1960, a los 68 años de edad, con el dolor en el alma de haber tenido que abandonar a sus alumnos. Obtuvo plaza de profesor en Southern Illinois University en Carbondale en donde reinició la enseñanza académica de literatura y filosofía comparada latinoamericanas. Como escritor reanudó su actividad ensayística —de la que ya había dejado amplia muestra en la *Revista de la Universidad de La Habana* principalmente, en la *Revista Lyceum* y en *Cuba Contemporánea* y colaboró en la *Revista de la Universidad* de Costa Rica y en publicaciones de la Universidad que le había dado acogida, pero su faceta de teatrista quedó marginada y en definitiva truncada pues la muerte lo reclamó el 19 de julio de 1969, antes de que pudiera haber pensado en reanudarla. Es obvio que esos nueve años que le quedaban de vida hubieran sido muy fructíferos para la dramaturgia cubana si los hubiese podido seguir dedicando a la promoción de un teatro nacional.

La última figura en la que nos vamos a detener es Marcelo Salinas. Aunque cultivó distintos géneros, fue el teatro el que lo consagró al ganar un concurso convocado por el Ministerio de Educación en 1928, con la primera pieza que escribió, *Alma guajira*, la cual se convirtió en un hito del teatro costumbrista cubano. A ésta siguieron otras en las que se mantenía como característica, una honda preocupación social en lo temático y en el estilo, el realismo congruente con el teatro de la tierra que cultivó. Una que tuvo una gran resonancia cuando fue estrenada en el Teatro Nacional en 1928, fue *La tierra...* que trata el tema del desalojo campesino y que al parecer era una de sus preferidas. A pesar de que volvió a obtener premio en 1939 con *Ráfaga*, y de que muchas de sus piezas fueron representadas, algunas en la Habana y otras en el interior, solamente *Alma guajira* ha sido publicada y por lo tanto, en cuanto a su obra en general hay que atenerse mayormente a los comentarios de los que las vieron en escena o tuvieron oportunidad de leer los manuscritos.

No tenemos la fecha exacta de cuando Salinas llegó al exilio, pero por cartas personales escritas a sus amigos, se puede deducir que debió ser en los últimos meses de 1970 o en los dos primeros del siguiente, después de cuatro años de haber presentado las planillas necesarias para solicitar la autorización de su salida, pero en realidad estaba literariamente exiliado desde mucho antes en su propia patria pues había dejado de escribir por sentir que no se respetaba su dignidad intelectual. En el suplemento dominical del periódico *El Mundo* publicó en época de Núñez Olano y Gómez Wangüemert, un par de cuentos porque necesitaba algún ingreso para subsistir pero años antes la Casa de las Américas le había puesto como condición para publicarle una novela, que le quitara algunas menciones que no resultaban satisfactorias al régimen, a lo cual, desde luego, Salinas se negó rotundamente.

En su vida de exiliado, además del dolor que este solo hecho conlleva, tuvo el sufrimiento personal de no haber podido traer a su lado a la compañera de toda la vida porque ella no presentó su solicitud de salida al mismo tiempo que él y las cosas se complicaron después. Esta angustia tan íntima justifica el que, fuera de ocasionales artículos periodísticos, no escribiera más. En nota a sus amigos los esposos Cid, les decía, recién llegado a Miami, que pudo recibir por correo la última novela que había escrito, titulada "Los que nos quedamos" y mostraba esperanzas de poderla publicar, pero en definitiva no fue así. Salinas murió el 5 de abril de 1976 a los 87 años. Había dejado la patria a los 81 por no poder resistir más la opresión y restricciones a la libre expresión del pensamiento y prefería irse a un refugio tranquilo a pasar los últimos años de su vida.[8]

En definitiva, como hemos visto, estos tres dramaturgos no pudieron continuar en el exilio su interrumpida obra. Cid fue el único que pudo hacer algo porque era el más joven pero es un hecho que en esos años de los sesenta hasta mediados de los setenta, la actividad teatral del mundo hispánico en el exterior era todavía muy pobre, aun en un centro tan cosmopolita como New York y, como es natural, si de alguna manera se mostraba en la gran urbe, era dentro del ambiente puertorriqueño o chicano que son los más representativos del mundo latino en este país. Cabe recordar que en un Congreso de Literatura Cubana que se celebró en New York a fines de 1973, se hablaba todavía de las "posibilidades de un teatro cubano fuera de Cuba", lo cual deja establecido históricamente que la dramaturgia cubana en el exilio tomó tiempo en iniciarse.

Los tres autores que hemos analizado son representativos del proceso teatral cubano dentro de ese período tan básico en el mismo que comprende desde los inicios de la república hasta el de escisión con el advenimiento de un regímen comunista. Cada uno de ellos es representativo de determinada tendencia y si se nos pidiera que los sintetizáramos esquemáticamente, diríamos que Cid iba al planteamiento de lo universal dentro de ambiente cubano; Baralt hurgaba en lo tradicional y eterno de las raíces de su pueblo y Salinas hacía oir la voz profunda y auténtica de los palmares y la campiña criolla, es decir, que todos incidían en el punto focal de "lo cubano" no con estereotipos prefigurados, sino con lo esencial y auténtico que es lo permanente y lo que será simiente de un teatro genuinamente cubano que por desarrollarse en aires de libertad, podrá regresar en el momento adecuado e integrarse a la dramaturgia que en tiempos de esclavitud haya podido obviar las exigencias del momento y manifestarse en una legítima expresión de arte.

NOTAS

1. José Antonio Ramos. *Panorama de la literatura norteamericana*. México, Ediciones Botas, 1935, 136.
2. Esther Sánchez-Grey Alba. José Cid Pérez. Trazos y rasgos de su personalidad literaria" en *Círculo: Revista de Cultura*, vol. XXVI, 1997.
3. Aparece incluída en mi libro *Teatro cubano. Dos obras de vanguardia de José Cid Pérez*, New York, Senda Nueva de Ediciones, 1989, 127-151.
4. Salvador Bueno, *Historia de la literatura cubana*, Tercera edición, 1963 ed.: 437.
5. Willis K. Jones, *Breve historia del teatro latinoamericano*, México, Ediciones Andrea, 1ª. ed., 1956, 157; Carlos Solórzano, *El teatro hispanoamericano contemporáneo*, México, Fondo de Cultura Económica, 1ª. ed. 1964, 10 y Frank N. Dauster, *Historia del teatro hispanoamericano*, Siglos XIX y XX, Tomo I, México, edic. Audrea, 2ª ed. 1973, 72.
6. Esther Sánchez-Grey Alba, "Luis A. Baralt y la búsqueda del `arte nuevo", *Círculo: Revista de Cultura*, Vol. XXIII, 1994, 44-53.
7. Mireya Jaimes-Freyre. "La ausencia de un teatro modernista en Hispanoamérica", *El teatro en Iberoamérica* (México: Instituto Internacional de Literatura Iberoamericana, 1966) 150.
8. He señalado en mi trabajo "El éxodo de grandes dramaturgos", que en investi-

gaciones recientes hemos podido comprobar que en Miami, Salinas escribió al menos dos piezas de teatro: *El café de Lamparilla*, que el propio autor calificó de "algo del género chico cubano", y *En el santo nombre de la decencia*, que denominó "intento dramático en dos actos". Ambas obras están inéditas y sin estrenar. Véase Heidrum Adler y Adrián Herr, editores, *De las dos orillas: teatro cubano* (Teatro en Latinoamérica: Vol. 5). Frarkfurt am Main: Vervuert, 1999, 43-50.

LA "REALIDAD" EN EL TEATRO DE JULIO MATAS

Conferencia leída en el XXVIII Congreso Anual del Círculo de Cultura Panamericano, en Bergen Community College de Paramus, N.J, el 11 de noviembre de 1990. Publicado en Círculo: Revista de Cultura, Vol. XX, 1991, 77-84.

Julio Matas se acercó al teatro desde muy joven, por verdadera vocación, primero como actor y luego como director. En esta capacidad se interesó particularmente en el teatro del absurdo y llegó a alcanzar bien ganado prestigio con la puesta en escena de algunas piezas de Piñera, y de Ionesco del cual presentó con gran éxito *La cantante calva*. Como creador experimentó primero en poesía y en el cuento, géneros en los cuales tiene libros publicados, pero no fue hasta 1964 que apareció su primera obra teatral, *La crónica y el suceso*, que es la única que hizo y se imprimió en Cuba. En el exilio, que inicia al año siguiente, escribe todo el resto de su producción dramática hasta ahora: *Juego de damas, Tonos, Diálogo de Poeta y Máximo, El cambio, Cruza el ciervo, El extravío, Historia natural* y *Cocido madrileño*. Algunas de estas piezas aparecerán reunidas en un libro que está al salir.

El teatro de Julio Matas es básicamente muy intelectual. En general el mundo que presenta pertenece a una realidad conocida pero contiene a la vez ciertos elementos que le dan al ambiente dimensiones infinitas, impalpables, desconocidas. Esta característica ha despertado siempre un particular interés de la crítica: Luis González-Cruz, estudiando el arte creativo de Matas reconoce que tiene una manera única de rodear de una atmósfera irreal a la gente y a las cosas más comunes[1] y Matías Montes Huidobro, analizando *La crónica y el suceso* —su primera pieza teatral, como antes dijimos— encuentra que "fascinado por el juego de realidades, se deja llevar de una a la otra, impulsado por el ejercicio del virtuoso"[2] con lo cual queda confirmada como una constante de su obra el gusto por el juego de realidades escénicas. Los personajes se mueven dentro de ese ambiente a veces de manera poco convencional, llegando incluso en ocasiones a tocar lo grotesco o a alcanzar ciertas connotaciones simbólicas y mitológicas. Estas características colocan al teatro de Julio Matas dentro de una tendencia muy avanzada, pero sin dejar de tener cierto arraigo tradicional y lo ubican perfectamente en lo que Lionel Abel denominó en 1963, el metateatro[3].

En efecto, según explica Abel, el metateatro se manifiesta tanto en la forma como en el contenido de la obra. En lo formal, se usa muchas veces la técnica del "teatro dentro del teatro" pues es éste un medio muy eficaz para separar la realidad representada de otra realidad fingida, pero no es inevitable; la fantasía hace posible que la vida se vea como un sueño y el mundo como un gran escenario en el que ésta se desarrolla. Lógicamente, la libertad técnica que le otorgaba la vanguardia al dramaturgo propició que esta forma de expresión se cultivara más profusamente en época reciente. El contenido es lo más importante al parecer, pues lo que caracteriza a estas piezas de metateatro es que todos los personajes están conscientes de que responden a una teatralidad que les viene impuesta por causas exteriores a su individualidad propia, como pueden ser el mito, la leyenda, la herencia literaria o los propios tabús que ellos se hayan creado. Es decir, que cuando el autor toma a estos personajes para su creación literaria ya ellos estaban teatralmente formados y conscientes que están representando un papel dramático ajeno a la ficción teatral que el autor ha puesto en escena. Esto nos lleva al planteamiento pirandelliano en *Seis personajes en busca de un autor* pero lo revelador del estudio de Abel es que para él Shakespeare en *Hamlet* y Calderón en *La vida es sueño*, ya habían presentado a este personaje que era a la vez dramaturgo responsable de una ficción ajena a la que les dió vida.

Concluye así Abel que el metateatro no es nada nuevo, sino una tradición del teatro occidental, tanto como lo es la tragedia para el griego, puesto que parte del principio filosófico de que nadie sabe el papel que le va a tocar representar en este gran teatro del mundo que es la vida. Esto nos hace pensar que en definitiva, resulte ser una expresión superrealista ya que ésa es la noción más avanzada que tenemos hasta ahora de lo que es nuestra existencia y por otra parte, en una dimensión más pequeña, todos, en nuestra vida cotidiana, tenemos que tomar distintas caracterizaciones según las funciones que estemos desempeñando. Llevar a escena esta realidad, con personajes ficticios, es el último propósito dramático del metateatro. Lo importante por lo tanto en estas piezas no es que el dramaturgo nos presente con mayor o menor maestría un pedazo de realidad observada por él, sino que los personajes nos hagan sentir algo por ellos con independencia de los hechos que ocurrieron en escena. Es decir, que tales piezas nos identifican con quienes dicen francamente que fueron inventados para lograr ese propósito de solidaridad humana.

Con esta perspectiva en mente, es que vamos a analizar algunas de las piezas más representativas de Matas. La primera ha de ser lógicamente *La crónica y el suceso* por haberse iniciado con ella en la escena dramática y ser la más conocida. Desde el principio se establece la presencia de distintos planos ficticios con un narrador que le anuncia al público que, gracias a los poderes mágicos que le dió un misterioso señor, él va a poderse comunicar con la audiencia y desempeñar a la vez su labor cotidiana como camarero de un café de barrio. La fantasía, que ya hemos dicho que es un elemento esencial en el metateatro, hace posible entonces que se desenvuelva el Primer Acto en un ambiente extraño en el cual el tiempo se para y todos los personajes quedan estáticos en determinados momentos para darle oportunidad a Eusebio —que así se llama el camarero— que haga los comentarios pertinentes para ir presentándole a los espectadores las características y condiciones de ciertos clientes.

El Segundo Acto produce una ruptura en la secuencia de la pieza y es entonces el director el que explica que lo que se va a presenciar de inmediato es un juicio por homicidio en el que se va a justificar por qué quedó inconclusa la obra que se había empezado a representar. El acusado es sin embargo el mismo Eusebio que había aparecido antes pero con una distinta personificación: en el Primer Acto, Eusebio era el personaje ficticio de un drama; en el Segundo es el supuesto personaje real en el cual se había inspirado el autor. Lo mismo va a ocurrir con Clemencia, mujer casada que apareció en escena en el Primer Acto y alrededor de la cual quedó sugerido que sería el conflicto pues al parecer, engañaba a su marido con el camarero y quizás con algunos otros. Así queda ya claramente establecido el "teatro dentro del teatro" pero Matas le da además una participación activa al público al transformar a la sala teatral en una sala judicial, con el alguacil parado a la puerta por donde entran los testigos cuando son llamados en alta voz por éste y las personas interesadas en el proceso, sentadas en la primera fila. La influencia de Brecht se hace así evidente ya que el espectador va a observar la obra críticamente como parte de ella misma; es decir, ha quedado integrado a la acción dramática.

La fantasía se hace entonces inseparable de la realidad pero mucho más cuando resulta que la víctima del homicidio que se juzga no es, como pudiera pensarse, el "viejo verde" que había exaltado los celos del camarero, sino el señor misterioso a que éste había aludido, autor de la farsa inicial y que se llama justamente "Julio Matas". Es decir que, Julio Matas, autor real, entra también a la ficción teatral como un personaje más. Esta confusión buscada entre lo real y lo ficticio es también típica del teatro de Brecht como lo es asimismo el rompimiento de la secuencia de los episodios y los largos parlamentos del fiscal y el abogado defensor en los que se dan muy importantes claves de interpretación.

El Tercer Acto es el que debía seguir al Primero, pero no se representa bajo esas condiciones, sino como una prueba judicial que el fiscal requiere para dejar bien establecido ante el tribunal la naturaleza de la ofensa que motivó la actitud agresiva del acusado. Es decir, que en este momento coinciden en el mismo acto dos realidades dramáticas: la del drama escrito por el "autor-personaje 'Julio Matas'" y la de la pieza teatral del auténtico Julio Matas que presenta la supuesta realidad en la cual se inspiró y de la que tomó datos la primera. Los hilos temáticos que habían quedado sueltos en el Primer Acto se retoman con giros inesperados y en definitiva la entrevista de Clemencia con el impetuoso Don Ramiro no es más que un juego de representaciones entre ambos para conseguir lo que cada cual quiere. Aquí se revela —o parecer revelarse— la verdadera disposición de Clemencia hacia sus admiradores y el temple de sus convicciones morales, pero hay que tener en cuenta que lo que hemos visto es sólo una creación literaria del autor-personaje y por lo tanto no es prueba de veracidad para caracterizar a la Clemencia que pertenece al supuesto mundo real en la verdadera obra de Julio Matas, con lo cual resulta que Clemencia queda como una incógnita porque la ficción que se representó es una posibilidad valedera; por otro lado, la reacción de ella al finalizar el juicio la muestra como una mujer capaz de ser fiel a los dictados de un amor verdadero, pero el espectador tiene derecho a pensar que pudiera ser esa actitud una representación de heroína romántica para engañar al pobre Eusebio.

La obra ha cumplido pues su propósito de plantearnos una situación sobre la cual cada uno de nosotros puede tomar una actitud distinta, porque no se ha dado ninguna solución. Tiene además otras implicaciones que no sería ahora el momento de entrar a analizar como es la referencia unamuniana del creador literario con dimensiones de Dios que hace Clemencia al final. Es en fin, una pieza muy bien estructurada en la que Julio Matas ha intelectualizado una situación común y corriente. En esto, según Montes Huidobro, sigue una corriente del teatro cubano contemporáneo iniciada por Virgilio Piñera: la de aprovechar lo mejor de lo popular y dignificarlo hacia lo culto.[4]

En *Juego de damas* hay también la duplicidad de realidades: la del presente en que se desarrolla la acción y la de un pasado que se recuerda en el diálogo. Como es una pieza en un acto no hay ocasión de crear la situación dramática sino que ésta se va evidenciando según se producen los acontecimientos. El juego que se sugiere en el título es "el de la verdad desnuda" lo cual ya indica la presencia de los dos planos puesto que 'juego" sugiere fantasía y "verdad", realidad. Tal entretenimiento lo dicen practicar todos los días dos hermanas traumatizadas por el fracaso de sus vidas. Las dos, plenamente identificadas, planean vengarse de una antigua amiga que, según como ellas lo recuerdan, fue la causante de que se deshiciera el noviazgo de una de ellas el mismo día en que se debía anunciar el compromiso. El grotesco le sirve a Julio Matas para acentuar el estado emocional de estos personajes desde el principio, cuando las describe "vestidas con sus mejores galas, muy pintadas y adornadas, dando la impresión de una mamarrachada carnavalesca".[5] Lo que así se anuncia casi como al descuido, es lo que se cumple al producirse el encuentro de Ernestina y Celeste, las dos hermanas, con Florángel. Ésta, que por el contrario viste "ropa cara y de buen gusto",[6] es llevada poco a poco y pese a su resistencia, del plano de lo normal al de la carnavalada y tiene que sufrir la incomodidad que le producen las alusiones intencionadas de las anfitrionas al episodio de la fiesta de compromiso de Celeste y las pretendidas bromas de ellas que la asustan por lo que tienen de extemporáneas. Al final, acaban por descomponer su peinado y maquillaje de manera grotesca hasta que provocan que Florángel salga espantada de todo aquello y se precipite por el hueco del ascensor. La reacción de las dos hermanas una vez producido esto, hace evidente que su proceder fue una representación para que se produjera como accidental la muerte de Florángel, tal como había pasado hacía años con otra conocida de su víctima.

Tonos es otra pieza en un acto en la que también se manifiesta el metateatro. A través de un buen manejo de pausas, frases convencionales bien intercaladas y repeticiones intencionadas, se hace una crítica a la vanidad como característica general del ser humano. El que no se precise lugar ni época, acentúa ese propósito. Es un buen ejemplo además de las experimentaciones que se han hecho, especialmente en las piezas de un solo acto, de suprimir algunos de los elementos tradicionalmente básicos; en este caso, no hay acción. Es sólo un diálogo entre tres parejas que conversan amigablemente sobre distintos temas. El primero es el de los lugares que han visitado. Enseguida se establece el "tono" (de ahí la intención del título) en que se va a desarrollar la conversación: hay un afán desmedido en cada una de las parejas, de establecer una competencia. Primero pretenden demostrar que conocen los lugares más exóticos y exclusivos, hasta que el esfuerzo por sobresalir los lleva a inventar las más absurdas aventuras como el haber presenciado un "harakire" en plena calle de Hiroshima en el Japón, o haber estado a punto de ser cocinados por los salvajes de Pago-Pago en Oceanía. De ahí se restablece una normalidad en el diálogo, pero como el tema que surge es el de la solvencia económica, de nuevo se produce un "in-crescendo" en el que los millones se multiplican vertiginosamente a pesar de que en las direcciones del principio se había establecido que estas personas debían evidenciar que pertenecen a una clase media. Obviamente, estos personajes están realizando un esfuerzo infructuoso para representar una excepcionalidad que no tienen. Con la ironía y el sarcasmo, muy bien manejados, Matas hace evidente este plano de la fantasía; el de la realidad se manifiesta cuando la conversación deriva al tema de la salud y la enfermedad y la muerte dejan sentir su inminencia y término a toda aspiración. La actitud de todos entonces, es sumisa y cada uno se aferra a la fe o a la suerte como tabla de salvación.

Pudiera decirse que en esta obra, si la miramos con perspectiva pirandelliana, estamos ante seis personajes en busca de un drama, pues lo que no existe en ellos es el conflicto, el hecho extraordinario que los saque de su mediocridad. Hay también a nuestro entender cierto sentido de musicalidad en la manera como está estructurado puesto que de esa medianía con que comienza —que se hace evidente en las direcciones de escenas que evitan llegar a ningún extremo y en que la acción dramática empieza en medio de un diálogo que ya se había iniciado— alcanza tonos inusitados en un "in-crescendo" verbal; luego baja para retomar nuevos giros de alta envergadura y termina con frases lacónicas que cierran un "largo, preñado silencio"[7] La preocupación del autor por obtener estos efectos sonoros se evidencia en las direcciones oportunas que da: "... las réplicas anteriores deberán pronunciarse con ritmo rápido, casi montadas unas sobre otras, pero de tal modo que se escuchen individualmente con suficiente claridad".[8] Además, las intervenciones de los personajes siempre son cortas, es decir, no hay largos parlamentos y las risas, carcajadas y pausas que a veces son cortas pero otras largas, incómodas, embarazosas, parecieran responder a estos buscados efectos.

Por último nos vamos a referir a una de sus obras recientes, *Cruza el ciervo* que tiene la particularidad de que su lengua original es el inglés. La traducción al español hecha por el propio autor, está al salir publicada en estos días junto con *La crónica y el suceso* y *El extravío* que es una reelaboración teatral de una narración que apareció en su libro de cuentos *Erinia*, en 1971[9].

Aparentemente trata del antiguo tema del triángulo amoroso que ha servido para crear tantos conflictos —en la escena y fuera de ella— pero aquí toma una dimensión que le da características muy contemporáneas pues la posición del tercero respecto a los dos componentes de la pareja guarda una equidistancia emocional que es manejada con mucho decoro a pesar de que es elemento primordial del nudo dramático.

El autor hace uso otra vez del metateatro para poner a funcionar la interposición y convergencia de realidades de los tres personajes. En efecto, el profesor John Weiss y su esposa Louise dan la apariencia exterior de ser un matrimonio muy identificado el uno con el otro y que han logrado establecer una indisoluble unión, sin embargo, ya desde el Primer Acto nos damos cuenta que hay un cierto dominio de John sobre Louise al que ella se somete aunque no sin un tanto de resistencia, pues comprende que ha sacrificado sus aspiraciones y sueños para propiciarle al esposo que viva apartado de las pequeñeces cotidianas, monótonas e inoportunas casi siempre. La presencia del joven Ben como huésped en la casa, es deseada por los dos porque para cada cual representa algo soñado e inalcanzado: para Louise un alma afín a la suya que la complemente; John ve en él como un nuevo comienzo pues Ben tiene la potencialidad de alcanzar como escritor el reconocimiento al que él no pudo llegar. Esta es sin embargo, la realidad aparente. Hay otra al parecer más misteriosa y cruel: que al darse cuenta John de la atracción mutua que surgió entre su mujer y el joven poeta, propició la entrada de éste en la casa para que las circunstancias fueran más favorables a que los acontecimientos se produjeran como eran de temer. El título de la obra da la clave metafórica del cazador que pone su puntería en el indefenso ciervo que en este caso lógicamente sería Ben.

Ya todo esto evidencia claramente que los esposos Weiss son personajes que contienen varias realidades escénicas en sí mismos, a tal punto que al terminarse la obra, el espectador o lector en su caso, tendrá que decidir por su cuenta si todavía había en ellos otras motivaciones (o realidades) que no han quedado aclaradas pues es posible que Louise haya actuado como el instrumento rastreador de la presa de manera inocente o por esa condescendencia que siempre mostró hacia los caprichos de su marido, y en cuanto a John queda la duda de que lo haya hecho por afán de experimentación o con un secreto interés personal de naturaleza afectiva por el joven poeta.

Es ésta una pieza muy bien elaborada en la que se puede advertir también una cierta influencia de Nicolás Evreinov en cuanto a que trabaja con seres opacos a cuyas vidas hace llegar una luz de ilusión.. En general los personajes del teatro de Julio Matas no aspiran a ser excepcionales; son seres comunes perdidos en el anonimato de la Humanidad. Lo que los hace dignos de que el dramaturgo los recoja y los haga saltar a escena es que permiten que la fantasía los arrastre y tratan de vivir sus sueños.

Esto incorpora a Julio Matas a una corriente del teatro moderno de gran importancia en la cual la concepción artística predominante es cuestionar la realidad. A través de esta incursión panorámica que hemos hecho por el teatro de Matas, hemos podido observar como él ha reflejado en su obra la influencia de los grandes maestros europeos que experimentaban en esa tendencia vanguardista que llegó a Cuba brillantemente con Virgilio Piñera, generacionalmente anterior a nuestro autor. El teatro de Julio Matas ofrece pues muy interesantes aspectos para la investigación, pero ahora nos hemos limitado a indagar un poco en sus contribuciones al "teatro de la doble realidad" que tanta trascendencia adquiriera a partir de Pirandello. Es decir, que Julio Matas pertenece a la promoción de dramaturgos que iban a consolidar con sus valiosos aportes el teatro nacional de Cuba cuyas simientes habían estado sembrando durante medio siglo muchos esforzados precursores, cuando se produjo la crisis que aún padece la patria cubana.

NOTAS

1. Luis Gonzalez-Cruz. "The Art of Julio Matas" en *Latin American Literary Review*, 1. Fall 1972. Pittsburgh. Department of Modern Languages, Carnegie-Mellon University, 126.
2. Matías Montes Huidobro. *Persona, vida y máscara en el teatro cubano*. Miami Ediciones Universal, 1973, 251.
3. Lionel Abel. *Metatheatre: A New View of Dramatic Form*. Hill and Wang, 3rd ed., 1963.
4. Matías Montes Huidobro. *Persona...*, 251.
5. Julio Matas, *Juego de damas*. Aunque esta pieza fue publicada en ingles en *Selected Latin American One Act Plays*, University of Pittsburgh Press, 1973, la referencia la hemos tomado del manuscrito en español, 1.
6. *Ibid*.
7. Julio Matas. *Tonos*, página 13 del manuscrito.
8. *Ibid.*, 2.
9. El libro al que me refiero es: Julio Matas. *El extravío. La crónica y el suceso. Aquí cruza el ciervo*. Miami, Ediciones Universal. Colección Teatro, 1990. Vio la luz meses después de esta conferencia.

LA SAL DE LOS MUERTOS O LA COMEDIA DE ESPANTO DE MONTES HUIDOBRO

Ponencia presentada en el XII Congreso Cultural de Verano del Círculo de Cultura Panamericano, en el Koubek Memorial Center de la Universidad de Miami el 18 de julio de 1992. Incluída en Jorge Febles y Armando González-Pérez, editores, Matías Montes Huidobro: un acercamiento a su obra literaria, Lewiston, N Y The Edwin Mellen Press, Ltd., 1997, 95-104.

Con Matías Montes Huidobro tenemos un autor que inició su carrera dramática en la Cuba anterior a Castro y continuó la misma en el exilio y debido a ello pudiera esperarse que en su dramaturgia se hiciera evidente el cambio de su experiencia vivencial y en efecto hay algo de esto, pero si tenemos en cuenta que en gran medida lo que se aprecia es la evolución natural de un autor que empezó a escribir antes de llegar a tener veinte años, nos resultará más interesante buscar en su obra algunas de las constantes temáticas y técnicas que le han caracterizado.

Sus primeras piezas muestran un tinte inconfundible de determinismo, condicionado quizás por cierta influencia del fatalismo griego, pues presenta situaciones que confirman lo que bien un vaticinio o una premonición anunciaba. Estamos pensando en la primera, *Las cuatro brujas* de 1949 y *Sucederá mañana* de 1951. En otras, aunque no haya el anuncio de lo que ha de suceder, sí se evidencia ese fatalismo por ejemplo, en *La puerta perdida* en que se anticipa el destino de Graciela en la visión del presente que ofrecen la sumisa hermana mayor y la madre dominante, un poco al estilo de la famosa Bernarda Alba. Según Natividad González Freyre, estas dos influencias —la clásica y la lorquiana eran muy comunes entre los autores de esa generación, pues también la encuentra en Rine Leal[1]. En Montes Huidobro, al analizar detenidamente cada una de sus piezas de este período inicial, encontraba la Freyre "el deseo ferviente por escribir un teatro distinto al de sus contemporáneos"[2] lo cual justificaría, mi parecer, que se viera tentado a experimentar entre los "ismos" de la vanguardia, pues no podemos olvidar que para ese entonces, cuando nuestro joven autor se iniciaba en estas lides, la dramaturgia cubana se había asomado ya a las nuevas corrientes, tal como lo hacían las más adelantadas de Hispanoamérica es decir, que había alcanzado un grado de madurez que alentaba la experimentación por caminos no muy trillados. José A. Escarpanter, en una valoración más contemporánea, parece confirmar esta tendencia de Montes Huidobro al señalar la experimentación constante como una de las características de su creación dramática"[3]. Pero es indudable que las obras iniciales de Montes Huidobro muestran ciertas constantes que van a perdurar en su obra posterior. Uno de estos elementos es la soledad. Su pieza en un acto *Sobre las mismas rocas* que resultó ser el primer Premio Prometeo que se otorgó, trata precisamente del aislamiento de Edgar Cotton respecto a un mundo que gira a su alrededor indiferente a sus sueños y sus angustias. Montes Huidobro ha hecho paralítico a este personaje para que sean físicas las fuerzas que frenan sus impulsos pero bien pudieran no serlo; Edgar Cotton es sencillamente un hombre solo y en él y con él están, como él dice: "los destruídos, los inútiles, los desposeídos, los ilusos y los soñadores, los que el pensamiento activo inutiliza sus piernas..."[4]. En *Gas en los poros* hay también la lucha interior de una joven mujer, dominada por el horror que cree descubrir en el pasado de su madre y que se debate en la soledad de su propio mundo, confinada a las cuatro paredes de su casa.

La sal de los muertos[5] que es la pieza en la que nos vamos a detener, tiene el interés especial de ser la de transición entre su producción dentro y fuera de la patria. Francesca Colecchia aprecia en ella por primera vez la conjunción de los factores que el propio Montes Huidobro ha señalado como crítico en el teatro cubano[6]. Por mi parte yo encuentro a un dramaturgo en pleno dominio de los recursos técnicos y estilísticos, fiel a sus concepciones teatrales iniciales, pero con nuevos ímpetus, más seguro de sí mismo; un autor en vias de consolidar su obra. Fue escrita en 1960, pero como el propio Montes Huidobro me ha dicho en carta personal "por no haberse publicado hasta el 71 y no haberse estrenado nunca, ha sufrido una muy lamentable desubicación cronológica"[7]. En una entrevista con el profesor y crítico Luis González Cruz, Montes Huidobro hace la historia de lo que pasó con esta pieza: ya planeando salir de Cuba, decidió dedicar los ahorros que tenía y que no podía sacar del país, a publicar *La sal de los muertos* y *Las vacas*, pero el permiso de salida le llegó después que había revisado las galeras, pero antes de que saliera el libro, por lo cual se marchó dejando a su madre encargada de que recogiera la edición e hiciera con ella lo que estimara pertinente; en definitiva, su mamá nunca vio los libros ni supo si se habían llegado a imprimir o no[8].

En *La sal de los muertos* hay en efecto mucho de las características que se apreciaba en su dramaturgia desde el principio, como son el manejo de los símbolos, la nota pesimista y la actitud fatalista, pero hay también ciertos cambios. El más importante a mi juicio es en cuanto a los personajes porque no hay la preocupacion de caracterizarlos psicológicamente porque no interesan como tales sino como individuos dentro de una determinada situación. Son personajes que responden al prototipo de los dramas existencialistas en los que lo importante no es el hombre, sino la situación que viven porque el cúmulo de todas las situaciones posibles desenvueltas entre individuos de una infinita posibilidad de valores, es lo que es el "verdadero realismo" dentro de esa concepción teatral.

La soledad en que habíamos encontrado al paralítico Edgar Cotton en *Sobre las mismas rocas*, o a la Graciela de *La puerta perdida* agobia aquí a la pareja con la convicción de que "En esta vida, lo peor es la imposibilidad de hacer un pacto. No hay remedio para la soledad" (144 y 147) y esto hace pensar necesariamente en Jean Paul Sartre y su concepción de la soledad irremediable en que se debaten los hombres, encerrados en la prisión inexpugnable de sí mismos y sin esperanza de encontrar una salida, pero los que esto dicen no tienen una caracterización definida como los personajes de sus piezas iniciales ni tampoco quedan imprecisos bajo el rótulo de "El hombre" y "La mujer" como en *Los acosados*, o "La Madre" y "La hija" en *Gas en los poros*, sino que responden a un nombre que resulta simbólico dentro de la trama, el de Aura y Lobo.

La situación planteada en *La sal de los muertos* es de índole familiar, lo cual en el teatro de Montes Huidobro no es inusual, pues la figura de la madre protagonista y agonista es un aspecto que merecería estudio especial. Una razón posible para explicar la reiteración del tema es que el ámbito de la familia —que representa la madre como núcleo central y aglutinante de la misma— es el más adecuado para plantear la soledad humana en su aspecto más cruel pues la madre representa siempre el refugio más seguro, el mejor lenitivo para curar los males del espíritu y por eso cuando esa relación se quiebra, queda la nada y el escepticismo ante la condición humana. En esta pieza, la familia se desdobla en tres generaciones, pero en definitiva se cierra el círculo con la continuidad que desde el principio se establece entre Lobito ——que es quien representa en el Primer Acto las bases de la situación y crea la atmosfera de perversidad que es la fuerza unificadora de la trama— y su abuelo Tigre, de quien ha heredado esa condición de "ser brutal...terriblemente fuerte, atronadoramente sólido...ser monstruoso y desproporcionado, ni niño ni hombre" (127) con que se presenta al personaje. Como eslabón de enlace, su padre Lobo, cruel, cobarde y mediocre y su mujer Aura, madre de Lobito, que según ella, una vez fue hermosa, "recta y alta como una palma" (137) pero que en el momento en que la conocemos tiene, como todos en la familia, una joroba en la espalda que es el símbolo de la tara moral que todos padecen, el de la codicia, pues la situación que queda planteada es la de la impaciencia de los herederos del terrible Tigre por tomar posesión de los bienes que pasarán a ellos a su muerte. Como puede verse, lo simbólico entra en juego tanto en la identificación nominal de los personajes como en otros aspectos como son la deformación física y las piezas de plata que se tornan en el tesoro apetecido como representación de los bienes de Tigre. No es sin embargo, la historia de una familia (ni siquiera se nos dice el apellido) sino que explora una de las tantas situaciones posibles que, por ser humana, no le resulta extraña al espectador.

Conforme al teatro existencialista a que queda afiliada esta pieza según mi opinión, no sostiene ninguna tesis ni está inspirada por ninguna idea preconcebida. Se muestra acorde con lo que sostenía el propio Sartre al explicar la finalidad del teatro según su concepto: "Todo lo que busca es explorar la condición humana en su integridad y presentarle al hombre moderno un retrato de sí mismo: sus problemas, sus esperanzas y sus luchas. Creemos —continúa Sartre— que el teatro traicionaría sus fines si representara personalidades individuales, aunque fueran tipos universales...porque si va dirigido a las masas, el teatro debe hablar en términos de las más generalizadas preocupaciones, diseminando sus ansiedades en forma de mitos de manera que todos lo puedan comprender y sentir hondamente"[9].

En *Los acosados*, Montes Huidobro ya había trabajado con el concepto sartriano de la "conciencia entre muros" y en *Gas en los poros*, dentro de una relación tensa entre madre e hija, pero en *La sal de los muertos* hay mayor desarrollo, más elaboración. Como hemos explicado, las características generacionales de la familia sugieren la idea del círculo cerrado, pero a la vez, cada uno de sus miembros se siente infinitamente solo, encerrado en su propia culpa y sin posibilidad de acudir al otro porque todos son parte de un mismo instrumento de horror y tienen que soportarse los unos a los otros y jugar el juego que les está impuesto. En ese "juego", en ese repetir la infamia, reiterar la tortura, está el espanto de la comedia. Como típicos personajes sartrianos, son seres condenados, socialmente muertos. En el título se puede encontrar la intención de sugerir esta idea tal como Sartre la buscaba en su pieza *Muertos sin sepultura*, dentro de una situación distinta pero coincidente en el hecho que en ambas, cuando los personajes quedan al parecer libres al desaparecer las presiones que los agobiaban, esta libertad no les sirve de nada porque todos son como muertos con vida.

En el Segundo Acto se desata la lucha entre unos y otros. Los objetos de plata de la casa han desaparecido y la duda, el temor, las acusaciones y el infierno en que cada cual vive, pasan como ráfagas en escena, pero en definitiva se centra en Lobito la sospecha de que es él quien ha robado y la inminencia del castigo terrible mantiene la tensión hasta que Lobito llega y se establece entre él, su madre y su abuelo "el juego de las trampas abiertas". Aura casi siempre es partícipe de estos juegos: una vez con Lobito, otra con Lobo o como parte engañada en el juego de Tigre de pretender estar moribundo. Aquí Montes Huidobro hace uso del metateatro para crear la duda si Tigre pretende burlarse de Aura, de Lobo o de los dos. El "juego de las trampas abiertas" culmina con la muerte de Tigre y Lobito y a partir de ese momento el espacio escénico se divide en tres planos que se indica en el tono de las voces: Cuca pretende dar todo por terminado y volver a la vida alegre y frenética que llevaba antes de casarse con Tigre porque, según piensa, "...todo ha sido mejor así...no hubiéramos podido vivir en paz si Tigre hubiera dejado a Lobito o Lobito hubiera dejado a Tigre" (204); Aura y Lobo mantienen contacto con lo ocurrido y se concentran en tratar de encontrar los papeles de la herencia aunque Aura se siente desalentada por la búsqueda infructuosa, pero Lobo la anima diciéndole: "... seamos sensatos por una vez en la vida. Ésta es nuestra oportunidad de resarcirnos de todo lo que hemos sufrido...Aquí hay dos vivos...¿No es así?" (200). El tercer plano lo vive Caridad, un personaje de excepción sobre el que volveremos más tarde; de momento nada dice, deambula como ciega por la escena tropezando con los muebles, palpando las paredes, haciendo gestos y sonidos extraños (198 y 205).

Aceptando la influencia sartriana, se puede encontrar en esta pieza cierto paralelismo con *Las moscas* especialmente en algunos recursos técnicos. Así tenemos que el peso de la culpa y el remordimiento satura un ambiente de muerte y crimen en ambas piezas y en cuanto a los personajes también se pueden apreciar algunos paralelismos. Aura, como Electra, es un personaje patético por sus alternativas y sus dudas: reniega de haberse casado con Lobo y odia su joroba pero la ambición puede más que todo posible arrepentimiento; sufre como madre el repudio del hijo, pero es capaz de propiciar su muerte para obtener la plata que simboliza la riqueza del viejo Tigre; es tentada por la fuga que le propone Caridad, pero no se arriesga porque, como Electra, la obsede una idea fija. Esta lucha constante en que se debate Aura entre el peso de la culpa y el remordimiento interponiéndose en su ambición y la actitud rebelde de Lobito provocada por el hecho de que él no tuvo la oportunidad de decidir su destino, como la tuvo su madre, sino que la joroba en la espalda le viene por herencia, puede constituir un paralelo con el sentimiento de culpabilidad que mantiene el pueblo de Argos por la muerte de Agamenón. En la presentación que se hace de Tigre, además de la afinidad que pudiera tener con el personaje Ubú de Alfred Jarry por lo grotesco de su apariencia física, es curioso notar que tal como Sartre presentó a Júpiter en *Las moscas* como un corrupto manipulador político, Montes Huidobro lo define como "el típico político criollo" (149) y lo hace desenvolverse bajo esos cánones en el diálogo inmediato que sigue a su entrada (152-156). La diferencia entre Tigre y Aura es que, dentro de esta concepción sartriana que estamos considerando, Tigre es de los que ha elegido su camino y está satisfecho de ser como es, pero Aura se debate entre su horrible realidad y su debilidad y cobardía para afrontar un cambio. Lobo y Cuca la Cava son cobardes y ni siquiera contemplan la posibilidad de romper con lo establecido.

Fuera de ese círculo —ya lo hemos mencionado antes— queda un personaje que merece atención especial porque en ella, en Caridad, se sugiere en primer término, dentro de la simbología nominal de que ya hemos hablado, la invocación de nuestra Santa Madre la Virgen patrona de los cubanos, y además, la representación de Cuba y su pueblo. Quizás sea oportuno señalar aquí que Julio Matas encuentra natural que las figuras simbólicas de la patria sean mujeres si se tiene en cuenta que Montes Huidobro se cuenta entre los escritores que piensan que la vida social de nuestro país ha estado sujeta siempre a la tiranía del matriarcado que preside la estructura de la familia[10]. Este valor simbólico de que hablo puede encontrarse en el primer discurso de este personaje con el que se cierra el Primer Acto cuando dice: 'Todo parecía quemarse. Todo ardía. La playa estaba desierta... El mar tenía olas, inmensas olas rojas con espumas de sangre. Todo el mundo comenzaba a conjurarme, pero en el fondo sólo había un abismo... Era el mar, me decía, porque la isla sólo tenía mar por todas partes y nadie podía librarme de aquel mar que ya era rojo, de un solo color" (172). Estas palabras no tienen sentido para ser dichas por el personaje secundario que es, dentro del conflicto familiar, la pariente pobre a quien nadie presta atención, pero sin embargo no sorprenden porque ya antes les había ofrecido a Aura, Lobo y Cuca, una salida del laberinto y les había hablado de un "pájaro de plata" y un "pez de acero" que Cuca interpretó como un avión y el "Magallanes" dentro del juego que se había planteado. Hay un segundo discurso de este personaje excepcional y único dentro del conflicto presentado que ocurre cuando ya sólo queda Aura y Lobo, confusos, asustados, abriendo inútilmente puertas tras las cuales sólo encuentran sus propios temores y miserias morales. En éste, su segundo discurso, Caridad explica lo de su ceguera al terminarse "el juego de las trampas abiertas": "Y entonces fue cuando todo se iluminó de pronto, hecho ya un rayo que me cegaba. Inútilmente gemía, inútilmente palpaba las paredes, porque había visto. Y de ver tenía que cegarme, porque al ver todo se me había revelado" (215). Estas palabras implican la visión de una realidad palpable y si vamos a buscar a qué momento se refiere ese rayo de luz esclarecedor, nos encontramos con que es el del encuentro fatal entre Tigre y Lobito y se comprende entonces que cuando Montes Huidobro configuró al primero como "típico político criollo" estaba llevando al personaje intencionadamente al plano de lo nacional y ya en ese camino se deduce que Lobo puede ser la consecuencia de la realidad política y Lobito el futuro que se proyecta en la perdurabilidad de lo nefasto, dentro de la visión fatalista del autor y que por eso, a pesar de que hay un propósito muy definido de restarle humanidad a los personajes, se establece y mantiene la distancia con el público a traves de un lenguaje explícito, claro, con muchas expresiones que resultan familiares a una audiencia cubana.

Tenemos pues que *La sal de los muertos* es indudablemente un hito dentro de la dramaturgia de este autor no sólo por sus recursos técnicos, sino porque es la plasmación dramática de la situación que Montes Huidobro encuentra como crítico del teatro cubano. Así tenemos que, al enfrentarse a la panorámica de éste desde el exilio, el crítico no puede desasirse del dramaturgo y dice: "El teatro cubano ha ido en un crescendo en que el amor en su forma normal ha ido desapareciendo. Las palabras determinantes son las típicas del terrible amor esquizoide de: trampa, prisión, destrucción. Ha sido un crescendo brutalmente teatral que da al teatro cubano una continuidad fascinante, que lo hace una obra dramática en sí misma como la propia historia de su pueblo"[11]. Esta obra que él concebía abstractamente como crítico, bien pudiera ser *La sal de los muertos* puesto que en ella había planteado lo que él veía como el problema existencial clave de la vida cubana y su teatro: "la posibilidad de `salir' dentro de un círculo cerrado"[12]. En definitiva lo que pasa es que ninguna obra intelectual -y mucho menos la creativa— puede separarse de la esencia del ser del autor y por eso cuando se estudia a Montes Huidobro ya sea en su dramaturgia o en su narrativa[13] se encuentra una angustia humana dominada por la asfixia y la frustración y saturada muchas veces de un sustrato histórico en el que puede reconocerse la tragedia de la patria.

NOTAS

1. Natividad González Freyre, *Teatro cubano contemporáneo (1928-1957)*. La Habana, 1958,214.
2. *Ibid.*, 215.
3. José A. Escarpanter. "*Funeral en Teruel* y el concepto de la hispanidad" en Matías Montes Huidobro, *Funeral en Teruel*, Editorial Persona, Hawaii, 1990. 11.
4. Matías Montes Huidobro. *Obras en un acto*. Editorial Persona. Honolulu, Hawaii, 1991, 48.
5. Matías Montes Huidobro, *La sal de los muertos* en Orlando Rodríguez Sardiñas y Carlos Miguel Suárez Radillo, *Teatro contemporáneo hispanoamericano*, Tomo III, Escelicer, S.A., Madrid, 1971, 125-220. En lo sucesivo, todas las referencias a esta pieza se referirán a esta edición y se indicaran las páginas entre paréntesis en el texto.
6. Francesca Colecchia, Matías Montes Huidobro: His Theatre" en *Latin America*

Theatre Review. University of Kansas, Center of Latin American Studies, Summer 1980,79.

7. Matías Montes Huidobro. Carta personal a la autora de fecha 21 de abril de 1992.

8. Luis González Cruz, "Interviews and Translations" en *Latin American Theatre Review*, Spring-Summer 1974, 168-9.

9. Jean Paul Sartre, "Forgers of Myths" en Robert W. Corrigan, The Modern Theatre, The Mc Millan Company, New York, 1964, 783. La traducción es mia.

10. Julio Matas, prólogo a Matías Montes Huidobro, *Persona, vida y máscara en el teatro cubano*. Ediciones Universal, Miami, 1973, 17.

11. Matías Montes Huidobro, *Persona, vida y máscara*, 57.

12. *Ibid.*, 61.

13. Sobre la cuentística de Montes Huidobro ver Elio Alba Buffill, "La cuentística de Montes Huidobro: búsqueda angustiosa de ideales" en su libro *Conciencia y quimera*, Senda Nueva de Ediciones, New York, 1985, 59-68.

MITO E HISTORIA EN
EL MAYOR GENERAL HABLARÁ DE
TEOGONÍA DE JOSÉ TRIANA

Conferencia leída en Clemson University, S.C. en la XXXIX Reunión Anual de Mountain Interstate Foreign Language Conference, el 29 de septiembre de 1989. Recogida en La mujer en el teatro hispanoamericano y otros ensayos, *Montevideo, Universidad Católica del Uruguay, 1992, 131-140.*

Aunque el castrismo trata de hacer ver que no había herencia cubana en materia teatral, es evidente que a pesar de que el régimen impuso nuevas normas de sumisión absoluta que no excluían la intelectual, los nuevos valores que surgieron después de su irrupción continuaron dentro de la evolución que las generaciones anteriores habían iniciado en busca de un genuino teatro nacional y cayeron necesariamente en la vanguardia que ya se avecinaba cuando surgió la crisis política que cambió tan drásticamente la historia cubana.

José Triana pertenece a esa promoción de nuevos dramaturgos y será interesante ver como en "El Mayor General hablará de teogonía" usa un juego de alusiones y símbolos para enfrentarse críticamente a la realidad política cubana, pero antes de entrar a analizar la pieza, será preciso hacer una revisión panorámica de la dramaturgia universal en esa época, para situarla históricamente puesto que esa vanguardia cubana miraba, como era natural, a esos cambios.

A ese efecto nos encontramos que por los años cincuenta la influencia del existencialismo y del absurdo era decisiva en Francia, que se había convertido, en el período de la postguerra, en el centro de la actividad teatral. Ambos conceptos implican una actitud de protesta pues parten de la presunción de que el mundo es un caos y la acción dramática se sustenta entonces sobre la base de crear orden dentro de ese ambiente irracional, pero cada uno difiere en el enfrentamiento al problema. El existencialismo, al negar la existencia de Dios, deja al hombre despojado de toda atadura espiritual y lo coloca así en una situación precaria de tener que seleccionar por sí mismo los valores que han de normar su vida, lo cual hace que quede abandonado a la más absoluta soledad y lo conduce necesariamente a un estado de perplejidad. El absurdismo parte de la misma idea caótica del mundo —como dijimos— pero no señala solución, sino que deja al hombre inmerso en el caos porque tomar cualquier camino ideológico o espiritual, significaría una actitud conformista que negaría la de protesta; de ahí que en el drama absurdista la acción dramática casi desaparece en una sucesión de situaciones incongruentes que se yuxtaponen de forma efectista. El lenguaje se impone como un instrumento racional que atenta al nihilismo que se pretende crear y de ahí que el dramaturgo trate de reducir su poder quebrándolo en frases incoherentes para eliminar la posibilidad del diálogo que implica siempre comunicación racional y expresiva de sentimentos. Puesto que el absurdismo toma la posición del antiteatro en la forma y una perspectiva muy subjetiva —ya que tiende a huir de la realidad ambiental— la pieza treatral absurdista queda muchas veces reducida a un rito expoliatorio de la conciencia. Por eso es que, casi siempre, el personaje se encuentra inhibido de actuar, limitado por un sentido de culpabilidad, prisionero, en fin, de fuerzas extrañas que lo incitan a explorar el espacio en una busqueda incesante de una salida que él mismo niega porque está convencido que no existe. A veces, en el llamado "teatro de la crueldad", esa búsqueda toma signos de violencia y el ritual adquiere caracteres grotescos al agotar las fuerzas del prisionero hasta que se resigne a la aniquilación o se disponga a reiniciar la lucha contra el imposible que es lo único que puede justificarle la vida.

El teatro del absurdo, por lo tanto, es un fenómeno de reacción bajo la norma del "anti", en alguna medida quizás, justificado por los horrores de la Segunda Guerra Mundial. Para algunos críticos es una reacción al realismo puesto que éste pretendía captar una realidad hasta cierto punto objetiva y el mundo se había tornado demasiado feo para reproducirlo; para otros, se trata sólo de una nueva dimensión de la realidad, que toma la perspectiva individual y la proyecta al exterior Claro que de cualquier manera que se interprete, las diferencias surgen de inmediato ya que el teatro conlleva dos elementos que le son consustanciales e inherentes: acción y circunstancia y es obvio que los resultados serán completamente distintos si la acción dramática se desarrolla dentro de condiciones convencionales o en un medio que es repelido por el personaje y que éste pretende desconocer. En el primer supuesto, las complicaciones surgirán de la adaptación de la conducta a ciertas normas que son aceptadas de antemano, pero en el segundo, al hacerse hostil el ambiente, las tensiones las provocará la actitud rebelde del personaje y ésta encierra naturalmente, un infinito de posibilidades imposible de predecir.

En definitiva, que el teatro del absurdo se opone al teatro tradicional y como bien dice Alfredo de la Guardia, "se suele presentar como una rebelión contra el teatro burgués"[1]. Una vez sentada esta premisa, será oportuno que volvamos nuestra atención al acontecer cubano en los años liminares del proceso castrista.

Como señalamos al principio, el teatro cubano ya había dado muestras bien definidas de que estaba respondiendo al impacto de la dramaturgia universal. Nos bastará citar solamente algunas de las afirmaciones hechas por Virgilio Piñera en la introducción a su *Teatro completo* publicado por Ediciones R en 1960, para acreditar como cierto lo que dejamos dicho. Dice Piñera, para justificar por qué se dejó atacar por el "bacilo griego" —según propias palabras— en su *Electra Garrigó*. "¿Qué por qué lo hice a través del mito griego? Aquí hace falta decir la verdad y la verdad es, que a semejanza de todos los escritores de mi generación, tenía un gusto marcado por los modelos extranjeros"[2]. Recuérdese que los forjadores del teatro nacional abogaron siempre por la necesidad de que el dramaturgo criollo se asomara al exterior y tomara de las fuentes del teatro universal los elementos necesarios para la recreación de sabor nacional. Piñera está haciendo patente con esas palabras que en 1941, cuando escribió su *Electra*, ya Cuba había adquirido una mayoría de edad que la capacitaba a asomarse a influencias externas y adaptarlas a la circunstancia nacional, tal como él hacía en dicha pieza, para lograr un teatro genuinamente cubano y si esto era un hecho por los años cuarenta, ¿cómo se puede negar que a fines de los cincuenta no hubiera madurado ese proceso lo suficiente y la influencia del propio Piñera no se hubiera hecho patente?

Volviendo entonces a nuestra premisa anterior, podemos concluir que a la revolución comunista de Castro le acomodó muy bien la posición antagónica de la corriente absurdista para hacer del teatro un medio de adoctrinamiento anti burgués que llegara directamente a todos los estratos sociales al darle a la escena nacional una profesionalidad subvencionada por el Estado[3] y despojarla así de la espontaneidad y libertad que toda expresión artística requiere.

El teatro del absurdo, que ya había dado muestras de vida dentro del vanguardismo que se había manifestado en Cuba, acorde a la tónica de los tiempos, resultaba el medio más adecuado para oponérsele al llamado "teatro burgués" y por eso el castrismo alentó la producción dramática que traía el sello absurdista, con su constante temática de crítica social que implica la posición del anti-héroe, personaje característico de esta dramaturgia. Lo que tardó un tanto en darse cuenta el régimen revolucionario fue que el absurdismo resultó en última instancia, el medio de expresión adecuado para reflejar la opresión de la Cuba comunista; que el estado de incomunicación, de desesperación, de miedo, en que se debatían los personajes, era reflejo de una realidad sentida por el pueblo. Por eso, en definitiva, se acaba con el teatro de autor individual y se le da paso al teatro colectivo, de más fácil control.

José Triana surge en 1960 bajo la corriente alentadora de los primeros años, que propiciaba la producción nacional. Refleja la tendencia del teatro del absurdo y de la ira en cuanto que incide en los temas de la sociedad, la incomunicación, la angustia, la incomprensión, la muerte y la negación religiosa. En Triana podemos encontrar confirmación de lo que acabamos de exponer, en su pieza en un acto "El Mayor General hablará de teogonía" que fue la primera suya que subió a escena. En la misma se desarrolla un análisis crítico de la realidad cubana a través de una situación familiar dentro de la cual se va a consumar el sacrificio de la misa cristiana, aunque, desde luego, en un sentido alegórico. El conflicto se sustenta sobre un triángulo amoroso que es lo que justifica el sentido de culpa de los personajes. El mismo lo integran en su base dos hermanas, Elisiria y Petronila, y en su vértice, Higinio, el marido de Petronila. Elisiria e Higinio se amaban en silencio por muchos años y los dos cargan la culpa de la muerte de la niña que Petronila llevaba en el vientre, ocurrida al caer ésta en un barranco por haber resbalado en el barro que estaba mojado. Del relato que ambos hacen del acontecimiento, se deduce claramente que en ninguno de los dos hubo el propósito críminal de empujar a Petronila, sino que ambos experimentaron ante el accidente la esperanza de que el mismo viniera a ser la solución a sus penas de amor con la desaparición del estorbo que impedía su unión. La muerte de la criatura sirve para hacer más gravoso el cargo de conciencia de aquel mal pensamiento y acrecentar en los dos un sentimiento de culpa que han alimentado por veinticinco años junto a Petronila, que parece vivir en una abstracción del pasado, indiferente a lo inmediato. Apenas comienza la obra con el diálogo entre las dos hermanas, se hace esto patente cuando ella dice: "Yo no sé qué rara virtud tiene el presente que el pasado aparece como algo falto de sentido"[4].

La acción dramática se desarrolla el día en que la pareja cumple veintisiete años de casados y Petronila ha decidido festejar la ocasión con una reunión familiar a la que ha de concurrir como invitado especial el Mayor General que es un personaje extraño en cuya casa ellos viven y que ejerce un dominio absoluto sobre los tres. Es así que se inicia el proceso expoliatorio de la culpa que sienten Elisiria e Higinio. El General circunscribe los límites de una prisión física que a ellos se les hace intolerable y planean su muerte para esa misma noche, con el ansia de buscar la libertad, como dice Elisiria (192). Es muy significativa la reacción que provoca esa afirmación tan trascendente: Petronila pregunta ingenuamente "¿Qué cosa es la libertad?"; Elisiria trata de explicarlo pero no puede e Higinio contesta con un "No sé" dubitativo (182). Esto pone de manifiesto la futilidad de los esfuerzos. Recuérdese que en el teatro del absurdo, el círculo se cierra en la nada; la lucha en definitiva no abre ningún camino, pero hay que librarla de todas maneras y por eso toma casi siempre cierto tono ceremonial. Triana utilizó a esos fines, en esta pieza, las connotaciones de la Santa Misa cristiana. Esto se hace evidente con la mesa que Petronila dispone para el banquete. No se nos pueden pasar por alto las direcciones de escena en ese punto: "...Petronila busca el mantel y lo pone cuidadosamente en la mesa. Hay una especie de rito singular, misterioso, en estas maniobras. Luego coloca un bucarito en el centro de la mesa y contempla el mantel extasiada" (169). Más adelante se nos dice que trae un "cake" y una botella de champán, lo cual viene a ser el pan y el vino, con cierto sentido grotesco y para completar la concepción religiosa, cuando Elisiria le describe a Higinio como ha de realizarse el crimen dice, como para tratar de convencerlo a seguir adelante en los planes: "Su sangre nos serviría de alimento. Seremos santificados después" (179).

Todo esto justifica el que la crítica haya visto en esta pieza una relación evidente entre el Mayor General y Dios, lo cual implicaba una muestra de rebeldía contra la tradición religiosa del pueblo cubano, puesto que la omnipotencia divina se mostraba cruel, torturadora e injusta, y esto, desde luego, justifica el que —sin negar los méritos propios de la obra— haya recibido esta pieza tan cálida acogida por parte de la exegética de izquierda. Pero hay en ella un plano histórico que no se ha estudiado debidamente y en el cual hay claves muy interesantes para el análisis.

El Mayor General es una figura de referencia, en realidad. Hace su aparición solamente al final para cumplir el propósito de aniquilar a los rebeldes y anunciar, ya en retirada, que vendrán otros como éstos en sucesión infinita (191). El hecho de que la obra se sitúe temporalmente en el año de 1929, sugiere el propósito de Triana de darle a esta figura, a la vez que religiosa, una implicación política, pues de esa manera está aludiendo al momento en que se produce la prórroga de poderes del presidente Gerardo Machado. Si la inclusión de ese dato no tuviera esa intención, sería absolutamente irrelevante el señalarle un año específico a la acción. Otro detalle que avala el propósito del autor de darle una orientación política, es que los dos acontecimientos familiares a que se hacen referencias retrotraen los hechos a dos fechas de gran trascendencia en la historia cubana: 1902, la inauguración de la República, y 1904, cuando comienza a ser vigente el arrendamiento de Guantánamo. Los despojos de la pobre criatura muerta en el infausto accidente de Petronila pudiera interpretarse que son los de la República, lo cual pudieran haber visto como una crítica efectiva los partidarios del castrismo, pero hay que notar que en el arrebato final del General, éste estrella la urna contra el suelo y se retira convencido de que no vale la pena hablar del origen de los dioses, ni de nada. "¿Hablar? ¿Hablar, para qué?" (190). De esa manera, la idea de imposición, de dominio, de poder absoluto, trasciende el espacio limitado de la casa y le da contornos históricos dentro de la realidad cubana, pero sí analizamos las alusiones que se hacen al Mayor General y a las circunstancias que le conciernen, nos damos cuenta que las referencias históricas tocan más a la situación presente que a alguna de las pasadas.

En primer lugar, a ninguno de los autócratas anteriores —Machado o Batista— se le adapta la visión paternalista que reviste a este personaje. Sin embargo, Fidel Castro sí ha tratado por todos los medios, de dar esa imagen. Hay además ciertos indicios al caracterizar al personaje que son muy iluminadores porque es fácil reconocer determinadas cualidades o expresiones que responden a la identidad del líder cubano. Uno es la referencia a la grandilocuencia del Mayor General a que alude Petronila con entusiasmo: "a mi me encanta oír hablar al Mayor General. Qué imaginación. Delante de nosotros se deciden guerras fabulosas, cruzadas increíbles. Y legiones de ángeles vencen o mueren" (167). También le cuenta a su hermana que le oyó decir en una ocasión algo que ella no entendió: "¿Hasta cuándo dejarán de ser gusanos?... Hagan un esfuerzo. Luchen. Busquen las armas necesarias..." (166). Petronila no ofrece resistencia a la dictadura; lo acepta todo no porque se haya cuestionado la situación, sino porque es más fácil adaptarse a ella y admitir que el Mayor General "tiene un sistema al que todos tenemos que acostumbrarnos" (172). Esa actitud acomodaticia también es parte de la actualidad cubana y especialmente lo fue al principio, en la época en que se escribió esta obra. Ella deja volar su imaginación para no ver los escollos inmediatos y hasta llega a ver como "un príncipe ruso" (171) a quien responde en la obra a la siguiente descripción: "un hombre pequeñito, enjuto, con una larga barba de chivo" (188). Es muy significativo que sean todos estos atributos precisamente opuestos a los de la figura histórica que se quiere aludir, pero si no hubiera la intención crítica que nosotros le vemos, ¿por qué ha de ser precisamente ruso ese príncipe imaginado? Elisiria, por el contrario, no resiste la presencia del funesto personaje, pero se ve forzada a aceptarlo, a limpiarle las botas, a servirlo. Lamenta una y otra vez que ella y su hermana y cuñado no hayan tomado la iniciativa de dejar esa casa cuando podían hacerlo. Higinio parece vivir algo semejante. "—No estoy dispuesto a seguir viviendo en estas condiciones"— le dice a su mujer (178). Esa noche ha regresado a su casa con el temor de que algo terrible se trama contra él. Se siente perdido, acosado, y lo que es peor... humillado; por eso decide adelantar lo que desde hace tiempo tienen planeado él y Elisiria: la muerte del Mayor General. Esa es la única salida que ven para poder escapar de todo aquello, aunque no están seguros si podrán huir de las consecuencias del crimen porque se sienten acechados, pero "Al menos seremos libres", dice Higinio y Elisiria trata de animarlo con la idea de que habrán hecho algo de lo que se podrán sentir satisfechos porque "El mundo se libraría de este farsante" (180). En las actitudes de estos tres personajes queda así perfilado un corte transversal de la realidad cubana ante la crisis del castrismo, pues cada uno representa alguna de las posiciones tomadas frente al conflicto que representó la imposición de un nuevo sistema, y es muy significativo que el dramaturgo haya utilizado la unidad de un núcleo familiar para presentar una situación que se reconoce en la generalidad de un pueblo.

De todo esto podemos concluir que Triana sigue en esta obra la tradición en el teatro cubano de enfrentarse a la problemática del momento, aunque para hacerlo haya tenido que esconderse en la incongruencia del absurdo. Esto justifica el que la crítica le haya encontrado puntos de afinidad con Jean Genet, porque ni uno ni otro está completamente integrado al absurdo, sino que hay en ambos un atisbo de rebeldía que deja siempre abierta la posibilidad de un cambio, aunque éste no se prevea de inmediato. Los une también el sentido poético que le imparten a su prosa y el hecho de que, hasta cierto punto, Triana, como Genet, no le habla a una generalidad, sino a los que lo sepan interpretar[5]. En esta pieza Triana lo que ha hecho es valerse del mito y la historia para darle dimensión a los símbolos dentro de una polivalencia significacional.

NOTAS

1. Guardia, Alfredo de la. *Hay que humanizar el teatro*. Buenos Aires: Editorial la Pléyade. n.d. (15).
2. Piñera, Virgilio. *Piñera teatral. Teatro completo*. Por Piñera. La Habana: Ediciones R. 1960. (11).
3. Esta transformacion esta explicada en Leal Rine. "El teatro en un acto en

Cuba. *Unión*. Revista de la Unión de escritores y artistas de Cuba. Año II. enero-abril (1963), Núms. 5 y 6.
4. Dauster. Frank y León E. Lyday. José Triana. *En un acto*. New York: 1974. Todas las notas que aparezcan sobre "El Mayor General hablará de teogonia" se referirán a esta edición y se indicarán las páginas entre paréntesis.
5. Picon, Gaetan. *Panorama de la nouvelle lilérature francaise*. 9a. ed. n. 1. 1960, 134.

EL TEATRO DOCUMENTO DE REINALDO ARENAS

Ponencia leída en el Congreso Anual del Círculo de Cultura Panamericano, copatrocinado por Bergen Community College of New Jersey. Sesión de clausura en memoria de Reinaldo Arenas, el 10 de noviembre de 1991. Publicado en Círculo: Revista de Cultura, Vol. XXI 1992, 67-76.

El teatro experimentó grandes transformaciones en Europa, después de las guerras mundiales, tanto en la manera de expresarse como en la intención que conlleva la obra y la forma y dimensión en que se habían de representar y en Hispanoamérica, al tomar el poeta responsabilidad ante la colectividad y plantearse la crítica al orden establecido, se incide muchas veces en el tema de la tiranía, lo cual conduce a un teatro político.

En nuestras tierras americanas ya se encuentra antecedentes del mismo en tiempos de Rosas, en *El gigante Amapolas* de Juan Bautista Alberdi, que para algunos críticos representa un punto de partida dentro de esta línea.[1]

El teatro político toma dos formas de manifestación casi opuestas: la del teatro épico que trae la Historia a escena en momentos significativos de ésta con la intención de hacer reparar al público en ciertos hechos reales de la vida social y la del teatro del absurdo que, por el contrario, saca al hombre de la Historia, o sea, de su realidad, y lo pone a luchar en un mundo sin sentido en que ninguna solución es posible. El teatro épico por lo tanto, parte de una concepción realista orientada hacia lo social. Su más notable teórico es Bertolt Brecht, aunque el iniciador lo fue Edwin Piscator pero en éste predominó su militancia comunista e hizo de su teatro uno de propaganda política con claras consignas revolucionarias en tanto que Brecht fue el poeta que supo combinar realismo y lirismo para lograr una unidad estética que hiciera pensar al espectador sobre los problemas de su circunstancia. Sin embargo, bajo la influencia de Piscator se desarrolló el llamado teatro documento con la concepción estética de un "arte prosaico" puesto que decía perseguir "la belleza de lo feo". En definitiva, lo que buscaba Piscator era enfrentarse al llamado "teatro de arte" al que consideraba netamente burgués; su orientación no era tanto artística, sino política. Según sus propias palabras, sus obras eran realmente proclamas[2] y desde luego, señaló un camino didáctico que fue usado muy ampliamente por los dramaturgos de izquierda para desarrollar una labor propagandística orientada mayormente al proletariado.

El teatro documento se basa fundamentalmente en traer a escena un hecho real y concreto que ya es conocido del auditorio y presentárselo de una manera lo más objetiva posible, usando para ello los recursos visuales, auditivos o sensoriales que sean oportunos. De ese modo, el espacio escénico trasciende los límites del escenario puesto que la percepción del espectador va más allá de lo que se le presenta ante los ojos al aportar cada cual el conocimiento que tiene del hecho en cuestión y su opinión sobre el mismo, pues lo que busca el teatro épico no es envolver al espectador en una realidad ficticia, sino por el contrario, colocarlo a cierta distancia para lograr una reacción no emotiva, sino crítica. Esto ya nos indica el propósito combativo que predomina en este teatro. Y es que, si pensamos un poco sobre ello nos damos cuenta que el "documento" o el "reportaje periodístico" (que es la estructura que mejor se aviene a estos fines) conllevan la idea de informar, de denunciar hechos u ocurrencias, de buscar, en última instancia, una reacción, pero al propio tiempo esto, sin lugar a dudas, implica comunicación, que es el punto esencial de toda forma de arte en términos generales y muy particularmente del teatro. Es decir, que lo que puede salvar para el arte al teatro documento, es la poesía que se logre poner al transmitir el mensaje.

En *Persecución*[3] Reinaldo Arenas hace uso del teatro documento para denunciar ante el mundo el sistema represivo en que vive su patria. Como ya antes dijimos, esa tendencia dramática había sido ampliamente utilizada por la izquierda con propósitos panfletarios; no es extraño por lo tanto, que Arenas se valiera del propio medio al que tantas veces debió ser expuesto, para combatir al sistema que lo sojuzgó por tantos años hasta que buscara la libertad por el camino de El Mariel. Pero Reinaldo Arenas era, por naturaleza, un poeta y no tuvo que sacrificar como Piscator y sus seguidores, el concepto de lo artístico en benefilcio de la proclama revolucionaria, sino que la poesía trasciende lo político a través de los símbolos, lo plástico o la expresión verbal.

Persecución se compone de "cinco piezas de teatro experimental", según las califica el propio autor, que están unidas por el tema constante de la represión, lo cual también hace constar en un párrafo inicial en el que hace la presentación de las mismas al momento de publicarlas. Es interesante que nos detengamos en esta introducción porque en ella, además de suministrar los datos que hemos apuntado, da otras claves de interpretación muy importantes. Primero nos dice que "El objeto que más evidencia la situación represiva. serán las sogas" (5), lo cual hasta cierto punto es un tanto obvio pues la presencia constante de ellas en todos los actos hace suponer que responde a ese propósito simbólico. Después aclara que "Otro elemento importante es la música" y recomienda que se use el principio del Estudio núm. 1 de Chopin, Opus 10 sin explicar el por qué de esa preferencia. La razón se hace evidente si recordamos que Chopin escribió el Opus 10, No. 12 en Stuttgart, Alemania, en 1831, bajo la terrible impresión que le produjo el saber que su amada Varsovia hubiera caído de nuevo bajo el poder de los rusos y que le dió el título de "Revolucionario". Con él, el gran polaco le transmitió al mundo a través de su música, el grito de dolor de su pueblo ante un poder opresor. De esta manera establece Arenas en forma sutil, el paralelo en el tiempo y en la Historia entre Polonia y Cuba, víctimas de un mismo invasor. Este tema musical sin embargo, debe sufrir desde el principio cierta alteración que llegará a veces a adquirir tonos frenéticos y dislocados. La explicación de esto la creemos encontrar nosotros en que en el caso cubano, el camino del poder extranjero fue allanado por hijos de la propla tierra, lo cual es enajenante...absurdo...terrible...Hay otro elemento simbólico al que el autor no hace referencia en la introducción, pero que se hace evidente del contexto, que es una palmera o areca que aparece en todos los actos y que, bien por su apariencia o por su función escénica, se identifica fácilmente con la patria mancillada.

Cada una de las piezas tiene su nombre, aunque también

están numeradas como Actos. El primero, bajo el titulo de "El traidor"[4] es un monólogo pues el único personaje que habla es una mujer de 70 años, madre del supuesto Judas, a quien entrevista un periodista. El tiempo escénico es futuro: ya ha caído la dictadura y es momento de buscar testimonios de lo que ha pasado en tan largos y angustiosos años. La areca marchita que aparece en una esquina es indicio de este salto temporal como se comprobará más tarde, y la enorme soga que se extiende tensa en el proscenio "le dará a todo el conjunto una imagen de confinamiento" (8) según especifican las direcciones. Una enorme pantalla reflejará en determinados momentos escenas de las concentraciones públicas en la Plaza de la Revolución, de las multitudes enardecidas pidiendo ¡Paredón! o de la imagen de Fidel Castro en el paroxismo de un discurso. Esto es lo que hace documental a esta pieza ya que su propósito es denunciar específicamente, el horror de la dictadura castrista. Casi no hay acción y los personajes apenas adquieren identificación: los periodistas se difumen en el manejo técnico de las luces y la pantalla y la anciana no llega a adquirir nombre ni siquiera a tipificar a una madre; es sólo una voz, una testigo de lo que se sufrió. Su tono es amargo, cruel, dolorido, hasta un tanto cínico a veces. Relata cómo y por qué su hijo llegó a ser procesado y condenado a muerte como agente directo de la tiranía una vez que ésta hubo caído y en ese relato es que se ve de qué manera el sistema opresor iba comprometiendo a cada uno como parte integrante del mismo, haciéndole su cómplice, identificándolo con alguna de sus corrupciones e injusticias. Era imposible buscar el aslamiento. El hombre de esta historia intentó escaparse por el silencio pero fracasó porque resultó ser como muchos "una víctima víctima de los victimarios" (10), tal como su madre lo describe. La palabra de este personaje es a veces un tanto alucinante, incrédula de que todo haya pasado y de que los que la escuchan ahora crean lo que está diciendo: "...Ah, ya veo que no me cree. Soy vieja. Piense de ese modo si quiere. Soy vieja, deliro. Piense así. Es mejor. Ahora se puede pensar -¿no me entiende?- ¿Es que no comprende que entonces no se podía pensar? Pero ahora sí, ¿verdad?..." (9). A lo largo de su discurso queda planteada la escisión entre un "nosotros" (los que padecieron el régimen sin poder expresar su repudio y aun a veces, como en el caso de su hijo, teniendo que dejarse involucrar en él), un "ellos" (los victimarios, los verdaderos responsables del sistema) y un "ustedes" (los que estaban fuera y no pueden imaginar por más que quieran hasta qué punto de aniquilamiento moral se ha llegado).

El Acto II es un tiempo escénico anterior al Primero, lo cual indica el hecho de que la palmera esté menos marchita, pero es sin embargo un tiempo irreal pues se muestra un mundo en el que no resta nada natural ya que la ciencia ha logrado sustituir todo por productos artificiales. Este mundo representa el triunfo absoluto del materialismo: las rosas son artificiales, la yerba está esterilizada y la comida preparada con componentes sintéticos. El arte, las letras, la poesía, el gusto por la belleza, no pueden existir en las condiciones descritas y entonces Arenas hace una parábola con el capítulo XLVI de la Primera Parte de El Quijote, cuando el cura y el barbero de su pueblo llevan enjaulado al Caballero de la Triste Figura, de vuelta a su casa. Aquí son tres soldados de un "Perenne Unificado y Glorioso Imperio", los que "transportan una gran jaula de oro en la que se encuentra un viejo harapiento de largas barbas y blancas greñas, que lleva la soga amarrada al cuello y unos amarillentos manuscritos en la mano. Su delito es haber escrito una novela de caballerías, una aventura de locos" (18), ejercer lo que el tercer soldado califica de "oficio decadente y arcaico" (19). Si tenemos en cuenta que, como acertadamente Francisco Ayala veía en *Experiencia e invención*,[5] el Quijote, tras su apariencia ridícula de demente, era un héroe asistido de una razón superior que representaba el sentimiento de la época, comprenderemos que de la misma manera, este poeta enjaulado de aspecto ruinoso puede encarnar en la pieza de Arenas las fuerzas espirituales del pueblo cubano que se resisten a la aniquilación que pretende el sistema. Como Cervantes, Arenas se burla, pero no de la manera enigmática que lo veía Ortega y Gasset sino abiertamente, del "paraíso" que es capaz de construirse en un mundo sin valores éticos y así, presenta el horror de éste a través de la visión idealizada de los soldados que llevan al poeta a un lugar en el que la naturaleza todavía provee de frutas y rosas y que llaman "el paraíso". Otra vez el dramaturgo ha apelado a la técnica cervantina con la ambigüedad que presenta en esa dualidad paradisíaca, pero no como la usaba Cervantes para crear la incertidumbre de la realidad objetiva, según lo estudia acertadamente Manuel Durán, sino para hacer evidente el mundo de ficción y mentira que pretende crear el régimen castrista. De esta manera Arenas está denunciando ante el mundo que si no han destruido físicamente a muchos intelectuales es porque necesitan exhibirlos para el extranjero y por eso los mantienen como en una vidriera, dentro de un ámbito limitado, para crear la ficción de que hay libertad de pensar, pero despojados de su dignidad. Esto se ve en la respuesta que le da el tercer soldado a la pregunta del primero: "¿no sería mejor que los dejaran por ahí?" "¡¿Por ahí?! ¿Como si fueran envases vacíos? ¿Y las delegaciones amigas? ¿Y las delegaciones enemigas? ¡Un escritor fuera del paraíso! ¡Qué dirían de nosotros!" (22). Y ya antes había admitido: "Y lo peor es que no podemos descuartizarlos como hacemos con los demás" (19). No pueden porque a pesar de todo necesitan de ellos para mantener la ficción. La jaula de oro es todo un símbolo de la gran mentira: ¡es de oro, pero es una jaula!

En este Acto también se habla de un "ellos" y un "nosotros" pero ahora tiene un significado diametralmente opuesto. El "ellos" que era el de los victimarios en el Acto 1 es ahora el de esos "seres extraños, disconformes, anormales..." (20) que no logran integrarse al nuevo sistema y "nosotros" son los que de una u otra manera lo respaldan y están aquí representados en los tres soldados que tampoco tienen ninguna identificación personal; lo que los diferencia es el grado de adhesión que cada uno tiene como salvaguarda del "Perenne Unificado y Glorioso Imperio" que representan. Con esto Arenas está planteando la pluralidad de perspectivas posibles.

Al final de este Acto II Arenas usa de la alusión bíblica a la manzana del Paraíso que tentó a Eva para sugerir un retroceso temporal que nos lleve al principio de todas las cosas, pues el Acto III está trabajado con técnica absurdista y en él se hace la historia de cómo se fue gestando el régimen de terror. Conforme a lo que es el teatro del absurdo, la acción dramática desaparece en una sucesión de situaciones incongruentes, pero el orden que se establece dentro de ese ambiente irracional es el desarrollo de consolidación del sistema. Las claves temporales para indicar el avance de este proceso son dadas a través del diálogo que, desde luego, se diluye en frases inconexas, y de la intervención de un coro de seis personas. Este coro "debe dar la sensación de algo inminente, real e ineludible" (28), según las direcciones, en tanto que "Ella" y "Yo" —que así se identifican los personajes que sostienen el diálogo— deben parecer "casi irreales" (28). Son un hombre y una mujer y llevan una larga soga atada a la cintura y como taparrabos, hojas del manuscrito del poeta que vimos en el Acto II, de los cuales leen a veces. Es común encontrar en este tipo de teatro del absurdo, la identificación de "Ella" y "El" porque generalmente el dramaturgo está contemplando a la Humanidad en un microcosmo, pero aquí no deja de sorprendernos que haya un "Yo" y hasta un "Tú" "cuando "Ella" se vuelve hacia el público y le dice: "Míralos, míranos..." (35) refiriéndose al coro y a "Ella" y "Yo", e integrando de esa manera a los espectadores dentro de la acción dramática. Aunque una de las características del teatro absurdista es dar la oportunidad a muchas interpretaciones posibles, nos parece a nosotros que todos estos indicios pueden darnos lugar a suponer que estos personajes responden a una cierta representación, mucho más si reparamos en las direcciones de escena que dicen: "Debe enfatizarse en que ambos personajes parezcan casi como de otro mundo, a veces fatigados, otras indiferentes, súbitamente alegres, desoladoramente trágicos, por momentos cruzará por sus semblantes como el recuerdo de una derrota, se dirigen la palabra casi incesantemente pero al parecer no recíprocamente, se miran, aunque parece que están mirando a otro sitio, que ven otras cosas..." (27-28). Es decir, que más que un diálogo, lo que hay es monólogos de ese "Ella" y ese "Yo" en los que cada uno proyecta su sentir y a través del decir de ambos nos damos cuenta que lo que los une es ser prisioneros de la misma angustia, pero que no son presencias individuales. En "Ella" creemos ver la representación de Cuba que hasta entonces había estado presente en la palmera, pero aquí ésta es tirada como al acaso por un técnico de escenografía y a su alrededor, casi surgiendo de la propia planta, se inicia la acción. La actitud de "Ella" es siempre pasiva, resignada, nostálgica de un ayer cuando "las paredes estaban aún pintadas, los cristales protegían, las leyes aún no proclamaban que era un crímen escoger, no escoger", (31) luego anuncia: "Les están saliendo los dientes ¿Te fijaste?" (32) y tras esto la promesa a los que se han ido: "Te espero bajo el aguacero y en la muda algarabía de la navidad prohibida. Junto a la talanquera, te espero. Mirando hacia la sabana, recostada a un taburete. Te espero en esta casa espantosa... Te espero en la cola de yogurt, en la ciudad cuadrada..." (32) "Te espero entre los sillones sin fondo, junto a la mesa mal servida..." (33) y a "Yo", al pueblo que sufre a su lado, lo sacude por los hombros y busca inútilmente que reaccione ante el fantasma que han hecho de sí misma y le ruega: "...dime que me odias, prométeme que me odias, consuélame diciéndome que me odias" (34). Su esperanza está lejana y se pregunta: "¿Qué será de la gente a quinientos kilómetros del mar?" (35) y luego le acomete el desaliento y tras el resplandor amarillo de la luna que con sentido lorquiano parece sugerir muerte, se ve "...desnuda, abandonada" (37), tratando de interpretar su destino.

La función del coro es la de ir señalando el proceso evolutivo del sistema opresor. Está compuesto de seis personas lo cual puede significar las seis provincias que componen la unidad territorial sobre la que se desató la realidad de la revolución castrista. Por eso sus componentes darán la impresión de "gente bien plantada y con un objetivo" (28). Sus intervenciones iniciales reflejan las consignas de estímulo para alcanzar metas propuestas de producción: "¡Ya llegamos a las cien mil posturas de café!" (29); luego, el acatamiento a un poder superior: "¡¡¡Comandante en Jefe, ordene!!!" (30) y a partir de ahí el coro empieza a demostrar agresividad hacia "Ella" y "Yo" primero en forma de burlas y muecas y luego tratando de enlazarlos con las sogas o llegando a palmear en la cara a "Yo" que según nuestra interpretación es el pueblo sometido a la humillación. Esta actitud se va haciendo cada vez más agobiante hasta llegar a un punto de paroxismo en que los seis componentes del coro se cosifican en autómatas que gritan atropelladamente todas las consignas, órdenes y amenazas que habían estado lanzando hasta terminar abruptamente con la que habían empezado: "el que saque la cabeza se la cortamos" (35), pero a partir de este momento el coro no dice más nada. Se arrastra, gruñe, aúlla y trata de escuchar lo que dice "Ella" y "Yo" hasta que se cierra el Acto con el grito atronador de las ocho figuras en escena que emiten un sonido prolongado de R que tiene dos posibles implicaciones: la R de la palabra Revolución que el régimen de Castro trató desde un principio de darle propia significación y la R de "reprimero" que es un sustantivo que crea Arenas para referirse en el Acto siguiente a un personaje siniestro que reprime.. contiene... domina... el ansia de libertad.

Este IV Acto está concebido en términos similares a las famosas piezas de Alfredo Jarry *Ubu roi Ubu cocu y Ubu enchante*, no sólo en cuanto a que recoge la abstracción del mal que Jarry impersonó en aquel personaje caricaturesco, sino en otros aspectos que analizaremos más adelante. La clave la da desde luego el Reprimero, pues como Ubu, es grotesco, violento, estúpido y sin ningún escrúpulo moral. No podemos olvidar que Jarry creó a su personaje Ubu con todos los atributos de las fuerzas del mal pues pretendió hacerlo representativo de todo lo feo, monstruoso e irracional que hay en la naturaleza humana; era una abstracción de la maldad y por eso, al darle atributos físicos buscó que éstos fueran compendio de todo lo anti estético para que respondiera a la representación de lo anti ético. Jarry estaba influido por Mallarmé y su concepto del mito en el teatro, lo cual justifica la concepción de esta figura que si tiene mucho de primitivo y hasta de infantil, no es nunca inocente porque es extremadamente humana: Ubu es mentiroso, egoísta, ambicioso, cruel y de una pomposidad extraordinaria. No es de extrañar pues que se haya convertido en el símbolo del totalitarismo, del genocidio y del abuso.

Con técnica simbolista, Arenas busca sugerir sin tener que nombrar como decía Mallarmé y de la misma manera que antes había proyectado en el poeta cautivo la figura del hidalgo Don Quijote para mostrar la idealidad humillada, ahora proyecta la sombra siniestra de Ubu en el Reprimero desde que en las direcciones pide que sea "un personaje caricaturesco, imponente y a la vez ridículo" (40). El símbolo se apoya en las correspondencias dadas que conducen al silogismo obvio: el Reprimero recuerda a Ubu con todas sus implicaciones, pero también el Reprimero se identifica con Castro cuando se dice que es "¡Gran Guía, ejemplo luminoso, héroe, jefe máximo, maestro y padre único, máximo lider y primer secretario, primer ministro, primer comandante, jefe del estado, presidente de las repúblicas, y del consejo de gobierno, del consejo de ministros, del consejo de estado, de la Internacional Democrática, del Tricontinental y de la Intercontinental, de las provincias y de los municipios, de los aliados y de los no aliados, jefe de la paz y de las fuerzas armadas, Ministro de Cultura y Ministro del Interior, Ministro del Exterior, Ministro de Educación, Ministro de Justicia, Ministro de Agricultura, Ministro de Comercio, Ministro de Salud, Jefe del Buró de Orientación de la Moda y crítico de arte! ¡Ministro de la Pesca y de la Caza!... ¡Del mar y del Aire! Jefe máximo del Partido y de la Revolución! ¡Comandante en Jefe!... !Gran Reprimero!" (45). En este ejemplo se ve claramente que el lenguaje integra un verdadero sistema de signos convergentes a una finalidad específica. Las palabras tienen, además de su significado propio, la fuerza del sonido, como en este caso, en que la larga enumeración de títulos producen un efecto de martilleo agobiante, casi torturante. Además lenguaje y gestos llegan en muchas ocasiones a ser soeces, como lo fueron en las tres piezas de Jarry en que desarrolló la figura terrible de Ubu y para que sean aún más evidentes las semejanzas, se usan aquí unas máquinas infernales que tienen el propósito de "rehabilitar" a los rebeldes, algo similares a las que usó Ubu con el científico Achras.

Las víctimas del Reprimero son el "Ella" y el "Yo" del Acto anterior pero las referencias a ellos son como "acusados" y no hablan; sólo emiten en determinados momentos el mismo sonido prolongado de la R, que entonces parece sugerir el ruido del motor de las lanchas en el momento de arrancar (54) (57). Son figuras de fondo con el único propósito de poner en marcha el mecanismo represivo.

Otra influencia que se puede apreciar en este Acto IV es la del llamado "teatro pobre" de Jerzy Grotowsky en cuanto a que hay actores que transmutan sus papeles en escena, delante del público. Así, el Reprimero se convertirá en Fiscal si toma toga, birrete, cetro y otros utensilios absurdos y la secretaria del tribunal y el ujier se trasformarán según convenga, en soldados, verdugos, abogados o perros.

El Acto V viene a ser la conclusión de lo que se ha visto. Arenas vuelve a apelar a otra figura de la literatura universal cuando trae de nuevo a escena al poeta que antes vimos enjaulado, con un largo monólogo que empieza con estas palabras: "¿Seguir? ¿No seguir? He aquí el dilema..." (60). La referencia a Hamlet es obvia y es que Hamlet encarna la imagen del héroe trágico que libra una lucha interna entre la desilusión y la melancolía. Hamlet es un hombre que se ve impotente ante un mundo que está cayendo alrededor suyo y al cual llega a odiar aunque es "su mundo"; se descubre solo contra su madre, su amada, sus amigos, su sociedad, su nación y su tiempo; solo en busca de su gran objetivo, la venganza. que es la catástrofe final. El poeta de Arenas está en situación semejante; en su soledad interna, ante su propia conciencia, se reconoce esclavo por el sólo hecho de "haber nacido en el cacareo cerrado de una isla, la prisión-prisión-prisión que es una isla..." [61]; su soledad se le refleja en su "propia mueca descomunal", en esa descomunal incredulidad y sinrazón de estar" (61). Hay algo de ritual catártico en su largo monólogo. Primero se enfrenta al mundo caótico que lo envuelve y luego clama por ayuda en una especie de plegaria, de "airada blasfemia" (63), en la que aparecen desde los dioses mitológicos del mundo grecolatino hasta las cosas más comunes de su experiencia vital como los turrones españoles o el puré de lentejas. El juego verbal toma niveles inusitados pues aunque hay mucho sarcasmo e ironía hay también mucho de ese humor a través del absurdo que ha señalado Roberto Valero,[6] un humor utilizado como vehículo para transmitir su mensaje desolador, pero también hay siempre latente una cierta prisa por decir lo que debe antes de que sea demasiado tarde, por vociferar su verdad.. por esconder sus papeles para que éstos puedan hablar por él cuando su voz se apague. "El llamado es urgente" (63), dice. Esta prisa corresponde en definitiva a esa obsesión de escape que Valero encuentra presente en casi todas las novelas de Arenas.

Ante el dilema de seguir o no, admite que sólo "el estímulo de esa airada, divina persistente sed de venganza, de desquite. . nos hace soportar, fingir..". (61-62) y no morir, pero se resiste a una muerte intrascendente. Con cierta inquietud unamuníana pregunta "¿jamás soñar? ¿tal vez quedar? —Tal vez antes de partir, estampar definitivamente eso que no nos permiten jamás decir y somos: nuestro unánime e intransferible grito" (62). El viejo poeta ha ido recuperando juventud; la escena ha ido ganando claridad y por fin, a pesar de la advertencia desoladora del coro, el poeta lanza su grito liberador como un Aleluya: "¡Mi triunfo!" (66). Hay aquí cierto anticipo del destino trágico del autor. Es sin lugar a dudas el propio Arenas el que se resiste a "no partir sin antes decir, dejar, estampar en la eternidad o donde sea, la verdad sobre la porción de horror que hemos padecido y padecemos" (62). Reinaldo Arenas cumplió su cometido, alzó su voz de denuncia, luchó con el arma que mejor sabía blandir, su poesía, y partió en día y hora fijada por él hacia su libertad, pero seguro de que Cuba también será libre. ¡De ahí su aleluya, de ahí, su triunfo!

NOTAS

1. Erminio Neglia. *El hecho teatral en Hispanoamérica*, Bulzoni, Roma, Ministerio de Instrucción Pública, 1985, 181.
2. Ervin Piscator. *Teatro político*. Salvador Vila traductor, La Habana, Institu-

to Cubano del Libro, 1973, 40.
3. Reinaido Arenas. *Persecución*, Colección Teatro, Miami, Ediciones Universal, 1986. Todas las referencias al texto de esta obra se referirán a esta edición y se indicará la página entre paréntesis.
4. Un relato con el mismo título aunque con algunas diferencias, había sido publicado en *Noticias de arte*, New York, año 6, núm. 11 (Número Especial. noviembre), 5-6. El mismo estaba firmado en La Habana, 1974.
5. Francisco Ayala. *Experiencia e invención*, Madrid, Taurus, 1990.
6. Roberto Valero. *El desamparado humor de Reinaldo Arenas*, Coral Gables FL, North-South Center, Universidad de Miami, 1991, 4.
7. ____. *El desamparado humor...*, 78.

LA VOZ DEL SILENCIO EN
EL TEATRO DE JOSÉ CORRALES

Ponencia presentada en el XVI Congreso Anual, 1995, de Montclair State University Departamento de Español que ese año se dedicó a "Escritores españoles e hispanoamericanos de los Estados Unidos". Leída el 28 de abril de 1995.

En términos de la dramaturgia, el siglo XX representa un período de infinitas innovaciones; pues en el afán de alejarse del realismo que había caracterizado a la centuria anterior, se empezó a buscar un "nuevo teatro" que respondiera a las inquietudes y aspiraciones del hombre contemporáneo a quien los avances de la civilización ha expuesto y sigue exponiendo a experiencias extraordinarias que han despertado en el ser humano regocijo, admiración y deslumbramiento pero también miedo, angustia y hasta terror por lo que pueda venir. El teatro, que es en definitiva una representación de vida, buscó nuevos medios de expresión que pudieran interpretar el sentir de los personajes; la clave ya no estaba tanto en el hecho del mundo exterior sino en la conciencia de aquéllos, en lo que sentían o pensaban, es decir, en su mundo interno. El diálogo, por lo tanto, adquiere una nueva dimensión no sólo porque lo que se dice no se puede interpretar siempre en un sentido directo, sino porque el lenguaje toma a veces significados ocultos, audibles sólo para cierto público. Por otra parte, los símbolos también alcanzan ámbitos no circunscritos a términos generales. Es por todo esto que se justifica que podamos tratar de escuchar esa voz del silencio que a veces dice mucho más de lo que la voz audible pueda decir.

Estamos conscientes de que el propósito puede no llevar a definiciones concluyentes puesto que es puramente interpretativo pero no deja de resultarnos atrayente especialmente en un caso como el de José Corrales que en su pieza de 1992 llamada precisamente "El palacio de los gritos", situa a uno de sus personajes en una posición distante de la acción y le hace decir: "El autor ha sido acusado muchas veces de no decir claramente lo que quiere decir. Muchas de sus obras, son obras donde se dicen muchas cosas, pero en realidad no se dice nada. Bien, eso de que no se dice nada no es totalmente cierto. Eso es discutible. A veces es dificil seguir el argumento y a veces el público tiene que adivinar las razones o motivos que impulsan a cierto personaje a hacer lo que hace o deja de hacer. . ."[1] Parece obvio que en el caso de Corrales el silencio tiene una función determinante y vamos a intentar una interpretación posible del mismo en algunas de sus piezas.

Como ocurre siempre con todo creador, su circunstancia vital es determinante en la obra, especialmente si la experiencia incluye un desprendimiento de sus raíces. Su interés por el arte teatral le surgió en la patria pues ya en Cuba hizo crítica teatral para revistas y periódicos y fue actor por dos años en el Teatro Prometeo. En New York desarrolló de nuevo ambas actividades y participó, bien como actor, director o asesor literario, en el Spanish Drama Club del Mercy College, en el Dumé Spanish Theatre, en el Centro Cultural Cubano y en el Latin American Theater Ensemble. Como actor, obtuvo un rápido reconocimiento pues en 1970 la Asociación de Cronistas de Espectáculos de Nueva York le otorgó premio como el mejor actor secundario por su actuación en "Requiem por Yarini". Esta diversidad de actividades le hizo conocer bien todos los aspectos del arte escénico pero es en este país, en la ciudad de New York, donde comienza su labor de autor teatral y la influencia de la escena de la gran urbe metropolitana es visible en algunas de sus piezas, especialmente las más recientes. Pero debemos empezar la búsqueda de su silencio revelador en las obras iniciales para comprender la desconcertante opinión, ya citada, que el personaje de "El palacio de los gritos" dejó estipulada.

"Bulto postal"[2] de 1976, muestra la influencia del absurdismo que en Cuba había hecho ya huella profunda con la obra de Virgilio Piñera cuando Corrales dejó su país en 1964 y que en la escena de Off-Broadway hizo impacto con "Zoo Story" de Edward Albee en la que éste experimentó con el tema de la soledad. "Bulto postal" alude al exilio —que bien puede traducirse como soledad— y al paso implacable del tiempo. Bien sabemos que uno está básicamente relacionado con el otro porque el exilio implica una situación de desarraigo no deseada y por ende se mide en términos de espera un retorno que le ponga fin al padecimiento.

Tal como hizo Albee en su obra, que dividió en sus dos personajes las cualidades del hombre común que encarnaba su tema, Corrales parece haber representado en la manera de expresarse y conducirse de cada uno de los suyos, una diferente disposición para enfrentarse a la realidad del exilio. Esta diferencia la hace notar en la aceptación o rechazo del inglés como lengua extraña que los separa de sus raíces, en la tonalidad del lenguaje usado y en la conducta de estos personajes. Así, encontramos una mayor adaptabilidad al ambiente en Lucía, que se complace en hablar inglés; cierta actitud provocativa y polémica en Catalina que lo acepta como realidad pero prefiere el español y un absoluto distanciamiento con la circunstancia ambiental en la tercera protagonista que se identifica solamente por el pronombre "Ella" y que rechaza la lengua extranjera. Hay también un propósito diferenciador en la crudeza del lenguaje y en el matiz erótico de ciertas situaciones. Al empezar la acción, como si cumpliera el axioma "padezco, luego existo", Ella da la posible clave de interpretación cuando dice: "... El aburrimiento acabará por matarme... Dónde podré sentarme y dónde podré poner mi cabeza con calma sobre una almohada que guarde mis secretos... A dónde voy. De dónde vengo y hacia qué remotos lugares me conduce la inercia... Cómo va el tiempo pasando sobre mis manos, sobre mi pelo, sobre mi corazón. Cuándo recuperaré ese tiempo que se fue y que no vuelve y no es posible y se aleja y se deshace.." (2).

Estas tres mujeres, que bien pudieran ser hermanas, se congregan a tomar el té o el café de las cinco de la tarde y en dicha reunión no pasa nada extraordinario; el único acontecimiento que parece que pudiera provocar alguna excitación es la llegada del cartero que representa la posibilidad de un cambio, de alguna noticia que interrumpa la espera. Cuando por fin el cartero llega, no es para entregarles ninguna correspondencia sino para preguntarles por una dirección. Siguiendo la técnica del teatro expresionista norteamericano a la manera de "A Dream Play" del sueco Augusto Strindberg, la anécdota se descoyunta, se esparce, como en un sueño, para sugerir la realidad interna en la que se confronta la falta de ubicación. Espacio y tiempo son, por lo tanto, elementos fundamentales del drama y se van a cuestionar constantemente usando muy diversos recursos técnicos. A veces el pasado y el presente se unen cuando los personajes del drama moderno se transforman en otros del teatro clásico español. Asimismo, la música, por ejemplo, sirve a la descomposición buscada de muy diversas maneras. Unas veces se oye una pastoral o un vals al mismo tiempo que los acordes atronadores de un furioso rock; otras, por el contrario; sugiere incomunicación, distanciamiento, cuando el rock sustituye la locución verbal del Cartero y su expresión queda reducida a la mímica para responder a la secuencia del diálogo con Ella. Todo esto tiene pues la doble función del efecto sonoro y de conllevar el fraccionamiento del tiempo. Otro recurso importante son las preguntas y respuestas aparentemente inconexas que logran la imprecisión del espacio y sirven de clave de interpretación del vacio temporal y espacial del exilio. "¿Dónde estamos?" preguntan a menudo estas mujeres y las respuestas varian: "en México, en Lima, en San Juan, en Chicago, en New Orleans, en Nueva York..." es decir, en ningún lugar y en todas partes.

Pero se pueden distinguir dos dimensiones en el tratamiento de estos dos elementos: el espacio se bifurca, en tanto que el tiempo se eterniza. Casi pudiéramos decir que éste, el tiempo, es el personaje central de la obra porque se plantea por un lado el transcurso implacable del mismo y por el otro la obstinación de Ella de no querer aceptar esa realidad. Lo primero se hace evidente en las estaciones que pasan vertiginosas en una escena casi estática: el invierno, el verano, las Navidades... todo pasa en rápida sucesión sin aparente sentido, mientras se espera una noticia que no llega, una sorpresa que interrumpa la monotonía de lo cotidiano o que alcanza a hacerse absurdo, mecánico, intrascendente, pero que provoca un hondo padecimiento, el de "no saber si estamos o no estamos..." (34) según aclara una de las protagonistas. Esta agonía es compartida por otros personajes que entran del exterior como para hacer evidente que el drama interior de las tres mujeres no es un caso de enclaustramiento a la manera de las hermanas de "Los soles truncos", sino un sentimiento que es posible en otros que también se sientan deambular en un tiempo estático. Lo segundo, la actitud negativa de Ella a admitir lo evidente, es lo que crea el conflicto dramático y se revela en el Acto II cuando Ella dice: "No. No. Y no. El tiempo no pasa. Se queda. Se duerme. Y si pasa, pasa muy lento. Sin ganas. El tiempo no pasa. Quién se atreve a decir que el tiempo pasa..." (16).

Es decir, que el tema de esta pieza es la angustia del exilio pero sin embargo esta palabra ni se ha mencionado. Lo que Corrales ha hecho es profundizar en la herida hasta lo hondo y al hacerlo ha puesto en evidencia la soledad, el desamparo, la desubicación que el destierro conlleva y que se traduce en agonía y en una sensación de vacío. Y la voz más audible del vacío, es el silencio.

En "Las hetairas habaneras"[3] de 1977, cuya autoría Corrales comparte con Manuel Pereiras, hay una crítica a los intelectuales que se doblegaron a la dictadura de Castro y trataron de justificarla doctrinalmente, a través de la alegoría que se usa al tomar de referencia "Las troyanas" de Eurípides. El sentido de eternidad esencial de la tragedia griega, que es el que ha hecho que ésta se haya recreado a través de los siglos de muy diversas maneras, toma aquí un tono de farsa al reducir a los altos personajes de la leyenda a los del ambiente prostibulario de la Habana. Para mantener lo mítico a pesar de la caída en la condición de los personajes, los autores apelaron a la tradición afrocubana para darle a la pieza un matiz de forma, color y sonido que logra asociar lo mítico-helénico con lo mítico-criollo. También pudiéramos decir que hay una reminiscencia lorquiana en la fuerza telúrica de ciertos pasajes, especialmente en las loas que le cantan al pequeño Nicomedes. Un sincretismo religioso escénico muy interesante es el diálogo de genuino sabor cubano entre Yemayá y San Roque. Estructuralmente es un acto de transición temporal entre la época de promesas y buenos augurios y la de penalidades y castigos.

La alegoría entre las hetairas y los intelectuales que prostituyeron su pluma se establece en alusiones a las alabanzas que éstas le rindieron a Menelao, a quien se le menciona como el "jefe supremo" o "el comandante". Otro recurso para establecer la asociación con Castro de este personaje es la de usar expresiones que han quedado asociadas con aquél como "¿para qué?", "vamos por buen camino" y otras. La identificación más directa es la de Carpentier con la figura siniestra del interrogador que se llama Alejo y tiene acento francés. Como si todo esto fuera poco, la danza enajenada de Iluminada, la visionaria, termina con el conjuro coreado por todos de "Dentro de la cosa todo, fuera de la cosa nada" (39), con lo cual se está haciendo referencia a la famosa reunión de Castro con los intelectuales, para dictarles las normas de su conducta futura.

Es decir, que en esta pieza el propósito crítico está escondido en una metáfora cuyos elementos son sólo perceptibles a quienes conozcan en detalle el proceso revolucionario y sus figuras más prominentes. Aquí hay mayor voz dramática que en "Bulto postal". Bien es verdad que por haber sido hecha en colaboración, es difícil precisar lo que a cada autor le pertenece.

En las obras más recientes de Corrales se aprecia, como dijimos antes, una indudable influencia de la dramaturgia norteamericana a la que estuvo expuesto desde 1964 y la cual cobra nuevo vigor precisamente en esa época. En efecto, por los años sesenta, en New York, el llamado teatro Off-Broadway centraba su interés en la calidad artística de los dramas presentados más que en experimentaciones técnicas; llevaba a escena obras de autores extranjeros como Brecht, Ionesco o Genet que traían nuevos conceptos dramáticos y además, en distintas ciudades de la nación surgían los festivales de teatro shakesperéanos y las universidades de todo el país empezaban a ofrecer cursos de teatro. Ya para entonces el drama de este país había tomado características nacionales. Su punto de partida había sido la obra extraordinaria de Eugene O'Neill que experimentó con técnicas teatrales y dramáticas muy diversas y a la cual había seguido la labor no menos importante de Arthur Miller y Tennessee Williams y por esa década de mediados de siglo el autor de más impacto era Edward Albee a quien primero se lo asocia con el movimiento absurdista, pero que en su famosa pieza "Who is afraid of Virginia Wolf?" da indicios de afinidad con Tennessee Williams en sus personajes sicológicamente torturados que muchas veces viven como alienados en un mundo que no entienden y con el expresionismo de Augusto Strindberg. Es decir, que la característica que estos autores le habían dado al drama norteamericano era la de profundizar en los problemas del hombre universal, con sentido alegórico y en Corrales podemos encontrar esta misma tendencia.

Como ejemplo de esta influencia que hemos señalado pudiéramos considerar su pieza "Temporal"[4] a pesar de que la misma responde también a la tradición del teatro cubano, según trataremos de explicar más adelante. El acontecer dramático es mucho más realista que en las otras dos que hemos estudiado pues toda la acción se desarrolla en el mismo lugar y no hay cambios temporales. Dos hombres y dos mujeres, que constituyen dos parejas, se han reunido a pasar juntos el temporal que está azotando con fuerza atronadora en el exterior. Esta circunstancia conlleva la idea de espacio cerrado y con ello se crea el ambiente de enclaustramiento que ayuda a centrar el conflicto en la psiquis de ciertos personajes, en este caso en las dos mujeres que, a pesar de ser hermanas, exteriorizan una evidente y recíproca antipatía. En el desarrollo de la trama se descubre que el antagonismo entre ellas deriva de muchos años atrás debido a que una considera que la otra se casó con quien ella amaba sin importarle la pena que le causaba. Lo que actualiza el hecho es que aún mantiene amores con su cuñado. Como vemos, la pieza indaga en conflictos de personajes que no tienen una representación simbólica sino que responden a la condición humana *per se*. Estructuralmente pudiera encontrarse una analogía de técnica con Robert Sherwood en "The Petrified Forest" al usar el recurso alegórico del huracán con la tempestad interior que se debate entre las hermanas, de la misma manera que aquél trató el tema de la esterilidad en el ambiente del desierto de Arizona. La alegoría se complementa con la ventana de cristal que le ofrece débil resistencia a la violencia del viento y la lluvia y que puede ser la que produzca el desbordamiento de las fuerzas naturales, de la misma manera que el enfrentamiento de las dos mujeres puede darle paso a las emociones controladas hasta entonces.

Sin embargo, también se puede encontrar en el teatro cubano antecedentes de esta pieza en "La recurva" de José Antonio Ramos, en cuanto al uso del fenómeno natural en sentido metafórico con el conflicto de la trama y en la intención de referirse a la situación política, lo cual se indica al darle a la obra localizaclón histórica refiriéndose a huracanes que efectivamente azotaron el territorio cubano. La de Corrales corresponde, por los datos de lugar y tiempo que se dan, al que pasó por La Habana en octubre de 1944 y la acción se desarrolla en Guanabacoa. Además, hay algunas referencias a circunstancias nacionales que bien pudieran implicar una actitud crítica a ciertos aspectos, así como el hecho de que se especifique la edad de dos de los personajes en 42 años, es decir que nacieron precisamente en el de la instauración de la república, pero las correspondencias con lo nacional no están muy claramente establecidas.

Otra pieza que reune muchas características del expresionismo norteamericano es "El palacio de los gritos" de 1992. Como en la famosa obra de Albee "Who is Afraid of Virginia Wolf?" el tema es la caótica relación de un matrimonio, el de Leticia y Lorenzo, pero aquí la mútua incomprensión lleva a cada uno a establecer una relación homosexual. Sin embargo, en su estructura, pareciera tener más afinidad con "The Adding Machine" de Elmer Rice, por el uso de ciertos recursos técnicos como los largos soliloquios, la distribución de las escenas y la comparecencia del protagonista después de su muerte.

En "El palacio de los gritos" Corrales se afilia más a la técnica expresionista en cuanto al uso de los símbolos, de la música y las luces para indicar los cambios temporales, así como de otros recursos en los que nos queremos detener con más cuidado. Uno que resulta muy interesante es el de los monólogos de Mario, que son usados como la corriente de conciencia del personaje; en el primero nos deja saber antecedentes de la historia que había sido contada en parte por Leticia en confidencia a su íntima amiga Mariana, y en el segundo da el mensaje de la obra. Otro recurso que hay que mencionar es el utilizado para establecer el contraste de los ambientes apelando a medios sensoriales: así tenemos que el desorden, la ropa estrujada y la botella de wisky sugerirá suciedad y pestilencia en un lado del escenario en tanto que la elegancia de la butaca y la botella de vino tinto con sus copas dará la imagen de limpieza y pulcritud en el otro. En cuanto a los personajes, hay características en ellos que le dan cierto balance a la obra, pues Lorenzo y Leticia se hallan emocionalmente muy turbados, no se llega a saber si por no haber sabido comprenderse o por haberse dado cuenta de su propia verdad, en tanto que Mariana y Mario se muestran muy pacientes y comprensivos con los problemas de aquéllos y le sirven a cada cual de confidente aunque con reacciones contrarias pues mientras Leticia busca y necesita la compañía de Mariana, Lorenzo rechaza la de Mario.

La obra parece tener dos niveles. Uno, el del mundo contemporáneo, en el cual se debate el hombre común en lucha cotidiana con los dilemas de su tiempo y otro, una alegoría al pueblo cubano ante las circunstancias dramáticas de su destino. Las razones que hacen pensar en esta segunda intención es el que se sitúe la acción otra vez en la ciudad habanera de Guanabacoa, en el año específico de 1951, pues para el primer propósito no es necesaria la localización de espacio y tiempo, por el contrario, el no darle ninguna implicaría la universalidad del tema. Sin embargo, hay una voluntad manifiesta de referir las circunstancias del argumento al período preciso de 1948 a 1951 que corresponde exactamente a los años de gobierno del Dr. Carlos Prío Socarrás, último presidente constitucional de nuestra conturbada república. Además, en las direcciones de escena se requiere que en cierto momento Lorenzo aparezca "elegantemente vestido: traje azul oscuro, camisa blanca; corbata roja, pero sin medias ni zapatos" (13). Esto hace pensar que se le pretende dar una representación simbólica a través de los colores de la enseña nacional —rojo, blanco y azul—. En cuanto al hecho insólito de que se le presente descalzo con tal formal atuendo, pudiera significar una vuelta a lo primitivo, lo que permitiría inducir que el autor nos quiera mostrar en contraste el grado de avance y el de retroceso a que fue sometido el pueblo cubano. También, los pies desnudos pudieran sugerir peregrinaje y otra vez, desamparo, porque los lastimarán con rigor las piedras de todos los caminos.

Desde las primeras escenas se sabe que Lorenzo es una figura agónica, desesperada; que hay algo que lo ha golpeado terriblemente, pero nunca llega a conocerse su tragedia pues en su entrevista con Leticia se habla de culpa...de verdades..de hechos y de acuerdos que no se aclaran...y en su relación con Mario también parece estar en una encrucijada de emociones contradictorias. Se sabe de su muerte, su suicidio, por la versión de Mario, que nos relata en el segundo monólogo cómo fue que lo encontró una mañana, muy temprano, colgado de un árbol. En esta escena final del hombre muerto a quien se le compara con una hoja o un fruto enorme pendiente de una rama, Lorenzo está respondiendo a los dos niveles que antes mencionamos pues por un lado la muerte del protagonista del drama humano pone fin al conflicto planteado, pero por otro, en el plano alegórico-patriótico hay un hálito de supervivencia en la imagen del rayo de sol incidiendo en la cabeza y en el balanceo del cuerpo; imagen que toma cierto sentido de religiosidad cuando Mario besa con unción los pies desnudos de su amigo.

Es decir, que en esta pieza, como en las anteriores que, hemos analizado, hay un diálogo secreto entre el autor y algunos de sus oyentes o lectores. En el segundo soliloquio de Mario se dejan atisbar desde la perspectiva de autor, las alternativas que éste tiene, cuando le hace decir: "El asunto no es tan simple como suponemos. Yo puedo narrarles los hechos. Mejor dicho, el hecho en sí. El hecho del que quisiera hablarles.. .pero no es tan sencillo. Algunos de ustedes se sentirían satisfechos con que yo les diga simplemente lo que sucedió. Lo que sucedió en pocos detalles. Otros.." (23) Pero luego encontramos la razón que impulsa al dramaturgo a buscar un medio de comunicación en estas palabras: "Yo tengo esa necesidad... ¿Confesar? No, no. Nada que confesar. Solamente decir. Decirlo para...para sacármelo". "Sacármelo de aquí donde tengo... Es como una espina enorme...Como si tuviera enterrada una espina grandisima que no me permite casi moverme Y tengo que decirlo. Ustedes tienen que saberlo y yo tengo necesidad...una necesidad muy...más que necesidad es una obligación...una obligación conmigo mismo..." (23). De ahí que ese decir tan doloroso llegue a veces al grito como en esta última pieza; pero en otras se esconda en un lamento, o en un susurro, o en ese silencio que hemos tratado de interpretar a través de las palabras que se dejan de decir o de las que se dicen con oculta intención. Silencio que busca ser oído por quienes compartan el dolor que lo produce y que al transformarse en arte toma resonancia universal.

NOTAS

1. José Corrales. *El palacio de los gritos*, Princeton, N.J.: The Presbyter's Peartree, 1992, 21. Todas las referencias a esta pieza y a las otras que se estudien se reierirán a las ediciones que se consignan y se indicará la página entre paréntesis.
2. ____. *Bulto postal*. Manuscrito enviado por el autor.
3. ____.*Las hetairas habaneras*. 1988. Editorial Persona, Honolulu., pág. 39.
4. ____. *Temporal*. Princeton; N.J. The Presbyter's Peartree, 1993.

EL TEMA DEL DESARRAIGO EN EL TEATRO DE IVÁN ACOSTA

Conferencia leída en el XIV Congreso Cultural de Verano del Círculo de Cultura Panamericano, en el Koubek Memorial Center de la Universidad de Miami, Florida, el 31 de julio de 1994. Publicada en Círculo: Revista de Cultura, Vol. XXIV. 1995, 118-126.

Hace ya algunos años, señalábamos que dentro del proceso del llamado teatro del exilio cubano se podían distinguir tres generaciones: los que al momento de salir del país tenían una obra ya reconocida; los que se habían iniciado en el arte teatral y empezaban a darse a conocer, y los que surgen para el arte dramático, fuera de Cuba, bien sea porque hayan nacido en el exilio o porque hubieran venido muy jovenes[1]. Iván Acosta se encuentra definitivamente dentro de esta última categoría, pues llegó a estas tierras de libertad apenas terminados sus estudios de segunda enseñanza y es en este país en el que adquiere su formación académica con especialidad en producción y dirección cinematográfica y drama moderno.

Su actividad profesional la ha desarrollado mayormente en New York que es sin duda un centro teatral de capital importancia, en el que se detectan sensiblemente las fluctuaciones del movimiento dramático norteamericano. Por los años sesenta, el llamado teatro de "Off-Broadway" se mostraba receptivo a aceptar las innovaciones temáticas y técnicas que se hacían percibir e inclusive el fenómeno étnico social del creciente aumento de la población hispana en la sociedad norteamericana —mayormente puertorriqueña y chicana— no pasó desapercibido. Prueba de ello es que en octubre de 1956 se presentó en el Greenwich Mews Theater de New York, la obra de Walter Anderson "Me, Candido" que trata de las dificultades que confronta con las agencias burocráticas de la ciudad, una familia puertorriqueña que generosamente quiere darle amparo al huérfano Cándido y en 1965, en el propio teatro sube a escena, en traducción, *La carreta* de René Marqués, con Miriam Colón y Raúl Juliá en el reparto. Es a partir de este momento, más o menos, que el movimiento teatral hispano toma fuerza en New York, pues surgen unas cuantas compañías que logran obtener algunos fondos de ayuda federal o estatal para mantener sus actividades.

El ambiente era propicio para despertar en el joven cubano el acicate para probarse a sí mismo en el arte teatral a pesar de que su concentración académica había sido en el campo de la cinematografía y la televisión. La pieza que lo consolidó como autor teatral fue *El super* pero antes de ella había obtenido algunos triunfos que lógicamente lo animaron a proseguir en ese campo. *Grito 71*, la primera que escribió, tuvo tanta repercusión entre los críticos de la prensa latina y americana, que se interesó en ella el productor norteamericano Woody King y la llevó al Henry Street Playhouse de New York en su lengua original de español, en donde estuvo en cartelera por tres meses. Según la describe el autor "Era una obra muy moderna y revolucionaria, con música y canciones a ritmo de Rock... los actores corrían volando entre las filas del público, alumbrándose con linternas, mientras en varias pantallas se proyectaban películas e imágenes sicodélicas"[2]. Con esta pieza Iván Acosta obtuvo el "Premio Ariel" de 1971, de la República del Uruguay. También *Abdala-José Martí* causó impacto pues logró el honor de ser la primera obra en español que fue presentada en el Festlval del Lincoln Center.

Estos éxitos iniciales del joven dramaturgo, como dijimos, fueron la base de una obra dramática que ha logrado ya grandes aciertos y que promete muchos más. La finalidad del presente trabajo es señalar en ella un tema que hasta ahora ha aparecido reiteradamente en unas cuantas de sus piezas, el del desarraigo. Éste toca a una gran parte de la sociedad norteamericana, producto de tantas emigraciones, que responde a ese famoso "melting pot" del que tanto se habla, pero cuando se trata de teatro en español o al menos, si no escrito, con personajes del ambiente hispánico, estas piezas encuentran eco en una gran comunidad de hispano hablantes que se identifican con los problemas que se desarrollan en escena y con la nostalgia del lar nativo, lugar providencial y único en donde se sentirían comprendidos e identificados. Iván Acosta, como todo dramaturgo, se enfrenta a las circunstancias del ambiente, las recrea, les da vida y las plantea en escena, pero hay una resonancia secreta que hace a su voz dramática alcanzar ciertos tonos audibles sólo a los que, como él, acarrean el dolor de saber que el último recurso, que es el regreso a la tierra nativa, les está vedado, lo cual hace la pena más lacerante. El fino sentido del humor de Acosta crea un balance muy adecuado entre la trágica realidad y la risa, es decir, que la tesis planteada no pierde solidez en ningún momento ni el chiste oportuno interrumpe la tensión dramática. Muy conocida es la escena de *El super* en que el inspector del Departamento de Viviendas viene a comprobar las credenciales del superintendente del edificio. La misma es vital para la obra porque pone de manifiesto uno de los graves problemas que confronta todo extranjero, que es la barrera del idioma, sin embargo esta escena es una de las más deliciosamente cómicas de la pieza por las interpretaciones erróneas que hace el súper, las confusiones que crea el inspector al tratar de utilizar su mal español y las traducciones incorrectas de su amigo Cuco.

El elemento cómico no está presente, sin embargo, en su monólogo *Esperando en el Aeropuerto Internacional* de Miami[3]. Esta forma dramática es arte difícil cuando constituye en sí misma una pieza teatral independiente porque su brevedad exige que sea sólo la emoción lo que le dé cohesión y aquí ésta se centra en el desgarramiento del alma de un desterrado ante lo dubitativo de su retorno. La ansiedad de la espera se plantea desde el principio: "Veo mil rostros tristes/ Tiernos maduros y arrugados/ Y hasta alegres/ Y la pista sigue esperando/ ..." Los recursos estilísticos son magistralmente manejados, especialmente el uso reiterativo de ciertas palabras para indicar el tiempo que pasa, las acciones que se suceden en un repetir inútil de causas sin efectos: la voz narrativa se bifurca a veces en preguntas y respuestas sobre la realidad que vive el exiliado, sobre los sueños que forja impulsado por la nostalgia, sobre lo que debe de hacer o no, sobre las obligaciones morales que pesan en su espíritu. La conjunción "y" las etcéteras, los números, los días de la semana, repetidos una y otra vez, crean el efecto agobiador de lo que no termina nunca. La espera en el aeropuerto es una más de esas acciones repetidas sin cansancio, o mejor dicho, con mucho cansancio, en que unos van a esperar a otros que a su vez otro día volverán a esperar el avión que viene de Cuba y que vacía su vientre de almas desesperadas que no saben si reír o llorar, cumpliéndose así un eterno ciclo de espera sin esperanza.

El tema del desarraigo está presente también en su pieza más conocida hasta ahora, *El super*[4]. En ella Iván Acosta refleja una tendencia que se empezaba a mostrar en el teatro neoyorquino de Off-Broadway a partir de mediados de los años cincuenta que es la de alejarse un poco de las técnicas de vanguardia y tratar, con orientación realista, de los problemas que se suscitan en el mundo actual que, en una gran ciudad, como es New York, pueden ser los de la discriminación, la presencia multicultural en la sociedad, los valores tan cambiantes de la juventud o la transformación de ciertos conceptos sociales o morales. En *El super* está reflejado todo esto y mucho más porque hay también el drama interior de un desterrado. Esta condición de ser reflejo de la situación de cualquier inmigrante y de tocar a la vez la clave secreta de todo exiliado, es lo que le da universalidad a esta pieza de Iván Acosta. En ella se hace patente la dualidad en que vive cualquier extranjero de cualquier parte del mundo, que se inserte en una sociedad que le es ajena. Por primario sentido gregario éste busca asociación con quienes le son afines por lengua o costumbres, pero el desterrado aun en ese grupo, encuentra incomprensión, se siente distinto y hasta llega a resultar molesta su insistencia en hablar de su tierra. La razón es obvia: los inmigrantes pueden visitar sus países y mantenerse en contacto con ellos y por lo tanto sus referencias son a un mundo actual, en tanto que el exiliado habla del pasado, desconoce o reniega del presente y sueña con un futuro que está por construir. Esta sensación de marginación se complica más cuando se unen las diferencias generacionales con los hijos porque éstos no tienen pasado extraño que recordar y su presente y futuro están insertos en el mundo que conocen que es tan real como su propia vida.

Estos distintos planos del desarraigo quedan muy bien planteados en *El super* a través de los personajes que componen la familia de Roberto Amador Gonzalo. Aurelia, su esposa, no tiene una actitud rebelde pero sí siente una inmensa nostalgia por la vida tranquila, alegre y sin preocupaciones graves que llevaba en su tierra. En New York vive bajo el agobio del invierno que trae frío y oscuridad. Su apartamento está en el sótano y por eso dice con tristeza : "A la verdad que metidos aquí abajo, uno no sabe la diferencia de un domingo, o un lunes, o un miércoles, todos los días lucen iguales y con el frío éste, las cinco de la tarde ya es de noche" (14) y como desde su ventana sólo ve las piernas de la gente que pasa por la acera, concluye: "Es como mirar el mundo desde abajo" (15). Roberto está muy cansado de la vida que lleva, pero le agradece a Dios el hecho de que tiene un lugar donde vivir con las necesidades primarias cubiertas; de que su hija esté estudiando y muy especialmente de que todos tengan buena salud. Lo que le incomoda es que se siente desajustado al ambiente porque hay muchas cosas que no entiende: algunas porque no sabe inglés y otras porque los patrones culturales son distintos. Se siente inmerso en un mundo que no es el suyo, que no le pertenece, que no tiene nada que ofrecerle y busca escapatoria hacia Miami porque es lo más parecido a la Cuba de ayer, aunque sabe que ésta es un sueño y que tampoco la va a encontrar allí, pero por lo menos tendrá sol y claridad. La clave de su conflicto interior la da él mismo con estas sencillas palabras: "Hay algo en el carácter de cada hombre que no puede ser cambiado: es como si fuera ¿qué sé yo?, es el esqueleto de su carácter. Tratar de cambiarlo, es como tratar de enseñar a una oveja a tirar del arado" (66). Su hija Aurelita no siente ese desajuste. El mundo que le rodea es el suyo y no comprende la inadaptación de sus padres. Para ella Cuba representa una vieja historia repetida una y otra vez, pero sin localización. Trata de hacer su propia vida valiéndose de que el inglés la aísla de la interferencia de sus progenitores, pero en definitiva es en ellos en donde busca y encuentra protección. El autor usa a menudo la voz de este personaje para hacer patente la realidad, como cuando la muchacha les reprocha la mudada a Miami con estas palabras: "... ustedes lo que van a hacer es un viaje hacia el pasado, 18 años hacia el pasado" (62).

Acosta ha usado muy bien también el ambiente exterior para complementar el estado anímico de sus personajes. A través de los siete cuadros del Primer Acto, se hace sentir la presencia del invierno: cuando los vecinos, en la primera escena, le reclaman al súper, con golpes en las tuberías que ponga calefacción; en el aire helado que entra cuando se abre la puerta; en el abrigo, gorra y bufanda que Roberto se pone cada vez que sale y se quita al entrar; en la oscuridad de penumbra que le da a los días ese tono gris que tanto afecta a Aurelia. Sin embargo en el Segundo Acto, como ya han decidido trasladarse a Miami, hay más luz y la ventana deja pasar "El sonido de los hidrantes y las voces de los niños jugando en la acera" (58). Su júbilo tiene la tristeza de lo inalcanzable cuando se describe a sí mismo en la despedida de sus amigos y dice que el billetero (él), "...estará a 90 millas de su caimán, se parará en alguna roca todos los días, y todos los días mirando al mar, tratará de achicar la distancia. 90 millas no son nada, pero son 90 millas que nos separan de todo aquello que dejamos atrás" (69). Roberto Amador Gonzalo no es un iluso pues sabe que lo que lo haría feliz está más allá de las posibilidades a su alcance, pero también se da cuenta que lo único que le queda es soñar. Esta pieza, como señala el prologuista, es "una de las obras...que ha recogido y plasmado con mayor precisión el núcleo de los sentimientos, ideas, vivencias, actitudes y problemas que han venido aquejando y todavía acongojan a una mayoría de los exiliados cubanos".[5]

El super ha logrado varios premios en los Estados Unidos, entre ellos el A.C.E. de 1978, y también en el exterior pues cuando fue llevado al celuloide y presentado en el Festival Cinematográfico de Manheim, en Alemania Occidental, obtuvo el Gran Premio de 1979. Acosta ha escrito también varios guiones para el cine, los cuales merecerían un estudio aparte, pero no quisiéramos dejar de mencionar uno en especial, *Amigos*[6], porque el mismo recoge una página muy importante de la larga historia del exilio cubano, la del masivo éxodo por el Mariel en 1980, y porque el tema que estamos estudiando se muestra aquí en otra dimensión. El personaje principal, Ramon, confronta, además de los problemas de la adaptación al medio, el de vencer el estereotipo negativo de su condición de "marielito" que se exterioriza en un "nosotros" y "ustedes" aun dentro de su propio grupo, lo cual crea en él una más agobiante sensación de desarraigo. Sin embargo la película no pierde nunca ese sabor de comicidad y buen humor que tan bien sabe manejar Iván Acosta, en este caso en una doble función de guionista y director. En ella se muestran características muy definidas del exilio cubano que se han puesto de manifiesto en muy diversas ocasiones, por lo cual esta obra viene a ser también ejemplarizante del drama cubano en el exterior.

Del libro publicado en 1989, que contiene tres obras teatrales, encontramos solamente en una, *No son todos los que están* el tema del desarraigo que estamos analizando pues *Un cubiche en la luna* es una versión moderna de teatro bufo y *Recojan las serpentinas que se acabó el carnaval* es una sátira doliente de los regímenes oprobiosos de nuestra América. "*No son todos los que están*"[7] es una parodia de la famosa pieza absurdista de Beckett *Esperando a Godot*. El humor y la sátira reemplazan el discurrir filosófico de Vladimir y Estragón que aquí quedan diluídos en loco Uno y loco Dos y circunscritos al espacio geográfico de una gran ciudad representada en este caso por New York, pero lo que discuten estos personajes es su falta de ubicación en el mundo que los rodea, lo cual los conduce a pensar que ellos están locos o, quizá porque en verdad lo están, que los locos son los demás. Su ubicación es concreta, pelean por un banco del parque, apelan imaginariamente a la autoridad judicial, se amenazan con castigos tan terribles como viajar en subway por el resto de la vida, pero también esperan a alguien y hablan de Dios, de su omnipresencia, de su infinito poder. De nuevo el fino humor de Acosta rompe la seriedad del paralelismo que el lector o espectador pueda estar haciendo con la famosa pieza de Beckett cuando uno de los locos dice: "Tú te imaginas? Si Dios baja del cielo ahora mismo, en seguida dicen que es un OVNI." "Un qué?" "Un OVNI, un aparato de esos sin identificar" "Y hasta son capaces de hacer una película con él en Hollywood" "O lo cogen y lo meten en una vitrina de cristal para exhibirlo en el Pentágono de Washington" "Y los dueños de empresas mandarían a hacer camisetas con la fotografía de él, globos, muñequitos plásticos, afiches. Se convertiría en el producto más consumido por los americanos. Se olvidarían hasta de la Coca-Cola" (53-54). En definitiva, el tema del desarraigo queda planteado de nuevo: la falta de comunicación, la incomprensión de lo que pasa alrededor, el miedo a descubrir que el fallo está en sí mismos, representado aquí en el miedo a mirarse en el espejo.

En una de sus piezas más recientes que fue finalista en el concurso "Letras de Oro" de 1993, *Rosa y el ajusticiador del canalla*[8], Iván Acosta vuelve a tocar el tema que nos ocupa aunque de manera distinta porque aquí no hay el enfrentamiento del individuo que se resiste a adaptarse a la sociedad que lo rodea, sino el encuentro de dos seres desarraigados de su mundo, en apariencia completamente disímiles pero intrínsecamente unidos en su dimensión humana e ideológica. La acción se desarrolla en el piso veintitrés de un edificio de apartamentos del Este de Manhattan, situado precisamente frente a las Naciones Unidas, un día en que esta organización internacional está recibiendo a todos los jefes de estado para una reunión especial.

En el pequeño apartamento vive Rosa Mandelbaum, una señora judía octogenaria cuyo esposo e hija murieron hace cincuenta años en un campo de concentración nazi. Vive sola, no tiene parientes y sus amigos o se han muerto o están confinados en asilos. Ése es precisamente el problema que ella está confrontando en el momento en que surge la acción: que el dueño del edificio quiere sacarla porque el apartamento tiene renta controlada y pudiera alquilarlo o venderlo con muy buena ganancia si ella se fuera y ha interesado a la gente de cierto asilo para que la convenza a irse con ellos por el precio de su retiro. Pero Rosa se resiste a apartarse del mundo, a renunciar a los recuerdos que la rodean e ir a esperar la muerte siendo testigo cada día de que a alguno de sus compañeros se le ha cumplido el plazo de vida. Amaury es un joven cubano que vino a los Estados Unidos de niño, como tantos otros de los que el programa "Peter Pan" se ocupó, pero sus padres, antes de poder reunirse con él, cayeron prisioneros políticos; el padre murió en prisión al cabo de 16 años a consecuencia de una golpiza y la madre de un ataque cardiaco, apenas tres meses después de haber llegado a este país una vez cumplida su condena. Como él dice, tuvo una "niñez tronchada" (21) y la razón que le ha dado a su vida es vengar la muerte de su padre y la de tantos otros como él, matando a Fidel Castro, causante de su infelicidad, y por eso fuerza su entrada en el apartamento de Rosa que tiene una estratégica posición para el atentado que ha planeado para cuando el mandatario llegue al recinto de las Naciones Unidas.

Estos dos personajes están muy bien trabajados por el dramaturgo. Tanto Rosa como Amaury han sido víctimas de un régimen oprobioso que los lanzó a la vida en la más absoluta soledad; es decir, que los desarraigó de su mundo, sin embargo hay ciertas diferencias entre ellos. Rosa ya era una mujer de veintiocho años cuando quedó sola y supo refugiarse en la religión y en sus recuerdos para sobrellevar su desgracia. Las fotos en las paredes y en los albums le hablan de su familia, de su historia, de su ayer; por eso es comprensible su inmensa tristeza cuando las retira todas ante la inminencia de que la van a venir a buscar al día siguiente para llevarla al asilo y Amaury la encuentra "...sentada en una butaca con sus piernas juntas y las manos sobre las rodillas...inmóvil, mirando fijamente hacia la única foto que queda sobre la pared" (38). Su edad avanzada le impide luchar más; se siente vencida y está consciente de que en definitiva va a ser testigo de su propio final. Amaury, por el contrario, era muy niño cuando fue separado de sus padres y su sostén religioso es muy débil. Confrontado por Rosa sobre su creencia en Dios contesta dubitativamente: "Sí...aunque a veces..." (18) Sin embargo, a pesar de que está decidido a llevar a cabo su drástica y mortal decisión porque cree que es la correcta, desde el principio se aprecia en su actitud un sustrato de compasión y una preocupación de no excederse en causarle perjuicio a los demás más allá de lo que su loco proyecto requiera. Las circunstancias de su vida lo han hecho sentirse perdido y desorientado. En un momento en que Rosa se ha dormido se plantea en diálogo consigo mismo la encrucijada de su destino: "Siempre me pregunto qué hubiese sido de mí, si mis padres no me hubiesen embarcado en aquel barco, aquel 28 de enero. ¿Quién hubiese sido yo?...¿Un prisionero político?...¿Un don nadie?...¿Un comunista?...O tal vez, un fusilado" (24) y le ha dado a su vida el objetivo de ser "el ajusticiador del canalla" (40) no porque pretenda ser un héroe ni un mártir sino porque considera que alguien debe cumplir la sentencia de quien ha sido ya condenado por la historia.

La habilidad de Acosta para mantener ese balance entre lo cómico y lo trágico, de que hablamos antes, se pone de nuevo de manifiesto. La entrada de Amaury violando la vigilancia de la policía y con un rifle escondido es dramática y sugiere violencia sin embargo las preguntas y acotaciones de la octogenaria inquilina, rebosante de vida a pesar de la soledad en que vive, rompe la tensión del momento. La acción se desarrolla con soltura y con honda dimensión humana. Las dos figuras, antagónicas en un principio, van ganando poco a poco en comprensión recíproca hasta llegar a una cabal identificación que se confirma en el desenlace y en el diálogo final de la despedida: "¿Nos volveremos a ver?" pregunta Rosa y Amaury le responde: "Haré todo lo posible para que eso suceda". (40)

En conclusión pudiéramos decir que en Iván Acosta tenemos un genuino dramaturgo del exilio cubano porque ha proyectado en su obra su radical preocupación por la problemática de Cuba en su dimensión humana más que histórica —quizá nos atreviéramos a decir que escribe, según ha expresado en entrevistas en más de una ocasión, porque siente la necesidad de hacerlo, de comunicar algo que palpita en "la caja del alma o en la del cerebro"[9], para usar sus propias palabras, y por eso pone en su obra un gran sentido de vida, de la suya como exiliado y de la de muchos otros que en circunstancias distintas a la suya padecen el mismo dolor del destierro. El artista lo que hace es interpretar el sentir de sus semejantes en su mundo y en su tiempo y además comunicar sus propias emociones y en Iván Acosta su preocupación vital ha sido, desde que fundó con otros el Centro Cultural Cubano de Nueva York "salirle al paso al comunismo a través de las artes"[10]. Sería adecuado definir a Iván Acosta tomando el texto de una de sus canciones que dice: "...guerrillero sin arma,/ guerrillero de alma encendida..." que espera "...con la rabia prendida en la herida, hasta un día, señora, sin calma"[11].

NOTAS

1. Me refiero a mi conferencia de abril 16 de 1986 "El teatro cubano del exilio" leído en Symposium on Cuban Arts In Exile". The William Paterson College, Wayne, N. J. Reproducido en *Círculo: Revista de Cultura*, Col. XVI, 1987. 121-130.
2. Iván Acosta. "¿Qué cómo comenzó todo? cómo son las cosas cuando son del alma". *Ollantay. Theater Magazine*, Vol. II, Num. 1, Winter/Spring 1994, 60.
3. Esta pieza fue estrenada en 1972 en el teatro Park de Union City, New Jersey, bajo la interpretación del actor Omar Torres.
4. Iván Acosta. *El super*, Ediciones Universal, Miami, 1982. Todas las referencias que se hagan de esta obra y de las demás que se mencionen, se referirán a las ediciones indicadas y se indicará el número de la página entre paréntesis.
5. Julio Hernández Miyares. "Un breve prólogo para un Súper muy superior" en Iván Acosta, *El super*, 7.
6. Iván Acosta. *Amigos*, guión cinematográfico, Manicato Films Inc. New York, 1986.
7. _____. *No son todos los que están en Un cubiche en la luna. Tres obras teatrales*, Arte Público Press, Houston, 1989, 44-71.
8. _____. "Rosa y el ajusticiador del canalla". Manuscrito suministrado por el propio autor.
9. _____. "¿Que cómo comenzó todo?", 61.
10. Mercedes Hernández-Amaro. "Cautiva 'El Súper' al público de Miami", *Diario las Americas*, junio 11 de 1978. 15.
11. Iván Acosta. "Canción para un guerrillero sin arma" enviada por éste a la autora de esta ponencia acompañando su carta de mayo 2 de 1994.

EL APORTE DE PEDRO MONGE RAFULS A LA DRAMATURGIA LATINOAMERICANA, COMO AUTOR Y COMO PROMOTOR

Ponencia leída en el XXXVII Congreso Anual del Círculo de Cultura Panamericano, en el Hotel Holiday Inn, Totowa, N.J., el 7 de noviembre de 1999

En este trabajo pretendemos acercarnos críticamente a la labor de un dramaturgo cubano que se ha proyectado en dos direcciones: la de autor, en la cual queda enmarcado dentro del llamado teatro del exilio, por su orígen, por la circunstancia de ser exiliado y por revelarse en su obra esa temática con marcado interés, y la de promotor del teatro y de las artes latinoamericanas en general a través del *Ollantay Center for the Arts* del cual es su fundador y más activo gestor.

Su obra dramática es bastante extensa. Ha cultivado el monólogo que no es arte fácil de lograr y las piezas cortas de uno o dos actos. Entre los primeros, el titulado *En este apartamento hay fuego todos los días*, fue estrenado en el Primer Festival de Teatro Hispano de New York, en 1987 y ha sido traducido al inglés y al portugués[1]; *Trash* de 1989, fue estrenada "off Broadway" en 1995 y es sobre un tema muy humano, el de los refugiados cubanos que salieron por el puerto del Mariel en el ochenta y quedaron marcados con el nombre genérico de "marielitos", con cierta implicación peyorativa, está escrita en inglés y va a aparecer en una antología de la editorial norteamericana TCG[2]; *Consejo a un muchacho que está empezando a vivir*, estrenado en 1995 en el Portón del Barrio de New York[3] y últimamente ha escrito *Pase adelante si quiere*, de la cual se hizo una lectura dramatizada en el Latin American Theater Ensemble en septiembre de este año. De sus piezas cortas hay que mencionar *Noche de ronda* de 1990, que obtuvo al año siguiente el "Very Special Arts Award" del Kennedy Center de Washington; *Recor-*

dando a mamá, en un acto, de ese mismo año y *Nadie se va del todo*[4], en dos actos, de 1991, que aparece ya en el curriculum de cuatro universidades norteamericanas y ha sido incluída en traducción al alemán en una antología de teatro hispanoamericano[5]. Tiene además seis viñetas sobre la vida de los cubanos dentro y fuera de la isla que se recogen bajo el nombre de *Momentos* y más recientemente, *Simplemente Camila* en la que reasume la vida del personaje de la obra de José R. Brene que quedó en la Habana Vieja y lo trae al exilio. Su temática es primordialmente la de la realidad cubana actual, con todas las implicaciones que la misma ha tenido y tiene en la vida de un pueblo errante, mostrándolas con crudeza y con desenfado, sin que falte en su visión la nota de humor que tanto caracteriza al cubano, pero lindando más con el sarcasmo que con la ironía.

Sería imposible detenernos en cada una de estas piezas, pero sí queremos hacerlo en *Nadie se va del todo* porque toca el tema del eventual reencuentro de los cubanos del exterior con los de la isla tras un posible regreso a la patria, tema que se ha hecho reincidente en la literatura del exilio puesto que la esperanza del retorno es lo que ha alentado desde el principio los quebrantos del destierro[6]. Monge Rafuls trabaja esta pieza con una técnica que se está usando mucho en el teatro contemporáneo, que es la de jugar con los elementos de tiempo y espacio como si fueran fichas independientes de un gran tablero de ajedrez. De esa manera se le puede presentar al espectador dos o más espacios a la vez que, inclusive, puede ser que se produzcan en tiempos distintos. Con esta técnica se ha logrado que la pieza teatral no tenga que ser necesariamente sobre un hecho, puesto que se hace posible llevar a la escena lo imaginado, lo recordado o lo vivido por un personaje, pero indudablemente el manejo de los distintos niveles de realidades dramáticas requiere una extrema destreza por parte del autor para evitar que los espacios se superpongan en un caos.

Me parece un acierto indudable de Pedro Monge el haber seleccionado esa técnica para tratar este tema puesto que hasta ahora, si ha habido regreso, no ha sido en la forma soñada desde hace tanto tiempo, sino condicionado a la realidad que provocó la salida y de este modo Monge ha podido presentar una situación posible e incierta y hacer que sus personajes reflejen en ella emociones y reacciones que serían posibles que se produjeran, sin comprometerlos con su actuación como entes ficticios dentro de una situación dada, puesto que el hecho no ha llegado a ocurrir según la interpretación que yo le he dado. La crítica ha dejado abierta esta posibilidad, pero no la ha sustentado, sin embargo hay ciertas claves que a mí me parecen definidoras a ese propósito, aunque, como toda interpretación, es susceptible de ser cuestionada.

Tal como yo lo veo, el planteamiento lo hace a través de tres generaciones que se presentan en cuatro parejas. Cada una de éstas es representativa de las circunstancias históricas prevalecientes en las últimas décadas de la vida ciudadana del pueblo cubano. Coral y Antonio, los mayores, son unos antiguos residentes de Placetas que tuvieron una vida apacible en el Central Zaza; él llegó a ser jefe de oficina del central, como resultado de su formalidad y buen cumplimiento en largos años de trabajo y viven todavía en una casita de mampostería que, aun cuando comienza la acción en diciembre de 1990, conserva sus antiguos muebles de madera y mimbre y los adornos clásicos de los años cincuenta. Tuvieron un solo hijo, Julio, que fue el centro de sus vidas desde que nació y que va a integrar con su esposa Lula la generación siguiente que es a la que le tocó vivir en plena juventud el turbulento período de la ruptura de la vida republicana con sus trágicas consecuencias de la imposición del régimen marxista y la separación de la familia, bien fuera por el exilio o por divergencias políticas. Julio es un personaje en ausencia pues fue fusilado hace treinta años, pero su presencia en escena es posible gracias a esta técnica de fragmentación que le permite al dramaturgo hacernos testigos de esos hechos pasados. Por el ideal de una patria digna, Julio subió a la sierra a buscar con las armas la recuperación de la vida constitucional para el país, pero tras el triunfo de la revolución se dio cuenta al poco tiempo, que Castro iba a una dictadura atroz y empezó a conspirar en su contra, por lo que fue denunciado por una vecina miliciana y ejecutado como escarmiento en el batey del central, en presencia de todos y de su familia. Esta escena del fusilamiento es de una gran fuerza dramática en la que Monge ha sabido hacer que prevalezca la voz valiente y digna de Coral que respalda con su actitud, como una Mariana Grajales, los ideales de su hijo y le imparte al sacrificio de éste, la trascendencia de su inmolación por la patria. Cuando la invasión por Playa Girón, Lula se siente temerosa de que la puedan detener por creerla involucrada en el asunto y se escapa en bote con su pequeño hijo, hacia Miami.

En el exilio, como tantos otros de sus compatriotas que rehicieron sus vidas a través de un árduo camino de trabajo y superación y le dieron a sus hijos la oportunidad de una educación superior, Lula logra hacerse profesora de español en New York y su hijo Tony, ya casado y con dos hijos, tiene una holgada posición como arquitecto cuando la acción dramática comienza en diciembre de 1990. Lo que la pone en movimiento es que Lula quiere aprovechar que en la Universidad de La Habana se va a celebrar un seminario sobre educación al que ella pudiera asistir y toma la determinación de concurrir para poder ir a Zaza después que éste termine, a visitar a la familia de su marido, pero el conflicto que surge es que tiene la aspiración de que la acompañe Tony pues desea que éste conozca sus raíces y muy especialmente, que vaya a la tumba de su padre.

El planteamiento generacional de que hablamos antes se completa entonces en la pareja de Tony y su esposa Lourdes a quien se la presenta como una norteamericana de origen cubano que no conoce (o no le interesa) la situación cubana (111). Estos dos jóvenes son representativos de una parte de la generación de cubanos formados en el exterior a quienes sus padres, por la incertidumbre del regreso y tratando quizás de protegerlos, los han desprovisto de historia propia al no hablarles de sus raíces, pero entre los cuales se producen reacciones diversas ante este vacío pues algunos, como los de esta pieza teatral lo esconden en una supuesta indiferencia al ayer pero otros, más estables en su realidad, buscan llenarlo por sí mismos e investigan y estudian lo que quedó atrás. En Tony se aprecia que hay interés por saber de su pasado pues le reprocha a Lula que nunca le hablara de cuando ella era niña ni le mostrara las fotos de su infancia que había recibido hace tiempo y admite que piensa muchas veces en "sus abuelos de allá" (123), aunque proteste con su español mal construido y mezclado con el inglés, que lo obliguen a ir a un país donde no tiene nada que buscar (122). En realidad sabemos que está presionado por su mujer que está muy lejos de poder comprender que Tony sienta algo por su tierra; a ella lo único que le interesa es la seguridad inmediata suya y de sus hijos y se aferra a la negativa porque en definitiva "no desea que el pasado se vuelva un presente" (156), es decir, quiere borrar lo que realmente resulta imposible porque nadie puede dejar de ser lo que es puesto que *nadie* se va del todo.

En correspondencia con estos jóvenes cubanos del exterior, Monge Rafuls nos presenta a otra pareja de la misma generación, que se crió dentro del régimen castrista. Ella, Asunción, es hija de la miliciana que denunció a Julio y por la forma en que se expresa se comprende que se ha asimilado al sistema completamente, ya que para ella es gusano todo el que no comparta su militancia. Mime, su novio actual, es un ingeniero del central y aunque trabaja horas extras como un obrero de avanzada y responde a ciertas consignas revolucionarias como lo de la educación y la medicina para todos, lo de la cultura ajena a la política, los derechos de los trabajadores, etc. (147), se puede apreciar que tiene ciertas dudas de que el sistema lo esté haciendo tan bien como dicen pues, en polémica con Asunción le reprocha que lo crea todo sin cuestionar nada y en un momento de desesperación admite: "Yo creí en él (nunca se menciona el nombre de Fidel; todos lo aluden de esa manera).. (Yo pensé que todo era como me lo decían desde pequeño.. Yo estaba dispuesto hasta dar mi vida... Yo soy de aquí, yo no quiero irme... pero ay, quiero que las cosas sean distintas..." (150)

La obra se desarrolla con estos personajes y en la forma fragmentada de escenas, dentro de dos planos temporales, con una distancia de tres décadas. En el Primer Acto se presenta la situación dramática que va a poner en movimiento la acción y que es el proyecto de Lula de aprovechar la conferencia en La Habana para llevar a Tony a conocer su pasado y se nos pone en antecedentes de la historia de la familia y de lo que pasó treinta años atrás a través de vivencias que se presentan, lo mismo que las escenas que se refieren al presente, en un solo plano y con una escenografía única, aunque el lugar cambie de Zaza a New York, La Habana o Miami. En el Segundo Acto se desarrolla la visita y con gran destreza Monge nos deja ver las complejas emociones que se producen entre estos seres que, como bien se aclara en las direcciones, apenas se conocen y tienen ideas políticas confrontadas; todo esto provoca que aun los miembros de la familia se estudien en silencio y que el ambiente esté cargado y lleno de tensión. La técnica de la fragmentación se mantiene en este Segundo Acto con escenas interpoladas que permiten saber de las dudas, angustias, temores, etc. que ahora, antes, o en algún momento, tienen o han tenido estos personajes pero, repetidamente, en determinadas direcciones de escena, se indica que Antonio continúa recortando, de periódicos y revistas, fotos de "Héroes" que guarda cuidadosamente en una caja de zapatos "Amadeo".

Al final de este acto, con el que termina la pieza, ocurre un apagón total, rápido; el único que debe producirse, según especificaciones muy claras que el autor le hace al principio al director. Esto nos pone en alerta de que la escena final, que va a compartir dos espacios, el de Zaza y el de New York, tiene un significado distinto a las anteriores a pesar de que ya el dramaturgo nos tenía acostumbrados a esos saltos de ubicación y tiempo y entonces nos damos cuenta que puede ser que cierren dos acciones del Primer Acto. Durante éste la acción en Zaza se desarrolla en dos planos: el del pasado, que sirve para ponernos en antecedentes de la historia de Julio y su muerte trágica, y el del presente de Coral y Antonio en su realidad, al cabo de treinta años del fusilamiento de su hijo, que en el momento de la acción, diciembre de 1990, tienen la posibilidad de que su nuera les traiga a su nieto, ya hombre. Esto tiene muy nerviosa a Coral, no a Antonio que al parecer ha cambiado completamente después de la tragedia, pues se ha encerrado en un hermético silencio y sólo se ocupa de guardar sus recortes en la misteriosa caja de zapatos Amadeo. En dos ocasiones del Primer Acto, Coral se asoma a la ventana en espera de los visitantes (119 y 125) y en la escena compartida del final de la obra vemos que Coral siente un escalofrío, cierra la ventana porque hace mucho viento y sale y al quedarse solo, Antonio se levanta, va a la ventana, la abre y arroja afuera la misteriosa caja de zapatos y todo su contenido. Esto se produce a la par que continúa la última escena en New York que habíamos visto, mientras Lula y Tony sostienen un diálogo en el que se muestran molestos porque se acerca la fecha de partir y no han recibido las visas, que parece continuar el del Primer Acto en el que Tony concluye en su mal español: "Tú veras que última hora no nos van a dar la visa y *pluf that'll be the end of the whole dream*" (125), de manera similar al final que se cierra con estas palabras, también de Tony: "Yo creo que debíamos suspender el viaje" (158).

Si estas dos acciones, la de New York y la de Zaza, se han asociado a un mismo momento —lo cual no quiere decir a una misma fecha, que sería irrelevante— se puede uno dar cuenta que la planeada visita que se desarrolla en el Acto Segundo pudo no haberse llevado a cabo, puesto que durante ella hemos visto a Antonio siempre ocupado con sus recortes e incluso compartió con su nieto los secretos de su caja que, por un relato retrospectivo nos enteramos que es la del par de zapatos Amadeo que él le regaló a su hijo Julio cuando lo ascendieron a jefe de oficina del central. Por otra parte, la actitud que Coral ha de tener durante la visita, según se especifica en las direcciones, es la de "estar fuera del grupo" (135), "en un segundo plano" (138) o "fuera de la conversación" (144) y esto nos permite pensar que hay el deliberado propósito de establecer un distanciamiento entre Coral, que es una realidad física en Zaza, y el acontecimiento de la visita, cuya materialización es cuestionable.

La caja de zapatos de Antonio ha intrigado a la crítica; para algunos contiene la historia de Cuba[7] lo cual es obvio cuando Antonio explica lo que contiene (139); otros no encuentran una cabal interpretación del mensaje de echar su contenido al viento[8]. Por mi parte creo encontrar en esa acción, como queda dicho, la confirmación de que la visita no se haya producido. Es decir, que según esta interpretación que, desde luego, es controvertible, el Primer Acto y la escena compartida que sigue al apagón corresponden al plano de la realidad dramática propuesta por Monge de la profesora que quiere aprovechar la oportunidad académica que se le ofrece, para llevar a su hijo a que conozca sus raíces y en el Segundo Acto es que se hace el planteamiento definitivo de la obra, que es enfrentar a cuatro personajes representativos de la tercera generación, que es la que en un futuro más o menos inmediato "*regresará*" o "*irá*" a Cuba cuando cambien las actuales circunstancias y tendrá el encuentro con los de allá. Como es una situación de futuro, todo puede ocurrir dentro de ella; el dramaturgo nos ofrece una solución posible dentro de las muchas que pudieran darse con los elementos de agravios, resentimientos, nostalgia, dolor y duelo que se han conjugado, pero bien pudiera ser otro el desenvolvimiento.

Por lo tanto, esta pieza de Monge Rafuls toma una dimensión extraordinaria pues ha hecho un planteamiento borgiano al dejar encaminada una multiplicidad infinita de posibilidades en la problemática real del exilio cubano. Sus personajes no son simbólicos, sino seres de ficción que responden a distintas realidades del pueblo cubano, dividido, separado, distante y cercano a la vez, pero no es un enfrentamiento a éste, al pueblo como tal, dentro de un concepto nacional, sino fraccionado en cada individuo, en cada ser pasivo de la gran tragedia cubana, reflejando el drama interior de los de aquí y de los de allá y sus posibles reacciones y consecuencias.

Otro experimento dramático de Monge Rafuls muy interesante, es *Simplemente Camila* en el que sigue el sendero pirandelliano de sacar a sus personajes del libreto y enfrentarlos a su propio autor con la particularidad, en este caso, que no es uno suyo el que saca, sino que recoge a la Camila de José Brene que la dejó en la Habana Vieja, en los brazos de su Ñico, que se sentía redimido por la Revolución en un camino de estudio y trabajo, y la hace llegar al exilio en bote. Su personalidad es la misma y también su fervor por la santería, que vuelve a ejercer en New York, pero tiene treinta años más y Ñico ya no está en su vida. Nos enteramos ahora que su ilusión de hacerse marino se frustró y en definitiva se fue a Miami, que ahora está bastante enfermo y tiene mujer e hijos allí y que Cuca, que llegó a ser la presidenta del Comité de Defensa de su barrio, salió también antes que Camila de la base de Guantánamo donde se volvieron a encontrar, localizó a Ñico y éste la patrocinó a ella, a Camila y a Ismeli, el nuevo amor de ésta a quien ella le duplica la edad. En un término de tres años Camila se ha quedado sola pues Ismeli torció su camino con malas compañías y está cumpliendo una condena en la cárcel y la única persona amiga que le queda es Cuca, pues ya Ñico ha muerto.

Monge es muy cuidadoso en la labor que ha acometido y hace a Camila consciente de su existencia prestada. En cierto momento ella declara: "Le agradezco a Brene que me dió la vida y el amor de Ñico"[9] y en otro le dice a Ismeli: "el Dios que nos dió el ser no es el mismo. El de Cuca y el mío fue un escritor y el tuyo otro escritor ¡Tenemos un destino! Pero yo me voy a salir del espacio"[10]. Y en efecto, la obra termina con una ceremonia presidida por Changó y presentida por Camila antes de desvanecerse como en un sueño.

Baste lo dicho hasta aquí tan sucintamente, para acreditar el valor creativo de Pedro Monge Rafuls como dramaturgo, pero hay otro aspecto de él que es también necesario resaltar porque lo evidencia como un hombre de visión americanista que se ha ocupado de buscar el respeto y la consideración para la comunidad hispanoamericana en la gran metrópoli newyorquina y más allá inclusive de la gran urbe, cuando ésta se manifiesta a través del lenguaje de las artes, que es el único que no reconoce fronteras, Monge salió de Cuba muy joven y en busca de una orientación a su vida, se trasladó primero a Honduras, después a Colombia, en Medellín; luego, de regreso a los Estados Unidos, fue a Chicago y finalmente a New York donde lleva viviendo más de veinte años, pero fue en esas tierras de América donde empezó a interesarse en el teatro y por eso cuando llegó a Chicago ya pudo organizar con otros, el primer grupo de teatro en español del medio oeste norteamericano, bajo el nombre de Círculo Teatral.

En New York tuvo la oportunidad única de asomarse de manera directa a la dinámica del pujante teatro norteamericano y estudiarlo a través de su historia, pero a la vez se dio cuenta que la expresión artística de ese conglomerado que se hacía suyo al hablar la lengua común del español, estaba completamente desorientada y desubicada y en 1977, fundó el Ollantay Center for the Arts con el propósito de promover exposiciones, seminarios y demás actividades culturales en las que se pudieran canalizar y encauzar esas manifestaciones y tener la repercusión que el arte busca, además de salvarlas del olvido. Con ese propósito de responsabilidad histórica de preservar para el futuro lo que la comunidad latinoamericana hace dentro del ambiente foráneo del norte, la Fundación Ollantay —que toma su nombre precisamente de una pieza teatral inca que se salvó como testimonio del gran ancestro cultural indígena de nuestra América aborigen— se ocupa de mantener un archivo de cuanto material atestigüe lo que actualmente se está haciendo en el campo del arte latino, que resulta ser el único de esa clase hasta el momento.

Pero Ollantay Center for the Arts no se preocupa solamente de la preservación histórica, sino que promueve la dinámica cultural a través de festivales y encuentros o foros especializados en los distintos géneros de la literatura o manifestaciones de las artes visuales y además orienta la producción mediante talleres de trabajo y clases de dramaturgia. Otra contribución muy importante a los fines del Center for the Arts Ollantay son las publicaciones del Ollantay Press que tiene varias colecciones, las más importantes entre ellas, la de crítica literaria en general y la de teatro, con varios volúmenes cada una.

Sin embargo el aporte más efectivo a sus propósitos ha sido indudablemente la revista teatral *Ollantay* fundada en 1993, que se acredita ser "la primera revista nacional del teatro 'hispano' de los Estados Unidos" y declara como propósito "presentar la vida teatral de la comunidad 'hispana', resaltando —sin limitarnos— a los tres grupos más activos en el mundo del escenario: los cubanos, los chicanos y los puertorriqueños"[11]. Su presentación y confección es impecable y desde el principio ha estado planeada para cumplir los objetivos que se proponía.

En ella se recogen artículos que dan cuentan y analizan críticamente los festivales de teatro, presentaciones e innovaciones en el campo de la puesta en escena, así como las distintas tendencias temáticas y estilísticas que se observan en la dramaturgia actual hispanoamericana que se produce en este país y para una divulgación más cabal de esos temas en los dos idiomas, el inglés y el español, se les hace un breve sumario explicativo de su contenido en la lengua opuesta a la que se haya usado en el artículo. Además, se han mantenido dos secciones que me parecen importantísimas, "The Playwright Speaks" y la publicación de una o dos piezas teatrales, la mayoría de las veces con un estudio previo de las mismas. La primera le da ocasión a los dramaturgos a expresar sus necesidades y perspectivas, lo cual coopera a una más cabal interpretación de sus obras y la segunda, da la oportunidad a los interesados en el arte dramático a conocer la pieza y estudiarla en su valor literario.

En definitiva, que en el caso de Pedro Monge Rafuls tenemos a un hombre que, con visión martiana, le ha extendido su apoyo a los hermanos de "Nuestra América" a la vez que como dramaturgo, regresa a su raíz cubana en su léxico y en su mundo creativo, exhibiendo una "cubanidad" que subrayó bellamente el prologuista español de una de sus piezas hablando de todas en general: obras que no podían haber sido escritas sino por un cubano, nacido en Cuba, que piensa en Cuba y que entrega su alma a Cuba"[12].

NOTAS

1. Para la crítica de esta pieza ver Héctor Luis Rivera "Las vertientes de Carmita" en *Ollantay Theater Magazine*, Vol. III, Num. 11,58-62 y el texto del monólogo de la pág. 63 a la 69.

2. Publicada en *Ollantay Theater Magazaine*, Vol. III, Núm. II, 107-114 y trabajo crítico de Robert Vorlicky "The Value of 'Trash': A Solo Vision", 103-106.

3. Publicada en la revista *Nexos* del Internet, dirigida por Luis de la Paz y Carlos Sotuyo. No. 5, mayo de 1999.4,

4. Pedro Monge Rafuls. *Nadie se va del todo* en *Teatro 5 autores cubanos*, New York, Ollantay Press, Colección Teatro: Vol. II, 1995, 109-158. Las citas de esta pieza se referirán a esta edición, indicándose entre paréntesis el número de la página correspondiente.

5. Heidrun Adler y Adrian Herr, editores. *Kubanische Theaterstücke*. Deudsch von Almuth Fricke, traductor. Vervuert Verlag, Frankfurt am Main 1999, 245-295.

6. Nos referimos a *Siempre tuvimos miedo* de Leopoldo Hernández, *Alguna cosita que alivie el dolor* de René R. Alomá, *Balada de un verano en La Habana* de Héctor Santiago y *Swallows* de Manuel Martín Jr. entre otras.

7. Rine Leal. "Ausencia no quiere decir olvido". *Teatro: 5 autores cubanos*. Ollantay Press. Colección Teatro. Vol. 1. XXV

8. Juan Carlos Martínez. "El reencuentro, un tema dramático". *Lo que no se ha dicho*. New York, Ollantay press. Literature/ Conversation Series, Vol. VI, 70-71.

9. Pedro Monge Rafuls. "Simplemente Camina". (Una obra realista con toques de tambor y surrealismo en siete partes y dos opciones de final, escrita para cubanos). Manuscrito, pág. 13.

10. _____. "Simplemente Camila", 10.

11. _____. "Nuestra presencia" en *Ollontay Theater Magazine*, Vol. I, núm. 1. January 1993, 5.

12. José María Rodríguez Méndez. "Perdido en Nueva York. El teatro de Pedro R. Monge Rafuls" en Pedro R. Monge Eafuls. *Se ruega puntualidad*. Ollantay Press. Colección Teatro. Vol. II, viii-ix.

EL TEATRO DE NILO CRUZ. TEMÁTICA CUBANA EN LA ACTUAL ESCENA NORTEAMERICANA.

Conferencia leída en el Congreso Cultural de Verano del Círculo de Cultura Panamericano, en el Koubek Memorial Center de la Universidad de Miami, el 24 de julio de 1999.

Es cuestión bastante discutida, qué elementos hay que considerar para darle nacionalidad a una pieza de teatro, pues para unos la procedencia del autor es factor determinante para atribuírsela a su país de origen y para otros, basta que los personajes y el lugar de la acción se identifiquen con una determinada región. Ya José Cid Pérez, ese gran estudioso del teatro cubano, se planteaba ese problema en 1958, en su ensayo introductorio al volumen correspondiente de la Editorial Aguilar de Madrid[1], pero hoy en día que las fronteras se han abierto, la cuestión se complica, puesto que es muy frecuente el autor que escribe en su propia lengua en país extranjero, o el que lo hace en el idioma de éste, bien porque se siente más cómodo o porque de esa manera puede llegar a un público más amplio. En mi opinión, la clave está en el impulso creador del artista, es decir, en lo que lo motivó a poner en movimiento todos los resortes de la creación y en que mantenga el sello de su idiosincracia. No es la lengua en que esté escrita, ni la ubicación geográfica o la caracterización de los personajes lo que le da nacionalidad, sino el nervio que le dio vida, la savia que nutrió el numen del autor, la raíz de donde proviene el hilo con que tejió su fantasía y la preservación de la manera de ser del grupo nacional a que se afilie.

En el caso específico del teatro cubano, no vamos a insistir en lo que ya hemos considerado en otras ocasiones, de su escisión en una dramaturgia cubana dentro de Cuba y otra en el exterior en la que se pueden reconocer las diferencias generacionales y los distintos factores que han condicionado a los autores que salieron de la isla, pero debido a que el exilio se ha prolongado por tanto tiempo, no podemos pretender ignorar que hay una nueva promoción de dramaturgos de procedencia cubana, que se han formado en el extranjero, principalmente en los Estados Unidos, y que constituyen una parte integrante de un proceso totalizador del teatro cubano porque son una consecuencia del giro histórico que le ha tocado vivir a nuestro pueblo. Para esta generación, el inglés es parte consustancial de su formación y es natural que se expresen en ese idioma, por lo que creo que, para determinar dentro de la producción de ellos la huella de su ancestro, se hace necesario indagar primero en los factores vivenciales que los condicionaron a sentirse identificados con lo cubano, pues es un hecho ineludible que cada "yo" es, en cierta medida, producto de su circunstancia, tal como lo dejó muy bien planteado José Ortega y Gasset. Es por eso que el exilio ha dejado su huella de diferentes maneras en varias generaciones de cubanos, según fuera la edad en que se tuvo que afrontar; a los que lo iniciaron más jóvenes, le depara la opción de las dos culturas.

El autor que vamos a estudiar, Nilo Cruz, pertenece a esa última promoción a que nos referíamos. Nació en Matanzas, en una fecha muy significativa, el 10 de octubre del segundo año de la llamada Revolución cubana, y a los diez años vino a los Estados Unidos. Su interés en el teatro comenzó temprano, en el Miami-Dade College. dirigiendo algunas piezas, entre ellas *Persecución* de Reinaldo Arenas y *Mud* de María Irene Fornés, pero pronto se orientó hacia la creación dramática y ha obtenido mucho éxito en su carrera. Su primera obra fue *Graffiti* de 1991, y obtuvo el Carnegie Mellon Award en 1993, en el New Play Festival de Pennsylvania. A ésta le siguió, *Night Train to Bolina* de 1993, que obtuvo el Alton Jones Award al año siguiente y fue presentada en el Magic Theatre de San Francisco; *Dancing on Her Knees*, de 1994, vista en The Public y en Brown University; *A Park in Our House*, de 1995, que mereció el ATT Award de ese año, se estrenó también en el Magic Theatre de San Francisco, al año siguiente se le otorgó el Kesselring Prize y se presentó en New York, New Jersey, California y la Florida y *Two Sisters and a Piano*, de 1998, que ganó el Kennedy Center Award for New American Plays de ese año. Su más reciente pieza es *A Bicycle Country*, que acaba de terminar y se va a presentar en noviembre en Palm Beach, Fl. Y es que Nilo Cruz une a su extraordinario talento, una dedicación muy seria al estudio del teatro. En 1994 terminó un Master in Fine Arts in Creative Writing en Brown

University, ha estado en residencia en el Royal Court Theatre de Londres, y en New York en Public Theatre y en INTAR, bajo la dirección de María Irene Fornés. Además, ha enseñado dramaturgía en Brown University, Hofstra University y en University of Iowa, es decir, que se ha dedicado al arte teatral por entero y lo ha experimentado en el aspecto de la dirección y de la creación.

Vamos a internarnos en el análisis de sus dos piezas de ambiente cubano que han sido estrenadas hasta ahora, *A Park in Our House* que como hemos dicho, obtuvo dos premios, y *Two Sisters and a Piano*, premiada también, y ambas estrenadas y comisionadas por el McCarter Theatre de Princeton, New Jersey. *A Bicycle Coutry* también pertenece a este grupo, pero todavía no se ha estrenado.

A Park in Our House está dividida en dos actos, con tres escenas el primero y cinco, el segundo. Esta pieza, especialmente, tiene un alto contenido personal porque ciertos personajes están formados en el recuerdo de algunos miembros de la propia familia de Cruz y en Camilo, el adolescente de 14 años, se ha reflejado el propio autor cuando, en los momentos anteriores a su salida de Cuba, era testigo de un mundo que se desmoronaba a su alrededor, sin entender, en la inocencia de su corta edad, el por qué de ese caos. Por eso es que su estructura es episódica, para poner mayor interés en los personajes que en la trama[2] y de ahí, que cada escena lleve un título que sugiere algo emocionalmente significativo.

En el Primer Acto se hace el planteamiento del ambiente que debe prevalecer en toda la obra, así como la presentación de los personajes. Respecto al primero, el espacio escénico requiere que se refleje el ámbito abierto de un parque a pesar de que se desarrolla en la casa particular de una familia que va a recibir a un científico ruso que va a Cuba a hacer estudios botánicos, amparado en el programa de Intercambio Internacional. El momento histórico es 1970, precisamente el año en que Cruz salió de Cuba a la edad de diez. Los preparativos para la llegada del visitante permite hacer la presentación de los miembros de esta familia. El personaje central pudiéramos decir que es Ofelina, una mujer de unos cuarenta años que, a pesar de enfrentarse a las dificultades diarias que implica solucionar las necesidades básicas de la familia, trata de no ser destruída espiritualmente, aferrándose al mundo que se está destruyendo. Su lucha es una de supervivencia, no sólo de sí misma, sino de su familia. Por eso hace que su sobrino Camilo tome la comunión, a pesar de que a su esposo Hilario no le gusta, porque trabaja en el Ministerio del Interior y no se supone que él sea de los que visitan la iglesia, pero ella se impone y hasta procura que Camilo tenga una foto de esa ocasión, con su traje, zapatos y guantes blancos, como debiera haber sido, pero no fue. En el fondo, Hilario siente como su esposa, pero como tiene que lidiar diariamente con las presiones políticas, trata de sobrellevar la situación no concurriendo a la iglesia, ofreciendo su casa para que se aloje un extranjero, adaptándose en fin, a las exigencias del sistema. En un momento de confidencia con Ofelina, hablando de las frustraciones que sufre en el Ministerio, le dice de sus jefes que "Ellos son los peces grandes y yo, la sardina"[3] y ella, llena de piedad por él, le confiesa: "Todos los días veo nubarrones sobre tí. Llegas desgreñado, como si pájaros de largos picos te hubieran mordido el pecho y arrancado la vida" (133). Y es que también Hilario recuerda un ayer en el que se buscaba la belleza para regalársela al espíritu, pero sabe que no puede dejar que se revele su íntimo sentimiento. Su proyecto de construcción de un parque, que le había sido asignado, ha quedado reducido a una maqueta que guarda en su casa y de la que Camilo toma piezas para jugar y como ha intentado varias veces de que se consideren seriamente los planes de fabricación, con fallidos resultados, su escape hacia otros mundos que lo alejen de su chata realidad, es beber y oir ópera.

La contrafigura de Hilario es su primo más joven Fifo. Fifo es forzado a trabajar en el campo cortando caña, para lograr la ilusa meta de producción de una zafra de 100 toneladas, y se ve obligado a ser, como él dice, un cangrejo urgando en el infierno (134) pero él no se identifica con esos afanes, pues con su cámara fotográfica, se siente artista y su tragedia es que no vislumbra ninguna esperanza de un posible cambio en su futuro. Él ayuda a Ofelina a solucionar los problemas diarios y se identifica con ella en la lucha por la supervivencia de su espíritu.

En contraste con estos personajes que confrontan la cruda realidad, uno adaptándose a ella, el otro tratando de resistirse, están otros dos más jóvenes, para quienes el presente no les ofrece las oportunidades que ellos ansian y como no tienen un pasado en el cual protegerse, buscan ansiosos un futuro más allá de las fronteras de su tierra. Ellos son Pilar, la hermana de Camilo, y Dimitri, el joven científico ruso de 20 años que va a alojarse con esta familia. Pilar es una jovencita de 16 años que está muy excitada con la idea de recibir en la casa a un joven que llega de la lejana Rusia. Sueña que con él llegará el amor a su puerta y se la llevará a Moscú en donde vivirán "en una de esas casas que lucen como pasteles de boda" o en "una de esas catedrales donde vivían los zares". "Vivir en Rusia —le dice a su hermano— será como vivir en una estrella blanca" (131). La desilusión que la espera se anticipa cuando Dimitri habla de su pequeño lugar de origen y explica que antiguamente era conocido por la abundancia de manzanas y que muchos acudían allí por ellas, pero que el nuevo régimen hizo que cortaran todos los árboles y desapareció el mito de que allí la gente se curaba de la locura. Se fue a Leningrado, la gran ciudad, pero "es lo mismo —dice— Rusia... Rusia... Rusia... Porque uno está en la Unión de Repúblicas Socialistas Sovieticas" (139). Por eso él aplicó al programa de Intercambio Internacional, para ir a un lugar distinto. Esa ansia de buscar nuevos lugares es lo que movió a los rusos, según él, a ir a la luna porque para el pueblo ruso la luna es ese "otro lugar" que todos buscan, es la esperanza de algo distinto (140).

En el centro de todos ellos, Camilo, con sus catorce años y su condición de mudo, observa y escucha todo lo que los demás hacen y dicen y a su manera, con sus juegos y sus movimientos de cabeza afirmativos o negativos, es partícipe del ambiente familiar. Es testigo del mundo a su alrededor, un mundo que no entiende y al que quizás no quiere asomarse. Tampoco su familia entiende por qué dejó de hablar desde hace tiempo. Los médicos no han podido encontrar una razón física y han tratado de buscarla sicológicamente, pero lo único que han logrado es que el muchacho dibuje una y otra vez lo que pasó con sus padres hace tiempo, lo cual nunca llega a aclararse pero se supone que debió ser algo traumático para el niño. En algún momento nos enteramos que a su abuela tampoco nadie la entendía, que era poeta y que ganó un premio por su poesía de Casa de las Américas, pero que a partir de entonces no escribió más y se dedicó a tejer y a atender el jardín, y entonces nos damos cuenta de que hay una similaridad con la actitud que ha tomado Camilo. Para acentuar el misterio alrededor del personaje, la espiritista Eunice ha dicho que un alma como la suya pertenece al mar, lo cual puede ser una clave de interpretación de que Camilo es de los seres que no pueden adaptarse a ser sojuzgados y buscará la libertad, pues el mar es en una isla, la frontera que hay que cruzar para alcanzar otras tierras; hoy en día, el mar es el límite de la prisión.

Según el autor, él a veces usa el elemento musical como un recurso técnico[4]. La conclusión del Primer Acto ofrece algo de esto pues la escena final comienza con la carnicería de la escuálida puerca que Ofelina pudo conseguir clandestinamente con la ayuda de Fifo. Hay un tanto de personalización en la manera como Ofelina se refiere al pobre animal; la han tenido que recoger en el camino, como si fuera —dice ella— una mujer que hubieran matado y tienen que esconder. Esta personalización está dirigida a establecer una asociación directa con Ofelina. Es como si estuviera mirándose a sí misma, y desde esa perspectiva encuentra el corazón y se pregunta: "¿Qué hay ahí?" y se responde: "Silencio. Un patio vacío. Libros que no podemos leer. La historia de su vida" (145); y luego mira los ojos y dice con tristeza: "Ni una sonrisa en esos ojos. Probablemente nunca vieron el mar. Nada peor. Yo no quisiera morir sin un último vistazo al azul" (145). De nuevo la alusión al mar. El mar tiene un papel subyacente, pero muy importante en esta pieza. Son muy frecuentes las referencias ya sea en un sentido esotérico como la interpretación de la espiritista Eunice sobre el alma de Camilo, o uno poético, cuando Ofelina oye la voz de su sobrino, que tanto desea oír, en las conchas del mar, o en un sentido de interpretación de la vida como la que hace Ofelina de que cuando el cuerpo y el espíritu no están en armonía, éste se inunda —dice ella— y cuando el alma se ahoga, se acaba la vida. Y es que el mar es parte esencial de la naturaleza de los cubanos porque la condición de isla, de Cuba, y su configuración estrecha y larga, hace que la presencia del mar se haga realidad inmediata que los circunde y envuelve. Aquí el mar lleva una connotación de futuro, de cambio, de promesa, por aquello que dijimos que la libertad hay que buscarla ahora allende del mar.

Esta confrontación de Ofelina consigo misma establece un tono de *alegro* en sentido musical que va *in crescendo* con la llegada de Hilario a la casa y la reacción de su esposa y termina en un *adagio*, con el asombro de Ofelina de que Camilo estuviera cantando. En efecto, la llegada de Hilario se produce fuera de escena, pero se sabe que llegó borracho como siempre, a oír la ópera, sin embargo esta vez Ofelina se resiste a lo sombrío de esa situación que ocurre habitualmente y enciende la radio a todo volumen con música de bolero y echa cubos de agua en el piso y baila, y juega con Camilo, hasta que de pronto se da cuenta que Camilo está cantando, pero cuando pone la atención en ello, baja la música y Camilo se calla. La escena termina con la impresión de una victoria porque se ha abierto la esperanza de que Camilo logre superar su crisis emocional.

En el Segundo Acto la obra toma diferentes direcciones según los personajes van liberándose de sus inhibiciones. Pilar da la clave de lo que todos sienten cuando dice que su familia no duerme porque ellos temen soñar con lo que no quieren ver, que es la cruel realidad de miedo y de frustraciones en que viven. Cruz apela al recurso de la pesadilla para mostrar las emociones reprimidas de Hilario y Ofelina. Ella se siente abandonada a su propio destino, sin la ayuda y comprensión de su esposo pero es que Hilario está librando también solo, su tragedia interior. Sabe que la construcción del parque no se va a llevar a cabo nunca y además cree que ese proyecto es la causa de la persecusión y vigilancia que siente en el Ministerio. Y es que para Hilario el parque encierra sus sueños reprimidos. El ansia de buscar nuevos caminos se descubre en las cuatro estatuas de la fuente que representan los cuatro vientos y de las cuales salen sendas veredas hacia cada esquina del parque. Por otra parte, un obelisco, con su extremo dirigido al cielo, será depositario del nombre del parque que muy significativamente es Luna. De nuevo la luna, ahora en Cuba, antes en Rusia, vuelve a ser un destino ansiado. Lo que la hace tan atractiva es que es otro mundo, más allá de todo compromiso político. Cada miembro de la familia ha visto representado en el parque las aspiraciones de cada cual; lo ven como proyecto, como posibilidad de futuro. Ofelina lo usa metafóricamente como apetencia de vida que le llegará pronto a Camilo; que ve despertar en las ansias de amor de Pilar, en la flor de su juventud, y que en ella misma siente que se está perdiendo en una lucha pírrica por la diaria supervivencia. Sólo para Camilo, el parque, reducido a una maqueta, es una realidad tangible porque lo ve como un juguete.

En la Escena segunda de este Segundo Acto se definen los verdaderos sentimientos de Fifo, Hilario y Dimitri. Fifo ha encontrado en la fotografía una forma de expresión y se siente artista al poder comunicar en ella algo de lo que siente, aunque ya esto le haya traído como consecuencia el haber estado detenido por contrarrevolucionario. Su desesperación por tener que trabajar como esclavo en los campos de caña y la incomprensión de su primo Hilario que trata de engañarse a sí mismo con los argumentos hipotéticos que el sistema le ha imbuido y en los que en realidad no cree, lo lleva a buscar el suicidio como única salida. La diferencia entre los dos primos es que Fifo se da cuenta que es la víctima de un sistema en el que él no tiene, ni quiere tener, participación alguna, pero Hilario, por miedo a la represalia que puede haber en el ministerio en que trabaja, trata de atribuir el caos existente a la falta de planeamiento, a errores pasados, o a cualquiera otra justificación que lo libere de la responsabilidad mínima de su acatamiento pasivo al desorden establecido como orden. Dimitri, como fue testigo del enfrentamiento de Fifo e Hilario, confiesa también su frustración de que su vocación por el estudio de las plantas fuera considerado en su país de poca importancia porque no contribuye a sustentar el poderío económico o político del sistema, y admite que ha solicitado asilo político en la embajada de Brasil, pero en sus palabras se advierte la cautela en no mostrar su desencanto con el socialismo, pues está adaptado, como Hilario, a no mostrar abiertamente sus sentimientos.

La tentativa de Fifo de ahorcarse ha provocado que Camilo hablase para impedírselo. Lo que tan ansiosamente era buscado por Ofelina, lo logró la angustia del muchacho al comprender las intenciones de Fifo. A partir de ese momento Camilo habla y entonces nos enteramos que también él imaginaba estar conversando en el parque con su hermana y Dimitri y que también tenía miedo a decir lo que no debía, según lo demuestra la pesadilla que le cuenta a su tía de que su voz salió corriendo por el vecindario, contándoles lo de la carne de puerco clandestina. Este personaje recuerda un tanto, en su hermetismo e imaginación, al Celestino de Reinaldo Arenas.

La obra termina con la partida de Dimitri que produce el natural desencanto en Pilar. La visita del extranjero ha concluído y todo hace suponer que la vida de esta familia continuará igual que antes. Pilar y Camilo seguirán soñando con la esperanza, pero la actitud de Ofelina ha cambiado pues ahora se dispone a hacerle frente a la desventura. Quizás el ejemplo de Dimitri ha servido para mostrarle que siempre es posible buscar otros horizontes; que siempre es posible soñar.

En la otra obra de temática cubana, *Two Sisters and a Piano*, se hace también un enfrentamiento a la actual realidad, pero si en la primera se muestra como la frustración que todos sienten va minando sus vidas, en la segunda se plantea la fuerza destructora del acoso, Ambas tienen en común que la casa, como representación de la unidad familiar, es refugio, porque es lo que une a los personajes a un pasado de paz, armonía y belleza que se ansía cuanto más se repudia el presente.

La obra se abre con un prólogo en el que se establece la tensión dramática que se va a mantener a través de los dos actos y el epílogo, y se sitúa a los personajes dentro de la situación de persecusión y acoso, en la Cuba de 1991, ya desde el comienzo, cuando la acción se inicia en plena oscuridad, perturbada por el ruido de celdas que se cierran con puertas metálicas, muebles que se vuelcan, objetos que se rompen al caer y linternas que apuntan en diferentes direcciones, pues los milicianos están haciendo un registro en busca de unos papeles en la casa de dos hermanas a quienes se les acaba de permitir que dejen la celda por la prisión domiciliaria en su casa colonial. Sin embargo, en el manuscrito se especifica que en el ambiente debe mantenerse la sensación de apertura; es decir, que siendo la casa una prisión, debe evitarse el enclaustramiento. En esta pieza el expresionismo se usa para comunicar a través de la música y los cambios de luces, muy efectivamente, las emociones de los personajes y las tensiones dramáticas en ciertos momentos de la acción. El recurso de Nilo Cruz de usar la técnica musical en la estructura de sus piezas, se hace evidente en ésta desde el comienzo, puesto que este prólogo, que comenzó con fuertes sonidos, se cierra sin embargo con la suave melodía de "La savane" del compositor norteamericano del siglo XIX Louis Gottschalk, como fondo musical a un aparte de una de las hermanas, que establece un diálogo en la distancia con su esposo, que está fuera del país. A través de la música, Cruz mezcla un elemento de la tradición norteamericana que muestra a su vez la exótica mixtura de los ritmos del Caribe en donde el compositor pasó largo tiempo y las melodías creoles de su nativa New Orleans, y establece el vínculo con la música de nuestro Lecuona que se oirá en otros momentos culminantes, puesto que Gottschalk fue uno de los compositores que éste más admiró, por la gran influencia que había tenido en él la música folklórica cubana. Es un hecho que el elemento musical está básicamente integrado con lo poético, no sólo en el desarrollo de ciertas escenas, sino en la totalidad de la composición dramática.

El personaje femenino es otra vez el principal de la obra. María Celia es una mujer de 45 años cuyo esposo está en el extranjero, tratando de sacarla del país a ella y a su hermana. Es una escritora de cierto reconocimiento cuyos libros son considerados como propaganda burguesa por el sistema y por tanto, antirrevolucionarios, pero fue a prisión porque participó en la redacción de un manifiesto sobre la *Perestroika*. Basado en ello y por medio de denuncias internacionales fue que Antonio, su esposo, logró, después de dos años, que les cambiaran la celda por la prisión domiciliaria, pero ahora está tratando de que le publiquen en Francia la traducción de uno de sus libros, titulado *The Seagrape*. Con este título se está trayendo otra vez la imagen del mar, pues se refiere a la llamada "uva caleta" que tan frecuente era en el panorama de las playas cubanas. Su hermana

Sofía, de 31 años, también fue sentenciada por firmar el documento. Es su única confidente y amiga, pero tiene menos recursos emocionales que María Celia para resistir el confinamiento y la hostilidad del Comité de Vigilancia de la cuadra porque no tiene el ancla espiritual que tiene María Celia, de haber encontrado un alma gemela a la suya que sepa corresponder a su amor y por su impaciencia, pone vanas esperanzas en hombres que no han siquiera propiciado su interés. Sofía se refugia en la música que puede arrancarle al viejo piano de la familia, cuyo teclado ha conocido las manos amorosas de tres generaciones; para ella el piano es como un familiar querido, "el único —dice- que todavía me saca a pasear"[5], Pero la música que ella toca no es la que está permitida; es una música calificada de burguesa y sentimental, que debe olvidarse, Con esa candidez que su hermana le reprocha, le dice al afinador que vino a reparar el instrumento: "No se toca Lecuona porque es demasiado romántico; Gershwin, porque es americano, Chopin, porque es europeo. Es como si todo lo viejo oliera a muerte" (52).

Cada una de estas mujeres, por lo tanto, tiene su refugio en el arte; en la literatura una, en la música la otra, pero ambas están conscientes que el tiempo sigue su marcha y que con él su belleza se va perdiendo, que son prisioneras de su propia angustia vital, que sus sueños se van desvaneciendo y la soledad y el olvido son su más inmediata promesa. María Celia trata de ser el sostén de Sofía, pero desahoga su alma en la azotea de la casa, escribiéndole a su esposo cartas que envía subrepticiamente y en una de ellas le dice: "siento que mi vida se está evaporando frente a mi, que me estoy pudriendo y desmoronando en esta casa Sólo cuando escribo me siento rejuvenecer y vivir" (13). La azotea es su escape a la libertad de pensar; el lugar en que puede hablarle a alguien, aunque no esté presente, sin temor a las consecuencias.

El conflicto se plantea como resultado del interés que ha puesto el gobierno en evitar la eventual salida del país de María Celia. El encargado de la investigación es el Teniente Portuondo, a quien vimos llegar en la escena inicial en busca de unos papeles que ahora sabemos que eran las cartas de Antonio y los últimos relatos que ha escrito ella en los que suponen que puede haber indicios reveladores de los planes de escapatoria, pues en las cartas han encontrado alusiones simbólicas que hacen suponer que incluyan claves secretas, como es la referencia frecuente a las mariposas a las cuales se asocia con los exiliados que salieron bajo el estigma de gusanos. Este personaje sufre una evolución con el desarrollo de la trama, muy bien manejada por el dramaturgo para revelar en él al hombre, sin despojarlo de la función de inquisidor que le está asignada. En el desempeño de sus deberes, el teniente Portuondo se ha asomado a la relación íntima de amor y devoción entre María Celia y Antonio y esta inmersión ha despertado en él el deseo de ser partícipe en alguna forma, aunque sea en una sustitución inconsciente del ser amado, de esa pasión capaz de superar las distancias de espacio y tiempo. El juego dramático toma una flexibilidad extraordinaria, para establecer los distintos niveles en los que cada personaje se ha de mover: por un lado el encantamiento en que va cayendo el Teniente Portuondo con el ambiente de la casa en el que un ayer hermoso y feliz ha dejado una misteriosa aureola y con la actitud de María Celia, digna en su posición ideológica y aferrada al amor de su lejano esposo; por otro, el ansia de vivir de Sofía, que le crea una impaciencia angustiosa y, como factor determinante para el desenlace, la desesperanza de María Celia al saber que han fracasado las gestiones de Antonio de sacarlas por Suecia, que la despoja de toda resistencia y la deja caer en la fantasía de un amor que sabe que no es verdadero.

El tono melódico del Epílogo adquiere una densidad de muerte, sugerida de inmediato por la ausencia del piano, que ha producido en Sofía un estado demencial que su hermana trata inútilmente de calmar. El olor dulce de las guayabas se une a la música de un piano que se oirá en la lejanía, para crear el ambiente fatídico. La obra se cierra con la misma impresión de acoso con que había comenzado y la soledad y el olvido tan temidos, se dejan ver.

La fuerza dramática de estas dos piezas es extraordinaria. Nilo Cruz ha sabido aunar en ellas los elementos propiciadores para que se sienta en toda su dimensión y profundidad la tragedia de un pueblo al que se le niega la libertad de pensar, sin que se le pueda atribuir carácter panfletario, ni filiación política. Es un teatro de ideas, tal como lo propició Ibsen a principios de siglo y lo siguieron tantos otros bajo distintas técnicas y modalidades; un teatro en el que se presenta a los personajes en una situación dada, y éstos actúan y responden a ella como seres reales, con sus pasiones, sus egoísmos, sus ansiedades y sus sueños, para que se comprenda que lo dramático, lo verdaderamente terrible, no está en la ficción que vemos, sino en que el ambiente en que estos seres imaginados han sufrido, es una realidad.

NOTAS

1. José Cid Pérez. *"El teatro en Cuba republicana"* en *Teatro cubano contemporáneo.* Aguilar, S.A. 2da. edición, 1962, 15-16.
2. Esto lo afirma el propio autor en: Nilo Cruz. "The Train That Brings My Plays". The Playwright Speak. *Ollantay Theater Magazine.* Winter/Spring 1997, Vol. V, Number 1, 80.
3. Nilo Cruz. *A Park in Our House. Ollantay Theater Magazine.* Winter / Spring 1997. Vol. V Number 1, 133. Todas las citas de esta pieza son tomadas de este texto y traducidas del inglés por la autora de este trabajo. El número entre paréntesis indica la página.
4. Nilo Cruz. *"The Train That Brings"*, 81.
5. Nilo Cruz. *Two Sisters and a Piano.* Official script as of February 8, 1999. Princeton, McCarter Theatre, 1999. Todas las citas de esta pieza fueron traducidas por la autora de este trabajo y se referirán a este manuscrito, con el número de página entre paréntesis.